跨国经营管理人才培训教材系列丛书

中外对外投资合作政策比较

商务部跨国经营管理人才培训教材编写组　编

本书执笔　邢厚媛　闫实强

中国商务出版社
CHINA COMMERCE AND TRADE PRESS

图书在版编目（CIP）数据

中外对外投资合作政策比较 / 商务部跨国经营管理人才培训教材编写组编. —北京：中国商务出版社，2018. 8
（跨国经营管理人才培训教材系列丛书）
ISBN 978-7-5103-2570-0

Ⅰ. ①中… Ⅱ. ①商… Ⅲ. ①对外投资—经济合作—经济政策—对比研究—世界 Ⅳ. F831. 6

中国版本图书馆 CIP 数据核字（2018）第 184169 号

跨国经营管理人才培训教材系列丛书

中外对外投资合作政策比较

ZHONGWAI DUIWAI TOUZI HEZUO ZHENGCE BIJIAO

商务部跨国经营管理人才培训教材编写组　编
本书执笔　邢厚媛　闫实强

出　　版：中国商务出版社
地　　址：北京市东城区安定门外大街东后巷 28 号　　**邮　　编：**100710
责任部门：经管与人文社科事业部（010-64255862　cctpress@163. com）
责任编辑：刘文捷

总 发 行：中国商务出版社发行部（010-64208388　64515150）
网购零售：中国商务出版社淘宝店（010-64286917）
直销客服：010-64255862
网　　址：http://www. cctpress. com
网　　店：http://shop162373850. taobao. com
邮　　箱：cctp@cctpress. com

印　　刷：北京密兴印刷有限公司
开　　本：787 毫米×1092 毫米　1/16
印　　张：17. 75　　　**字　　数：**280 千字
版　　次：2018 年 12 月第 1 版　　　**印　　次：**2018 年 12 月第 1 次印刷
书　　号：ISBN 978-7-5103-2570-0
定　　价：68. 00 元

丛书编委会

序

党的十九大报告提出，以“一带一路”建设为重点，坚持引进来和走出去并重；创新对外投资方式，促进国际产能合作，形成面向全球的贸易、投融资、生产、服务网络，加快培育国际经济合作和竞争新优势。我们以习近平新时代中国特色社会主义思想为指导，围绕“一带一路”建设，坚持新发展理念，促发展与防风险并重，引导对外投资合作健康有序发展，取得显著成就。截至2017年底，中国在189个国家和地区设立企业近4万家，对外投资存量达1.8万亿美元，居世界第二位，已成为拉动全球对外直接投资增长的重要引擎。

习近平总书记指出，人才是实现民族振兴、赢得国际竞争主动的战略资源。新时期，做好对外投资合作工作，既需要大量熟悉国际市场、法律规则和投资合作业务的企业家和管理人才，又需要“政治强、业务精、作风实”的商务工作者。为贯彻习近平总书记重要指示精神，努力培养跨国经营企业人才，推动对外投资合作高质量发展，商务部委托中国服务外包研究中心对2009年出版的《跨国经营管理人才培训教材系列丛书》进行了增补修订。

本次增补修订后的《跨国经营管理人才培训教材系列丛书》共10本，涵盖领域广，内容丰富，注重政策性、理论性、知识性、实用性相结合，具有很强的可读性和操作性。希望商务主管部门、从事对外投资合作业务的企业家及管理人员利用好此套教材，熟悉跨国经营通行做法，提升合规经营、防范风险的意识，不断提高跨国经营能力和水平，为新时期中国进一步扩大对外开放、推动“一带一路”建设、构建人类命运共同体做出更大贡献。

商务部副部长

2018年11月23日

目　录

图目录

表 目 录

第一章 对外投资的发展趋势比较

进入21世纪后，经济全球化持续发展，各国根据自身在产业、技术、资源、政策、制度等方面的优势，积极开展对外投资活动，优化资源配置，从而带动自身经济发展。特别是2008年世界金融危机之后，全球对外投资呈现出新的趋势和特征，其中，包括中国在内的主要经济体对外投资与全球资本流动存在一定差异，有着某些自身独具的鲜明特征。

第一节　2008年以来的国际直接投资

2008年金融危机给全球经济带来了严重影响，世界主要国家的经济发展都在不同程度上受到冲击。为了摆脱经济发展的困境、实现经济复苏，全球主要经济体主动从宏观上进行调整。在调整过程中，主要经济体的产业结构都经历了或正在经历较大的变化，加上各国经济复苏速度的差异，导致全球经济格局和全球投资格局也有了新变化。同时，金融危机的爆发也影响到了跨国公司的对外投资意愿和决策选择，许多跨国公司重新制定了对外投资战略，这也从微观层面带来了对外投资发展的新变化。

一、国际直接投资的数量规模

2008年金融危机以来，全球直接投资发展呈现曲折前行的发展态势，大体上经历了先剧烈下降后逐渐恢复增长的过程，但依然没有恢复到危机前水平。

（一）全球FDI 流量

2008 年金融危机爆发后，全球 FDI 流入量迅速下跌，之后逐渐恢复增长，但仍远低于 2007 年 2.05 万亿美元的规模。据联合国贸易和发展会议（简称贸发会议，英文简称 UNCTAD）统计数据显示，2009 年全球 FDI 流入量规模仅为 1.19 万亿美元，同比下降 20.6%，降幅远高于同期全球 GDP（微降 0.1%）和全球贸易（下降 12%）的降幅，这表明金融危机对国际直接投资的影响尤为严重。之后随着全球主要经济体不断实施经济激励措施，全球经济开始复苏，同期全球 FDI 流入量也逐渐回升。2012 年，全球 FDI 流入量回升到 1.59 万亿美元，超过 2008 年 1.50 万亿美元的规模。但随后两年，全球外国直接投资流入量又出现明显下滑，降幅分别高达 9% 和 8%，这主要是全球经济复苏乏力和投资保护主义加强等原因造成的。2015 年，全球 FDI 流入量达 1.77 万亿美元，为金融危机以来的峰值，2016 年则稍有下降，规模为 1.75 万亿美元。这在一定程度上反映出近期全球经济复苏势头趋稳，国际投资活动又逐渐活跃起来。联合国贸发会议发布的 2018 年《世界投资报告》数据显示，全球 FDI 流量在 2017 年下降 23%，为 1.43 万亿美元。预计 2018 年将出现小幅增长，在 5%~10% 之间，仍低于 2007 年的历史峰值。

同期，全球 FDI 流出量变化趋势同全球 FDI 流入量基本一致。金融危机以来全球 FDI 流量变化趋势见图 1–1。

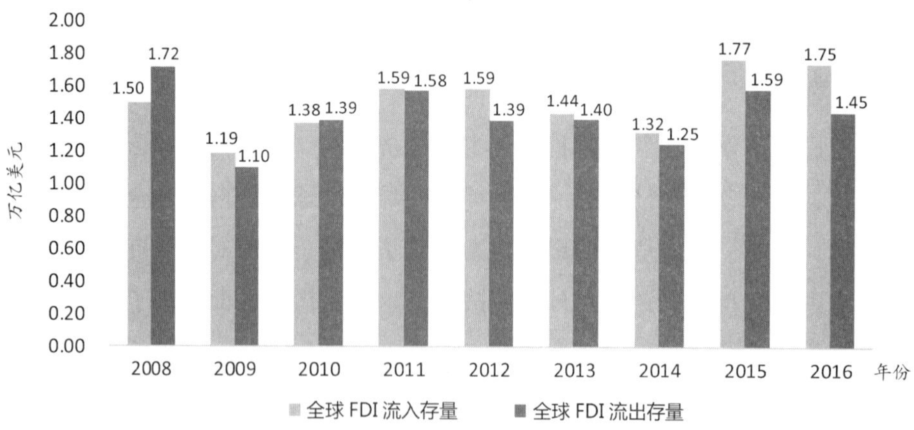

图1–1 2008—2016 年全球FDI 流量变化

资料来源：根据联合国贸发会议（UNCTAD）数据库整理。

（二）全球FDI 存量

从存量看，金融危机后全球 FDI 一直呈稳步增长趋势。2008 年全球 FDI 流入存量为 15.4 万亿美元，2016 年达 26.7 万亿美元，年均增速为 7.1%，2017 年增长到 31.52 万亿美元。从全球 FDI 流出存量看，总体上也呈增长趋势。2008 年全球 FDI 流出存量为 16.0 万亿美元，2016 年达 26.2 万亿美元，年均增速为 6.5%，2014—2016 年增速也有所放缓，增速分别为 -0.5%、1%、5%，2017 年为 30.84 万亿美元。金融危机以来全球 FDI 存量变化趋势见图 1–2。

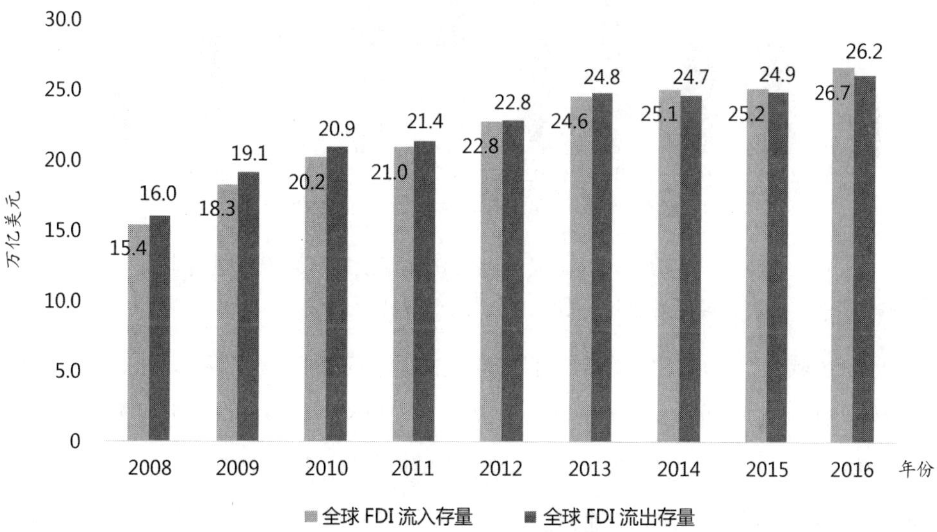

图1-2　2008—2016 年全球FDI 存量变化

资料来源：根据联合国贸发会议（UNCTAD）数据库整理。

二、国际直接投资的区域分布

2008 年以来，无论全球 FDI 流向分布还是 FDI 来源分布，都发生显著变化。

（一）国际直接投资的流向分布

按经济体类型分，2008 年以来，由于金融危机的直接重灾区在发达市场，而后波及发展中国家，因此国际直接投资的流向经历了先流向发展中国家后逐步向发达经济体回流的过程。流向发达经济体的 FDI 在 2015 年和 2016 年有较大的增幅，特别是 2016 年流向发达经济体的 FDI 比重接近 60%，但 2017 年则降至 49.8%，仅有 7 120 亿美元；流向发展中经济体的 FDI 比重在 2008—2014 年总体呈上升趋势，在

2014 年比重高达 53.2%，但在 2015 年和 2016 年又出现明显下降，2016 年所占比重降至 37.0%，2017 年则上升到 47%，达到 6 710 亿美元；流向转型经济体的 FDI 比重总体上呈下降趋势，从 2008 年的 7.8% 下降至 2015 年的 2.1%，2016 年回升到 3.9%，2017 年降至 3.3%，仅有 470 亿美元（图 1–3）。

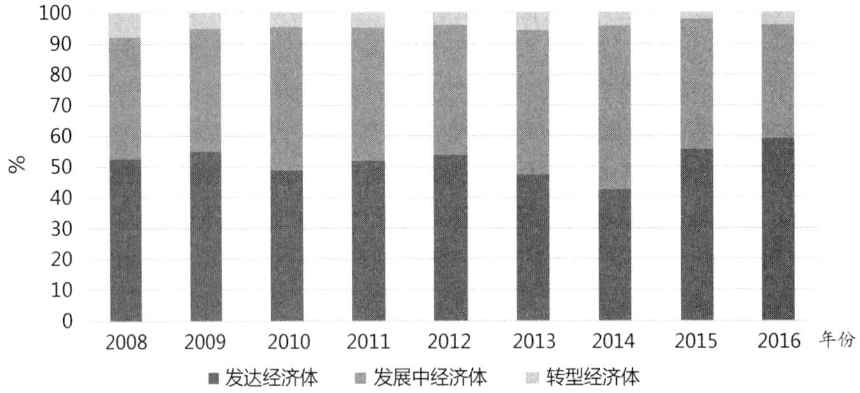

图1–3　2008—2016 年各类经济体在全球FDI 流入量占比

资料来源：根据联合国贸发会议（UNCTAD）数据库整理。

按洲际区域分，2008 年以来全球 FDI 主要流向亚洲、欧洲和美洲，这三者所占比重交替上升。其中 2008 年美洲占比最高，为 33.8%；2009 年欧洲占比最高，达 40.3%；2014 年亚洲占比最高，达 37.6%，2017 年亚洲外资流入量 4 760 亿美元，重新成为全球吸引外资最多的地区。而 2008—2016 年流向非洲和大洋洲的比重均值分别仅占 4.6% 和 3.3%（图 1–4）。

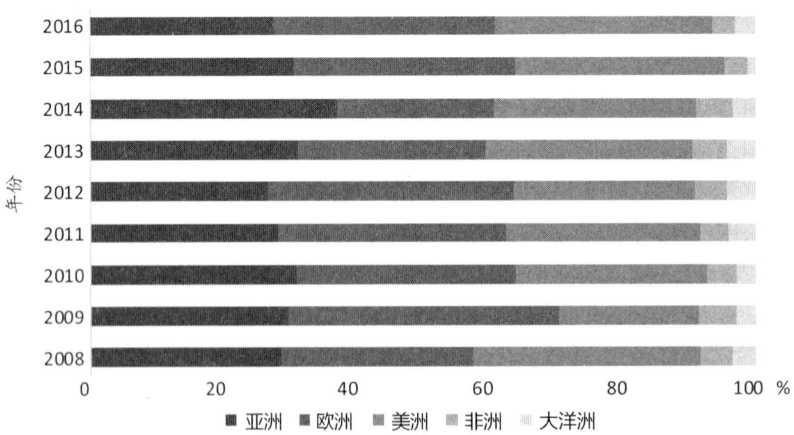

图1–4　2008—2016 年各大洲在全球FDI 流入量占比

资料来源：根据联合国贸发会议（UNCTAD）数据库整理。

（二）国际直接投资来源分布

按 FDI 来源的经济体类型分，发达经济体的对外直接投资占全球 FDI 流出流量比重在 2008—2014 年整体呈下降趋势，2008 年为 79.7%，2014 年下降至 56.5%，为近年最低值，2015 年之后又有明显回升，2016 年为 71.9%，2017 年占全球对外投资总额的 71%，投资额约 1 万亿美元；发展中经济体的对外投资流量全球占比在 2008—2014 年呈上升趋势，2014 年占比高达 37.7%，为近年来峰值，之后又明显下降，2016 年 26.4%，2017 年微幅回升至 26.63%，为 3 808 亿美元；转型经济体的对外直接投资占全球比重则一直较低，且最近几年呈进一步下降的趋势，2016 年比重仅为 1.7%，2017 年有小幅回升，占比为 2.79%，达到 399 亿美元（图 1–5）。

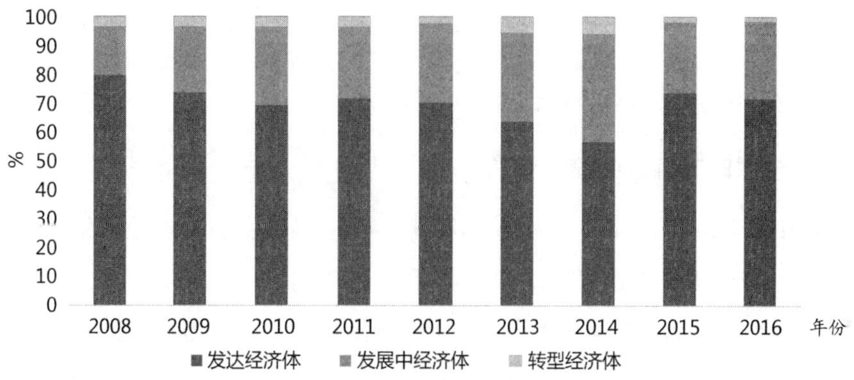

图1-5　2008—2016 年全球FDI 流出量来自各类经济体占比

资料来源：根据联合国贸发会议（UNCTAD）数据库整理。

从 FDI 来源的洲际区域的分布看，全球 FDI 来源地主要位于亚洲、欧洲和美洲。其中亚洲占全球的比重整体呈上升趋势，由 2008 年的 21.1% 上升到 2016 年的 35.7%，2014 年更是高达 44.1%，2017 年降为 24.48%；欧洲所占比重则整体呈下滑趋势，由 2008 年的 50.8% 下滑到 2016 年的 37.3%，2014 年达到最低值 22.9%，2017 年回升至 29.21%；美洲所占比重相对平稳，大体处于 25%~31% 之间，2017 年为 29.9%；非洲和大洋洲的全球占比一直较低，大洋洲在 2015 年甚至出现了负增长（图 1–6）。

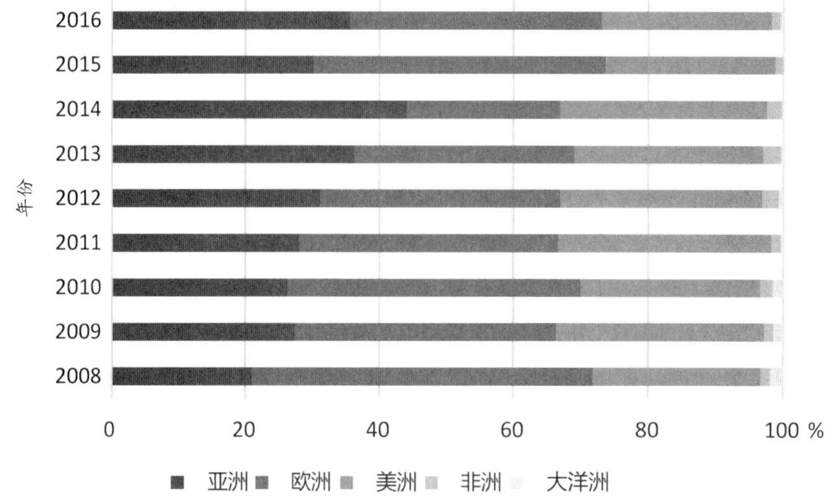

图1-6　2008—2016 年全球FDI 流出量来自各大洲占比

资料来源：根据联合国贸发会议（UNCTAD）数据库整理。

（三）全球FDI 存量的流向分布

从 FDI 流向的经济体类型看，2008 年金融危机爆发后，发达经济体 FDI 流入存量占全球比呈逐渐下滑趋势，由 2008 年的 71.1% 下降到 2016 年的 63.3%，2017 年微升至 64.5%，为 20.33 万亿美元；发展中经济体的 FDI 流入存量全球占比呈日益上升趋势，由 2008 年的 26.4% 增加到 2016 年的 34%，2017 年为 32.8%，达 10.35 万亿美元；转型经济体的 FDI 流入存量占比则一直稳定在 3% 左右，2017 年为 2.67%，达 8 397 亿美元（图 1–7）。

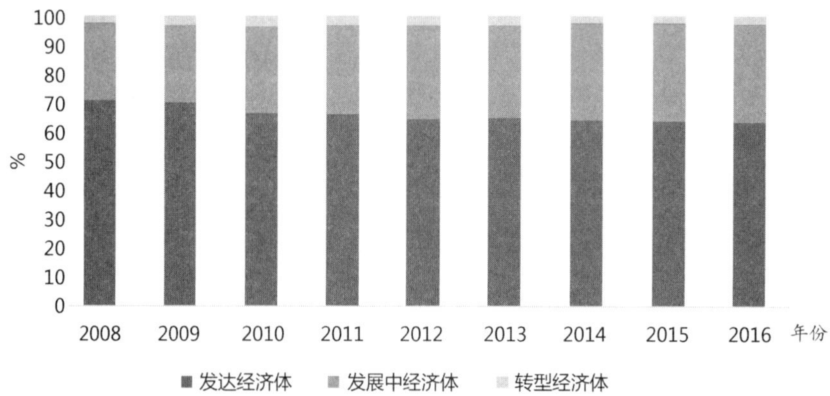

图1-7　2008—2016 年全球FDI 流入存量在不同类型经济体占比

资料来源：根据联合国贸发会议（UNCTAD）数据库整理。

从FDI存量流向的洲际区域分布看，全球FDI流入存量主要集中在自亚洲、欧洲和美洲。其中亚洲和美洲的FDI流入存量占比整体呈上升趋势，亚洲由2008年的19.4%上升到2017年的23%，2016年高达25.4%，美洲由2008年的26.6%上升到2017年的35.2%；欧洲的FDI流入存量比重则整体呈下降趋势，由2008年的48.9%下降到2017年的32.9%；非洲和大洋洲的FDI流入存量比重则相对稳定，大体都在2%~3%（图1–8）。

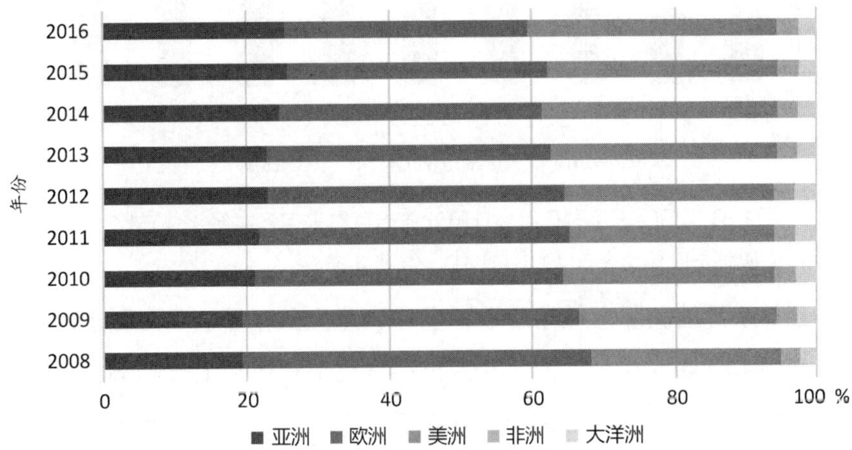

图1–8 2008—2016年全球FDI流入存量在各大洲占比

资料来源：根据联合国贸发会议（UNCTAD）数据库整理。

（四）全球FDI存量的来源分布

从FDI来源存量的经济体类型看，2008年金融危机后来自发达经济体的FDI流出存量全球占比呈逐渐下滑趋势，2017年的占比为76.2%，比2008年下降8.6个百分点；同期，来自发展中经济体的FDI流出存量占比呈上升趋势，2016年为22.4%，比2008年上升8.6个百分点；来自转型经济体的FDI流出存量占比则一直稳定在1.5%左右（图1–9）。

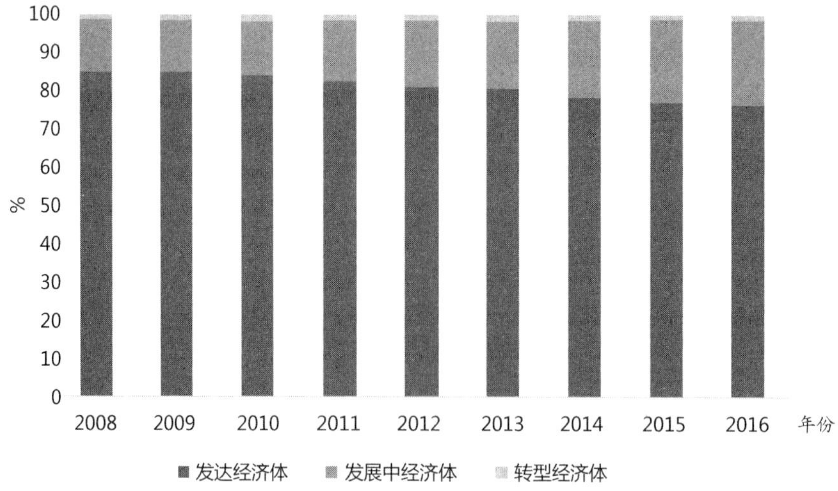

图1-9　2008—2016 年全球FDI 流出存量来自各类经济体占比

资料来源：根据联合国贸发会议（UNCTAD）数据库整理。

从 FDI 存量来源的洲际区域角度看，全球 FDI 流出存量主要来源于自亚洲、欧洲和美洲。其中来自亚洲和美洲的 FDI 流出存量比重整体呈上升趋势，来自亚洲的 FDI 流出存量由 2008 年的 16% 上升到 2016 年的 24.9%，2017 年回落至 18.5%；来自美洲的 FDI 流出存量由 2008 年的 25.3% 上升到 2016 年的 32.7%；来自欧洲 FDI 流出存量比重则整体呈下降趋势，由 2008 年的 56.5% 下降到 2017 年的 39.3%；来自大洋洲的 FDI 流出存量比重稳定在 2% 左右；来自非洲 FDI 流出存量比重最低，但一直呈现出上升趋势，2016 年已突破 1%，2017 年为 1.19%（图 1–10）。

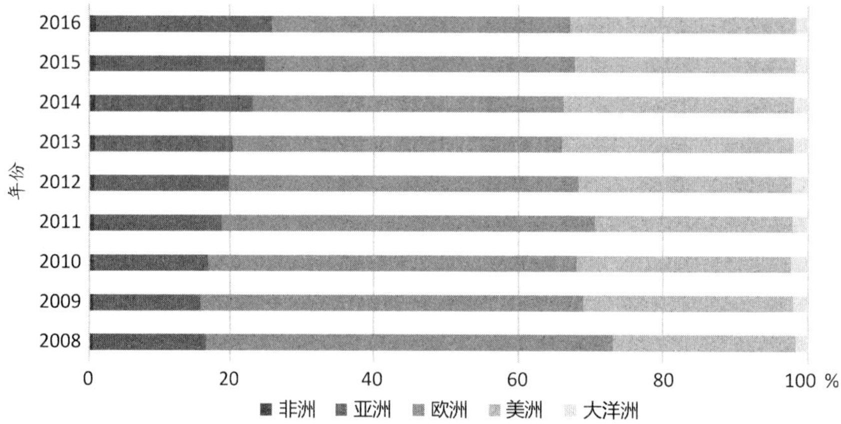

图1-10　2008—2016 年全球FDI 流出存量来自各大洲占比

资料来源：根据联合国贸发会议（UNCTAD）数据库整理。

三、国际直接投资的行业格局

世界经济的行业结构变化，直接影响了国际直接投资行业格局。

（一）国际直接投资的三大行业分布

2008 年金融危机以来，全球 FDI 按三大产业流向占比总体保持稳定。

从国际直接投资存量看，截至 2015 年年末，全球服务业吸收 FDI 存量约为 16 万亿美元，比 2007 年增加 4 万亿美元，占比从 64.8% 略降到 62.5%；同时期内全球制造业吸收 FDI 存量增加 2 万亿美元，占比从 27% 增加到 27.3%，二者的占比变化都不大（图 1–11）。

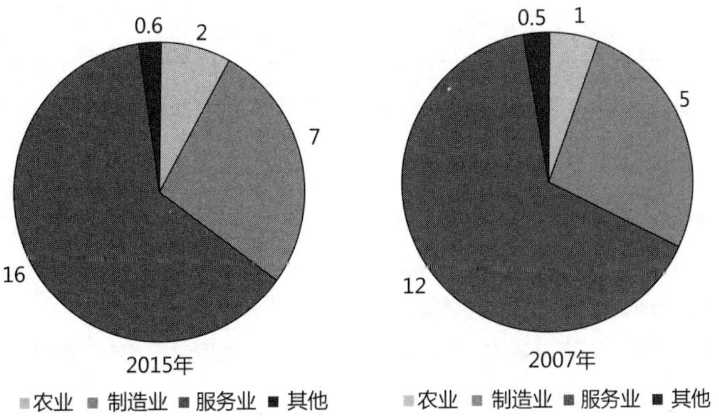

图1–11 2015 年和2007 年全球FDI 流入存量的产业分布（单位：万亿美元）

资料来源：《世界投资报告2017》

从流量方面看，2008 年以来全球 FDI 的主要产业占比也大体保持稳定。金融危机爆发后，三大产业吸收全球 FDI 流量均出现过明显下降，2016 年制造业和服务业吸收全球 FDI 流量已恢复到接近 2008 年水平，农业吸收全球 FDI 流量也恢复到接近 2008 年的一半以上。但在此过程中，三大产业吸收全球 FDI 流量的比重变化不大，农业占比大体在 10% 上下，制造业占比大体在 40% 上下，服务业占比大体在 50% 上下（表 1–1 和图 1–12）。

表1–1 2008—2016 年全球三大产业吸收FDI 流量统计

单位：亿美元

年份	农业	制造业	服务业
2008	2 235.6	7 067.1	9 817.0

续 表

年份	农业	制造业	服务业
2009	1 680.8	4 571.8	6 204.8
2010	1 361.9	5 564.4	4 734.3
2011	2 258.0	6 381.1	5 567.2
2012	757.4	4 140.4	4 834.4
2013	253.2	4 593.5	6 044.7
2014	794.5	5 089.5	5 610.4
2015	691.7	7 137.3	7 251.0
2016	1 370.4	6 949.6	8 643.2

资料来源：根据《世界投资报告2017》整理得出。其中，三大产业的流量值是依据当年该产业吸收的跨境并购额和绿地投资额相加得出的。

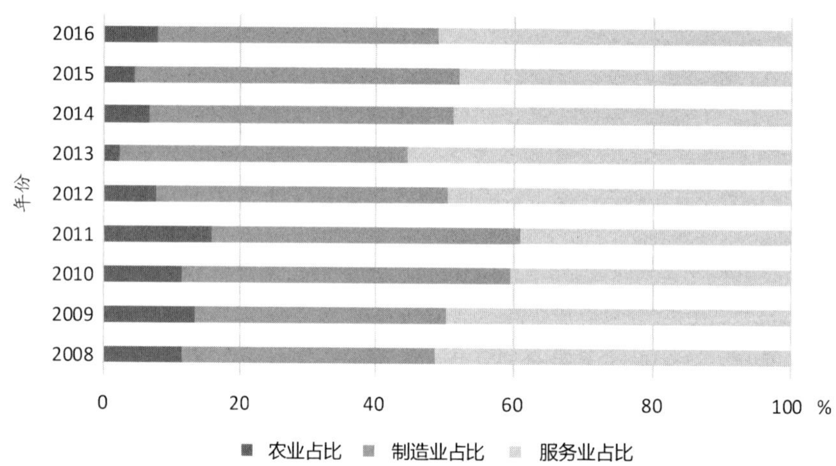

图1-12　2008—2016 年全球三大产业吸收FDI 流量比重变化

资料来源：根据《世界投资报告2017》整理得出。

（二）全球FDI 服务业和制造业细分行业分布

服务业内部吸收 FDI 主要以生产性服务业为主。2008 年金融危机以来，随着全球制造业向服务型制造业转型升级，生产性服务业成为引领制造业创新的主要动力，全球 FDI 也大量涌入该产业。2008 年以来，生产性服务业 FDI 吸收量占全球服务业 FDI 的大部分。此外，随着信息技术和知识经济的迅速发展，知识技术密集型新兴服务业也成为重要的 FDI 吸收行业。FDI 在服务业内部的主要流向电、气、水，商业服务，建筑服务业，交通运输，金融，信息与交流，贸易等行业。对比 2009 年和 2016 年服务业内部各行业 FDI 流量比重，在这两个年份均排名靠前的行业分别是电、气、水，商业服务，建筑服务业，交通运输，金融，信息与交流，贸易等七大行业，只是比重有所变化，电、气、水等行业占比下降，商业服务、金融等行业占比提升（图 1–13）。

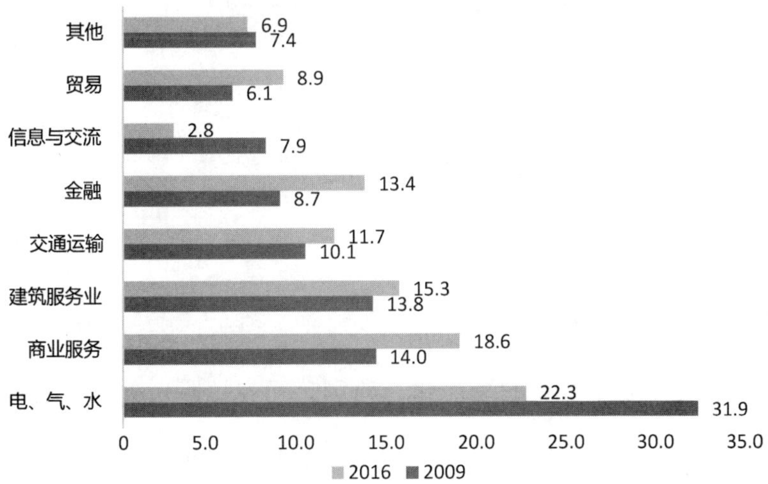

图1–13　2009 年和2016 年全球服务业各行业FDI 流量比重对比（单位：%）

资料来源：根据《世界投资报告》（2009—2017）整理得出。各行业吸收FDI 是当年该行业吸收的跨境并购额和绿地投资额相加得出的。

2008 年以来制造业内部吸收 FDI 的行业仍以传统行业为主。以 2016 年为例，全球吸收 FDI 排名靠前的制造业内部主要行业分别是食品饮料及烟草、电气和电子设备、制药、化工及化工制品、汽车及其他运输设备、机械设备、金属及金属制品、纺织服装与皮革等八大行业，合计占制造业吸收 FDI 的 87.4%（图 1–14）。需要指出的是，尽管传统制造业仍然是吸收 FDI 重点行业，但流入这些行业的 FDI 总额在全球总投资的比重却呈下降趋势，而新兴制造业的 FDI 吸收量则逐渐开始增加。

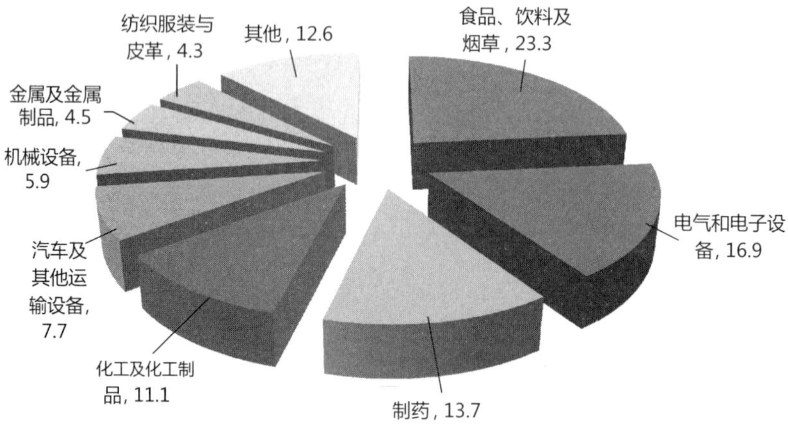

图1-14　2016 年全球制造业各行业FDI 流量比重（单位：%）

资料来源：根据《世界投资报告2017》整理得出。各行业吸收FDI 是当年该行业吸收的跨境并购额和绿地投资额相加得出的。

四、世界跨国公司的最新发展

作为对外直接投资活动的投资主体，跨国公司在国际对外经济合作中发挥着至关重要的作用。由联合国贸易和发展会议（UNCTAD）定期发布的“世界最大的100 家非金融类跨国公司”（以下简称“世界百强跨国公司”）榜单和“发展中国家和地区最大的 100 家非金融类跨国公司”（以下简称“发展中国家和地区百强跨国公司”）榜单，均按照跨国公司海外资产额多少排序，同时给出跨国公司的跨国化指数（TNI）[①]。

（一）世界百强跨国公司的国际化程度

根据《世界投资报告 2017》，入选 2016 年世界百强跨国公司的平均跨国化指数为 61%，与入选 2008 年世界百强跨国公司的平均跨国化指数（58.7%）相比，提升了 2.3 个百分点；而入选 2015 年发展中国家和地区百强跨国公司的平均跨国化指数为 36.3%，与入选 2007 年发展中国家和地区百强跨国公司平均跨国化指数（41.3%）相比下降了 5 个百分点，与世界百强跨国公司的平均跨国化指数的差距进一步拉大（表 1–2）。

① 跨国化指数是联合国贸发会议于 1995 年首次提出的，用以衡量一个公司的国际化情况，是企业的海外资产占总资产比重、海外销售额占总销售的比重、海外雇员人数占总雇员人数的比重等三者的算术平均值。

表1-2　世界百强与发展中国家和地区百强跨国公司指标比较

单位：十亿美元，千人，%

排名类型		世界百强跨国公司		发展中国家和地区百强跨国公司	
指标/年份		2008	2016	2007	2015
资产额	境外资产额	6 094	8 268	767	1 717
	境内资产额	4 590	4 985	1 420	4 249
	资产总额	10 684	13 252	2 186	5 966
	境外资产占比	57	62	35	29
销售额	境外销售额	5 208	4 767	737	1 769
	境内销售额	3 310	2 700	880	2 011
	销售总额	8 518	7 464	1 617	3 780
	境外销售额占比	61	64	46	47
雇员人数	境外雇员数	8 898	9 330	2 638	3 954
	境内雇员数	6 404	6 993	3 444	8 090
	雇员总数	15 302	16 323	6 082	12 044
	境外雇员占比	58	57	43	33
国际化指数		58.7	61	41.3	36.3

资料来源：根据《世界投资报告2017》整理。

（二）世界百强跨国公司的国别分布

受 2008 年金融危机给各国经济尤其是企业造成的影响，从 2006 年到 2016 年，进入《世界投资报告》世界百强跨国公司名单的跨国公司来源分布发生了许多变化。危机之前的 2006 年，进入世界百强跨国公司名单的企业来自世界 22 个国家和地区，其中排名前五位的国家拥有 69 家跨国公司。到 2016 年，进入世界百强跨国公司名单的企业来自 25 个国家和地区，排名前 5 位的国家拥有跨国公司 70 家。十年间，美、英、法、德、日继续牢牢掌控世界百强前 5 的地位，只是英法德的位次有所变化。同期，包括中国香港和中国台湾在内的中国企业进入世界百强跨国公司的数量发生了显著变化，从 2006 年的 1 家增加到 2016 年的 4 家，尤其是来自中国内地的企业数量实现从 0 到 2 的突破，显示了此间中国企业国际化能力的提高（表 1-3）。

表1-3　世界百强非金融跨国公司的国别/ 地区分布变化

单位：家

	2006 年世界百强跨国公司		2016 年世界百强跨国公司	
排名	国别/ 地区	企业数量	国别/ 地区	企业数量
1	美国	21	美国	22
2	法国	15	英国	15
3	德国	13	法国	11
4	英国	11	德国	11
5	日本	9	日本	11
6	荷兰	4	瑞士	5
7	瑞士	4	西班牙	3
8	加拿大	3	中国内地	2
9	西班牙	3	爱尔兰	2
10	意大利	2	意大利	2
11	韩国	2	澳大利亚	1
12	瑞典	2	比利时	1
13	英国，荷兰	2	巴西	1
14	澳大利亚	1	丹麦	1
15	芬兰	1	芬兰	1
16	中国香港	1	以色列	1
17	爱尔兰	1	韩国	1
18	马来西亚	1	卢森堡	1
19	墨西哥	1	马来西亚	1
20	挪威	1	墨西哥	1
21	新加坡	1	荷兰	1
22			挪威	1
23			新加坡	1
24			瑞典	1
25			中国台湾	1
26			中国香港	1

资料来源：联合国贸发会议《世界投资报告》

随着发展中国家 / 地区参与经济全球化的广泛性增强，特别是金融危机后发展中国家 / 地区对世界经济贡献度的提高，来自发展中国家 / 地区百强跨国公司的分布也发生了显著变化。十年间，拥有发展中国家 / 地区百强跨国公司的国家 / 地区从 14 个增加到 20 个，排名前五位的国家和地区拥有的跨国公司数量从 74 个减少到 57 个，集中度显著下降。在国别地区排名中，中国大陆从第四位提高到了第一位，中国台湾从第二位滑到第九位。中国大陆拥有的跨国公司数量从 10 家增加到 18 家。中国香港和中国台湾拥有的跨国公司数量分别从 25 家减少到 14 家、18 家减少到 6 家。同期，印度拥有的跨国公司数量从 2 家增加到 8 家。

表1-4　来自发展中国家和地区非金融百强跨国公司的来源变化

单位：家

年份 / 序号	2005		2015	
1	中国香港	25	中国	18
2	中国台湾	18	中国香港	14
3	新加坡	11	新加坡	10
4	中国	10	印度	8
5	南非	10	韩国	7
6	墨西哥	7	墨西哥	7
7	马来西亚	6	巴西	6
8	韩国	4	南非	6
9	巴西	3	中国台湾	6
10	印度	2	马来西亚	5
11	埃及	1	阿联酋	3
12	菲律宾	1	俄罗斯	2
13	泰国	1	阿尔及利亚	1
14	委内瑞拉	1	阿根廷	1
15			科威特	1
16			菲律宾	1
17			卡塔尔	1
18			沙特阿拉伯	1
19			泰国	1
20			委内瑞拉	1

资料来源：联合国贸发会议《世界投资报告》

（三）世界百强跨国公司的行业分布

2008 年金融危机爆发以后，全球性的产业结构调整和企业重组速度加快，直接影响了世界非金融百强跨国公司和来自发展中国家 / 地区百强跨国公司的行业分布。2006 年，按入选企业数量排名前五的行业分别是汽车（13）、石油（10）、电子电气（9）、电信（8）和制药（6），2016 年排名前五的行业分别是汽车（12）、制药（12）、矿业（9）、电信（9）和电力（8），并列的还有石油精炼（8）。尽管在行业划分上略有调整，但汽车行业的行业地位依然牢固，制药行业从第五上升到第二（事实上是并列第一），凸显了制药行业在全球的强劲发展势头。

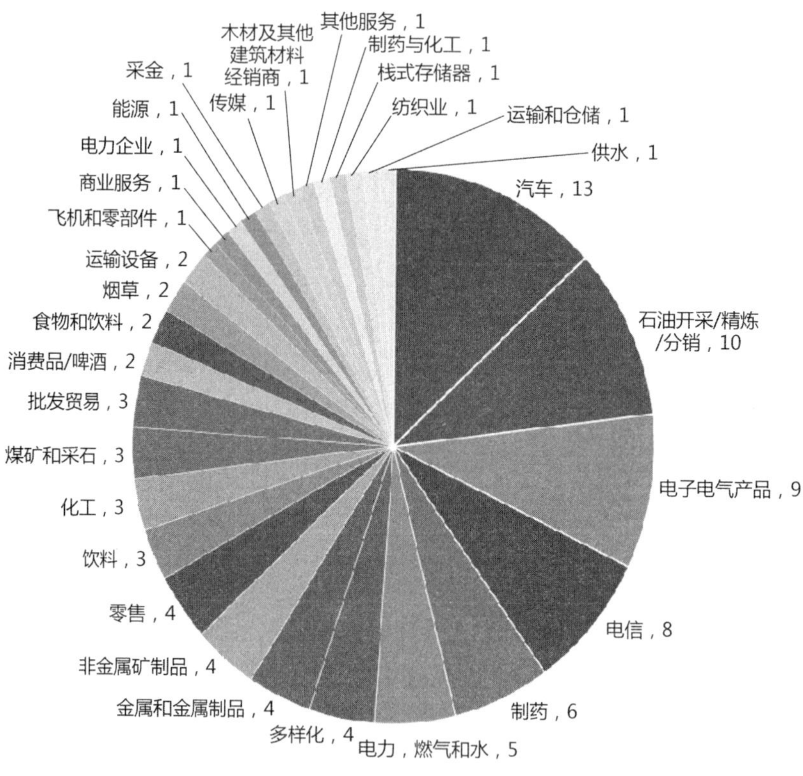

图1-15a　2006 年世界百强跨国公司行业分布

资料来源：联合国贸发会议《世界投资报告》

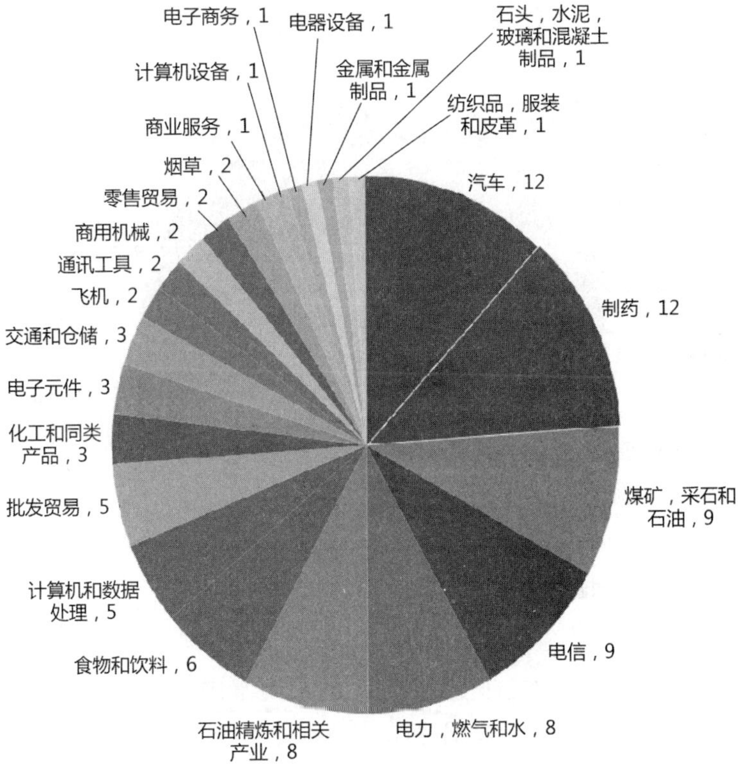

图1-15b　2016 年世界百强跨国公司行业分布

资料来源：联合国贸发会议《世界投资报告》

同期，来自发展中国家 / 地区非金融百强跨国公司的行业分布也发生变化。2005 年，按企业数量排名的前五位行业分别是：多元化经营（13）、计算机及相关活动（10）、电子电气（10）、石油天然气（9）、食品和饮料（8）（图 1-16a）；2015 年，排名前五的行业则分别是：采矿业（13）、电信（10）、食品和饮料（8）、金属和金属制品（8）、建筑业（7）（图 1-16b）。此间，多元化经营的企业进行了经营方向的战略调整，迅速从百强企业行业中消失，采矿业和电信业企业则相应崛起，进入前两位。

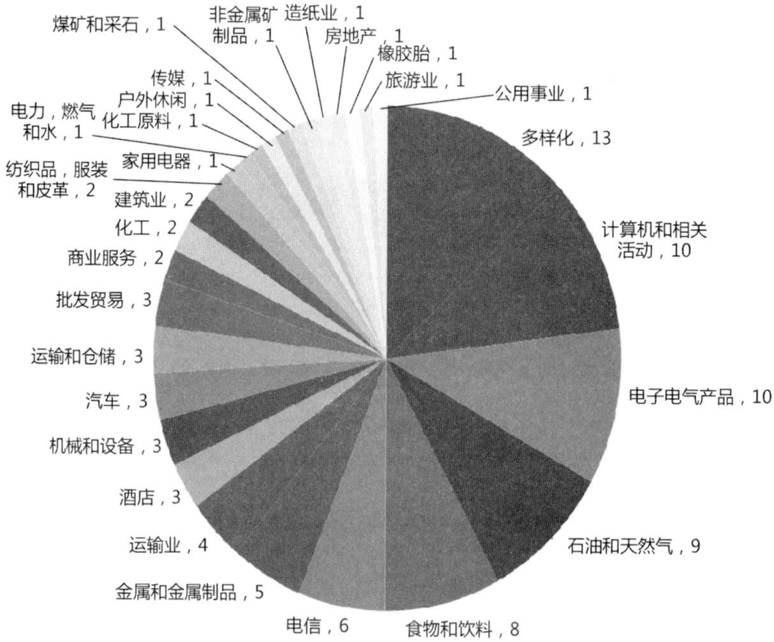

图1-16a　2005 年发展中国家/ 地区百强跨国公司行业分布

资料来源：联合国贸发会议《世界投资报告》

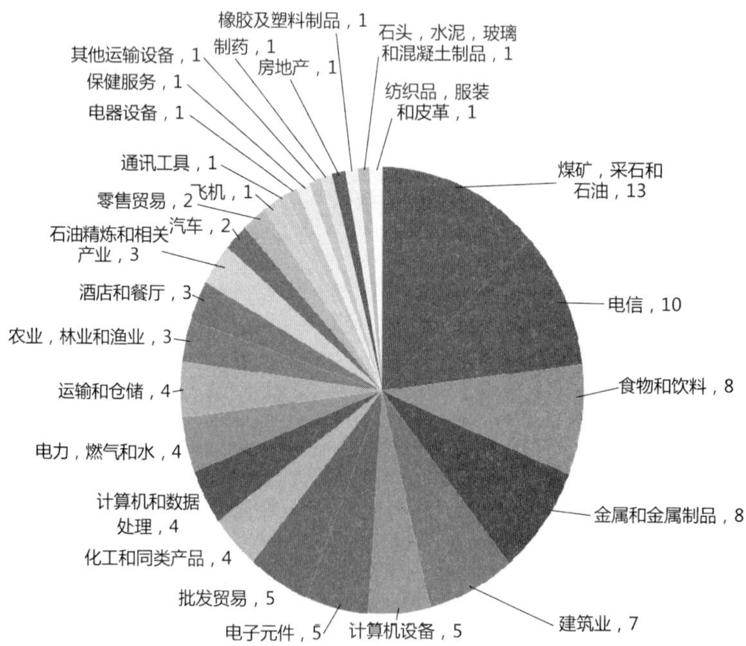

图1-16b　2015 年发展中国家/ 地区百强跨国公司行业分布

资料来源：联合国贸发会议《世界投资报告》

第二节　2008 年以来主要经济体的对外投资

2008 年以来，世界政治、经济、科技以及产业格局都发生了巨大变化，世界主要经济体的经济发展表现和综合国力也发生了不同方向的调整，进而影响了各国对外投资的发展趋势。

一、主要经济体对外直接投资的发展趋势

国际直接投资的发展受技术进步、产业转移、汇率变化、各方政府政策、经济发展水平等各种国际国内因素影响。由于各个国家在这些因素方面的差异极大，导致不同国家的国际直接投资发展历程也不尽相同，并形成各自的发展阶段特征。2008 年以来，世界主要经济体对外投资呈现出不同的发展势头。

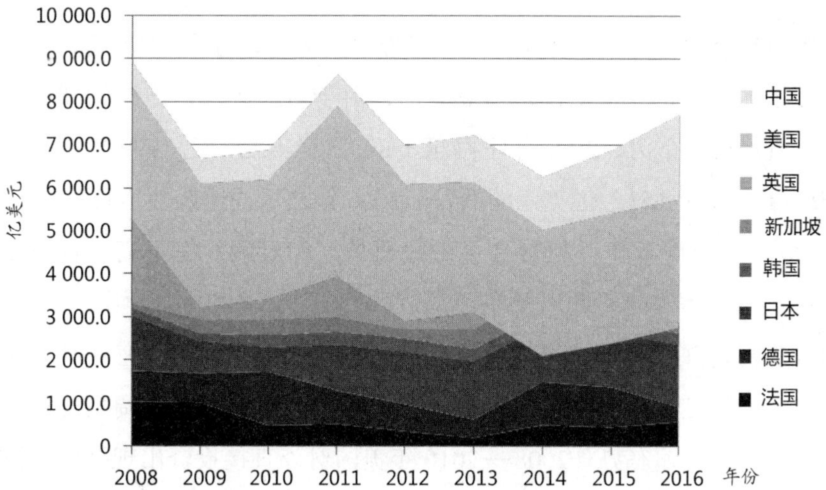

图1-17　主要经济体对外直接投资发展趋势

资料来源：UNCTAD 数据库、《2016 年度中国对外直接投资统计公报》

表1-5　2008—2016 年主要经济体对外直接投资总规模

单位：亿美元

国别 年份	法国	德国	日本	韩国	新加坡	英国	美国	中国
2008	1 032.8	715.1	1 280.2	196.3	79.6	1 981.9	3 083.0	559.1

续 表

年份 \ 国别	法国	德国	日本	韩国	新加坡	英国	美国	中国
2009	1 008.7	685.4	747.0	174.4	320.4	289.6	2 879.0	565.3
2010	481.5	1 254.5	562.6	282.8	354.1	480.9	2 777.8	688.1
2011	514.1	779.3	1 076.0	297.0	313.7	955.9	3 965.7	746.5
2012	354.4	621.6	1 225.5	306.3	194.4	207.0	3 182.0	878.0
2013	203.7	422.7	1 357.5	283.6	436.0	404.8	3 034.3	1 078.4
2014	497.8	995.2	1 290.4	280.4	522.2	−1 483.0	2 922.8	1 231.2
2015	443.7	932.8	1 286.5	237.6	314.1	−821.4	3 031.8	1 456.7
2016	573.3	345.6	1 452.4	272.7	238.9	−126.1	2 990.0	1 961.5

资料来源：UNCTAD 数据库、《2016 年度中国对外直接投资统计公报》

（一）美国

美国作为当今世界最大经济体和第一对外投资大国，进入 21 世纪，美国对外直接投资经历了大起大落。金融危机爆发之前，由于新经济神话泡沫的破灭，美国对外直接投资流量持续下滑，2003 年下降至 1 293.5 亿美元，比 1999 年减少 800 亿美元，2005 年更是跌至 153.7 亿美元的低谷。2006 年之后快速恢复增长，2007 年达到 3 935 亿美元的历史性新高。2008 年金融危机后，针对就业率不高、贸易赤字不断扩大、产业空心化等国内问题以及东道国劳动力成本不断增加、国际竞争加剧等挑战，美国政府制定并实施了“再工业化”战略，鼓励并促进美国海外制造业企业回迁国内发展，并制定了一系列“制造业回流”鼓励政策。在此次调整过程中，美国对外投资总体上呈收缩态势。2008—2010 年美国对外直接投资出现持续下滑，2011 年美国对外投资出现短暂性恢复增长，达到 3 966 亿美元的历史最高水平，2012—2016 年间，美国对外直接投资流量又呈现出调整下滑趋势。2016 年规模为 2 990 亿美元，较 2011 相比，下滑近 1 000 亿美元。2017 年达到 3 422 亿美元。

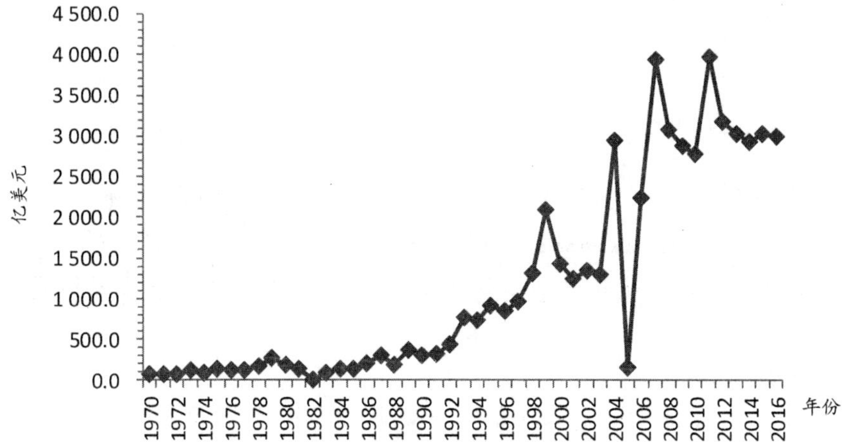

图1-18　1970—2016 年美国对外直接投资流量统计

资料来源：UNCTAD 数据库

（二）英国

自 20 世纪 80 年代中叶开始，经济全球化进程显著加快，英国跨国公司积极学习美国先进技术、管理经验、营销手段，带动了英国对外直接投资活动的高速发展，到 2000 年英国对外直接投资流量已到达 2 327.4 亿美元。但由于 21 世纪初全球宏观经济不振、国际政治和安全环境不佳，加上英国国内产业结构的重整和部分国有企业私有化步伐缓慢，英国对外投资活动出现短期内剧减，2002 年已降至 538 亿美元。随后英国对外直接投资活动又迅速复苏，2007 年英国对外直接投资规模高达 3 358.9 亿美元，创历史新高，位列欧盟第一、全球第二。2008 年金融危机爆发后，英国对外投资波动剧烈。2008 年当年对外直接投资 1 982 亿美元，创下金融危机以后的历史新高，世界排名第二。但随后英国对外投资活动再次大幅缩减，2009 对外投资规模降至 289.6 亿美元。尽管此后英国经济的恢复拉动了对外投资活动的回暖，但随着英国政府决定重振国内制造业、力图缓解“产业空心化”等问题，英国提出了“英国工业 2050 战略”，英国跨国公司纷纷从海外撤资，2014—2016 年期间对外投资规模连续三年为负值。英国在 2008 年以来规模虽有反复，但总体呈现萎缩，特别是 2014 年开始，由于英国经济全面复苏，吸收外资大幅增加，导致英国对外直接投资出现负数，2014 年当年甚至出现 1 483 亿美元的资本回流，成为净资本流入国。2017 年英国对外投资 996 亿美元。

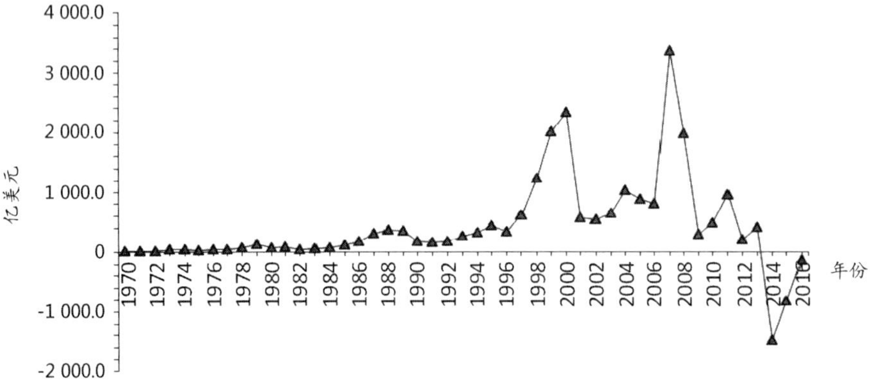

图1-19　1970—2016 年英国对外直接投资流量统计

资料来源：UNCTAD 数据库

（三）德国

德国是 2008 年以来欧元区经济发展的主动力，也是对外投资大国。根据联合国贸易和发展会议（UNCTAD）发布的《世界投资报告 2017》，截至 2016 年年底，德国对外投资存量约为 1.37 万亿美元，全球排名第五位。但受金融危机和欧债危机的影响，2008 年以来德国对外直接投资整体上波动中呈下降的趋势。2010 年德国对外直接投资流量暂时恢复增长到 1 255 亿美元，创金融危机后新高。受欧债危机影响，2013 年德国对外直接投资降至 422.7 亿美元，2014 和 2015 年出现短暂的恢复性增长，2016 年又出现大幅下滑，降至 345.6 亿美元，创下 2005 年以来的新低，全球排名第十。2017 年德国对外投资 823.36 亿美元。

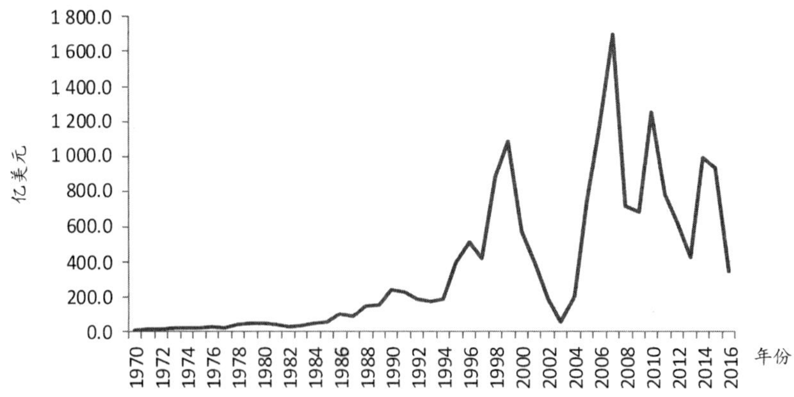

图1-20　1970—2016 年德国对外直接投资流量变化

注：1970—1989 年的德国对外投资数据为原联邦德国的对外直接投资流量，此期间原民主德国相关数据缺失。

资料来源：根据联合国贸发会议（UNCTAD）数据库整理。

（四）日本

日本的对外直接投资具有典型意义。在经历了第二次世界大战后的经济复苏后，日本承接美国产业转移，通过吸收利用国际先进技术，推动技术创新，实现了经济的快速发展，促进了日本产业的对外扩张和产业转移。截至 2016 年底，日本对外直接投资存量已达到 1.4 万亿美元，位列全球第 4 位。2008 年以来，日本对外直接投资经历了两个发展阶段。

1. 金融危机前后震荡式发展阶段：2006—2010 年

以 2008 年国际金融危机为界，日本对外直接投资发展分为两个阶段。2006—2008 年，日本对外直接投资额出现高速增长，2008 年日本对外直接投资达 1 280.2 亿美元，比 2006 年增长了 1.5 倍；之后受全球金融危机影响，日本对外直接投资额急速下滑，2010 年降到 562.6 亿美元，比 2008 年下降了 56%。

2. 新一轮增长阶段：2011 年至今

2011—2016 年，日本对外直接投资额又呈现出高速增长趋势，2016 年日本对外直接投资流量达到 1 452.4 亿美元，创历史新高，重新回到世界对外投资来源地前三的位置。2017 年日本对外投资流量为 1 604 亿美元，世界排名第二。

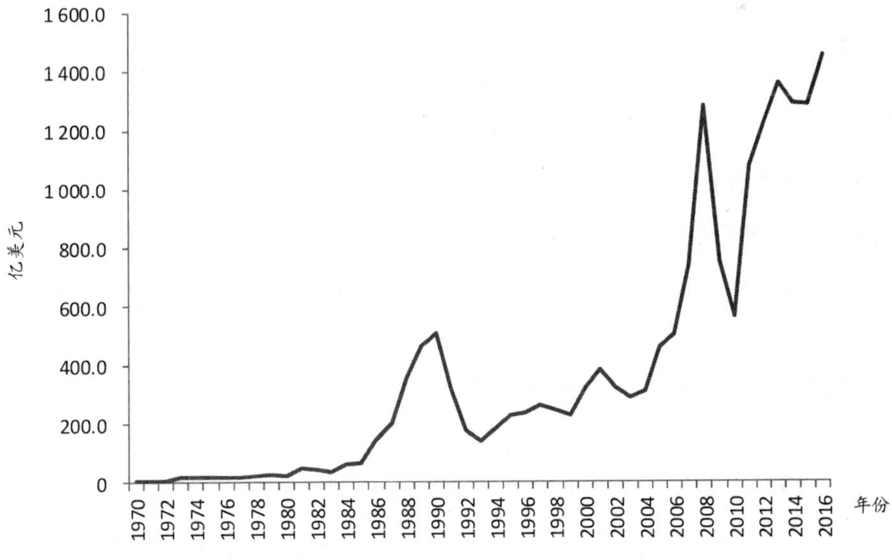

图1-21　1970—2016 年日本对外直接投资流量变化

资料来源：根据联合国贸发会议（UNCTAD）数据库整理。

（五）中国

中国对外投资的发展历程虽然不长，但经历了从无到有、从小到大的发展过程，主要经历了准备阶段（1979年至20世纪末）、2000年实施“走出去”战略后的快速增长阶段、2008年以后的高速增长阶段及2016年后稳健发展阶段（图1–22）。

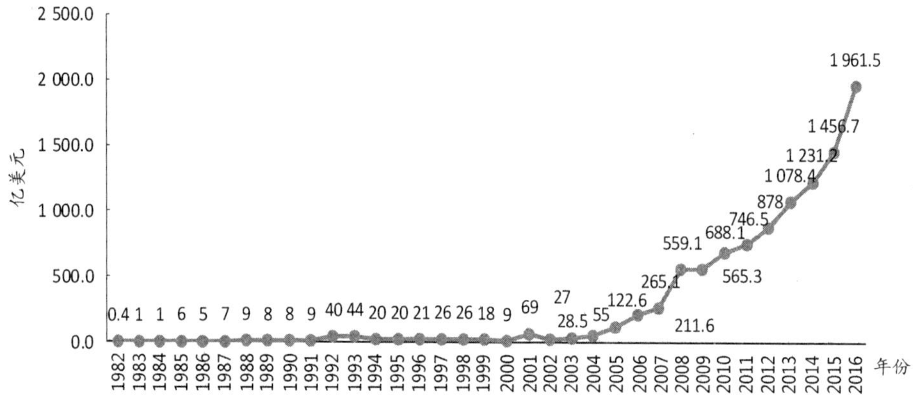

图1–22　1982—2016年中国对外直接投资统计

注：2017年数据为非金融类对外直接投资数据。

资料来源：1982—2001年数据来源于联合国贸发会议历年《世界投资报告》，2002—2016年数据来源于《2016年度中国对外直接投资统计公报》。

进入21世纪，随着中国综合国力的提升和对外开放步伐加快，在“走出去”战略和“一带一路”倡议指引下，中国对外直接投资快速发展，一跃成为世界主要直接投资来源地，甚至成为资本净输出国。

1. 快速发展阶段（2000年至2008年国际金融危机之前）

2000年中国开始实施“走出去”战略，2001年成功加入世界贸易组织，双边和区域经济合作发展迅速，对外直接投资规模快速增长。2005年首次突破100亿美元，2007年达265.1亿美元。企业开始探索以跨国并购的方式快速国际化，商务服务业成为新的投资热点。民营企业的对外投资发展迅速，但国有企业仍是对外投资的主要力量。

2. 高速增长阶段（2008年国际金融危机之后至2016年年底）

2008年，在国际金融危机深化的背景下，中国企业抓住欧美国家资产贬值的有利时机，扩大对外并购规模，当年对外直接投资流量实现了110.9%的高速增长，达559.1亿美元。之后，根据国务院2014年10月发布的《政府核准的投资项目目录(2014年本)》，在境外投资领域，除涉及敏感国家和地区、敏感行业的项目外，其他项目全部取消核准改为备案管理。与之相应，商务部、国家发展和改革委员会、国家外汇管理局等均先后发布了新的管理办法或规定，大大简化了境内企业海外投资的境内监管审批流程，大大促进了中国对外投资的便利化。2008—2016 年中国对外直接投资流量年均增幅为 17.0%，全球占比由 2008 年的 2.9% 上升到 2016 年的 13.5%。2015 年和 2016 年，中国对外投资流量规模，分别达到 1 456 亿美元和 1 961 亿美元，连续两年位居世界第二位，仅次于美国；同时，连续两年实现双向直接投资项下资本净输出。从存量看，截至 2016 年底，中国对外直接投资存量为 1.36 万亿美元，是 2008 年的 7.4 倍，全球排名也从 2008 年的第 18 位跃升到第 6 位，全球占比由 2008 年的 1.1% 上升到 5.2%，首次突破 5%，全球占比同德国相当。可见，中国已成为名副其实的资本输出大国，在全球外国投资中的地位和作用日益凸显。

3. 健康规范发展阶段（2016 年年底至今）

2016 年底，发展改革委、商务部、人民银行、外汇局四部门负责人表示，监管部门密切关注在房地产、酒店、影城、娱乐业、体育俱乐部等领域出现的一些非理性对外投资的倾向，支持国内有能力、有条件的企业开展真实合规的对外投资活动，对部分交易从严控制，加强合规性审查。2017 年 8 月，国务院办公厅转发国家发展改革委、商务部、人民银行、外交部《关于进一步引导和规范境外投资方向的指导意见》，明确将境外投资活动划分为鼓励类、限制类和禁止类，以引导和规范企业境外投资方向，体现了分类指导、“有保有压”，以推动对外投资合作实现健康规范发展。

表1-6　2008—2016 年中国对外直接投资统计

单位：亿美元，名，%

年份	流　量			存　量	
	金额	全球排名	同比	金额	全球排名
2008	559.1	12	110.9	1 839.7	18
2009	565.3	5	1.1	2 457.5	16
2010	688.1	5	21.7	3 172.1	17
2011	746.5	6	8.5	4 247.8	13
2012	878.0	3	17.6	5 319.4	13

续 表

年份	流　量			存　量	
	金额	全球排名	同比	金额	全球排名
2013	1 078.4	3	22.8	6 604.8	11
2014	1 231.2	3	14.2	8 826.4	8
2015	1 456.7	2	18.3	10 978.6	8
2016	1 961.5	2	34.7	13 573.9	6

资料来源：《2016 年度中国对外直接投资统计公报》

二、主要经济体对外直接投资方式

绿地投资（即新建）和跨国并购是国际直接投资的两种重要形式，服务于不同跨国企业的国际化战略目标。整体上看，在国际直接投资兴起阶段，绿地投资方式一直占主导地位，但随着全球各个国家经济的不断发展，跨国并购在对外直接投资活动中的作用越来越突出。特别是 20 世纪 90 年代以来，跨国并购活动日益频繁，成为企业快速国际化、拓展新市场的重要手段。而对中国来讲，中国对外投资发展历程虽然不长，但是已有许多大型企业通过采用跨国并购方式，迅速增强了国际竞争力，提升国际地位。

（一）国际直接投资方式的演变

从全球跨国并购规模变化来看，1990 年全球并购规模为 980.5 亿美元，占当年全球对外直接投资流量的 40.2%，到 2000 年时，全球并购规模为 9 596.8 亿美元，占当年全球对外直接投资流量的 82.4%，十年时间内比重提高了 40%。

进入 21 世纪后，跨国并购占比有所下降，并一度跌至 21%（2004 年），但随后又逐渐反弹，到 2007 年跨国并购金额创下历史新高后，在金融危机的重创下再度呈现 W 形波动。2013 年后呈现回升势头。2016 年，全球跨国并购规模为 8 686.47 亿美元，占当年全球对外直接投资流量的 59.8%。2017 年，全球跨国并购交易额为 6 940 亿美元，比上年下降了 22%，并购交易数从上年的 6 607 次增加到 6 967 次，增长 5%。

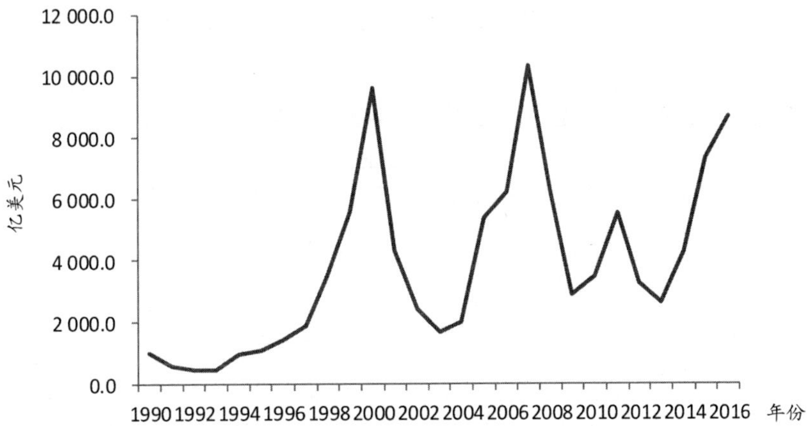

图1-23　1990—2016 年全球跨国并购规模发展趋势

资料来源：《世界投资报告2017》

（二）发达经济体对外投资方式

受经济实力和汇率等因素影响，主要经济体对外投资方式也有较大差异。

表1-7　2008—2016 年主要经济体海外并购额

单位：亿美元

年份＼国别	法国	德国	日本	韩国	新加坡	英国	美国	中国
2008	668.0	637.8	495.4	50.5	78.3	526.2	-308.7	302.0
2009	421.8	269.3	176.3	66.0	27.9	276.0	241.1	192.0
2010	61.8	70.2	312.7	99.5	89.6	-38.5	851.0	297.0
2011	370.9	56.4	622.6	45.7	79.5	696.4	1 377.3	272.0
2012	-30.5	156.7	378.0	57.1	8.0	-21.2	725.3	434.0
2013	28.1	66.7	582.8	40.3	65.3	-634.6	596.3	529.0
2014	102.0	386.4	458.9	35.0	140.5	-736.7	851.3	569.0
2015	227.4	476.4	506.2	9.1	205.3	377.6	1 278.8	544.4
2016	304.9	-81.3	806.5	47.6	61.9	218.2	779.5	1 353.3

资料来源：《世界投资报告2017》《2016 年度中国对外直接投资统计公报》。其中，中国的海外并购额为实际交易额，包括境内直接投资和境外融资两部分。

表1-8　2008—2016 年主要经济体海外并购占比

单位：%

国别 年份	法国	德国	日本	韩国	新加坡	英国	美国	中国
2008	64.7	89.2	38.7	25.7	98.3	26.6	—	54.0
2009	41.8	39.3	23.6	37.9	8.7	95.3	8.4	34.0
2010	12.8	5.6	55.6	35.2	25.3	—	30.6	43.2
2011	72.1	7.2	57.9	15.4	25.3	72.9	34.7	36.4
2012	—	25.2	30.8	18.7	4.1	—	22.8	31.4
2013	13.8	15.8	42.9	14.2	15.0	—	19.7	31.3
2014	20.5	38.8	35.6	12.5	26.9	—	29.1	26.4
2015	51.2	51.1	39.3	3.8	65.4	—	42.2	25.6
2016	53.2	—	55.5	17.4	25.9	—	26.1	44.1

注："—"表示当年海外投资出现撤资行为，相关数据为负值。

资料来源：《世界投资报告2017》《2016 年度中国对外直接投资统计公报》。其中，中国的海外并购占比为境内直接投资与对外直接投资总额的比例，不包括境外融资部分。

1. 美国对外投资方式

早期美国对外直接投资以绿地投资为主。进入 20 世纪 90 年代，美国跨国并购开始迅速增长，占比超过半数。到 2000 年，比重上升到 78.1%，达到历史最高点。但受全球金融危机影响，美国对外投资主要方式逐渐由海外并购转向了绿地投资。2008 年美国跨国并购下降到负值，为 –308.7 亿美元，占比为 –10%，创下历史新低。2009 年至今，美国跨国并购活动逐渐恢复，2015 年占比为 42.2%, 达到 2008 年金融危机后新高。2016 年美国跨国并购占对外投资的比重又降至 26.1%。

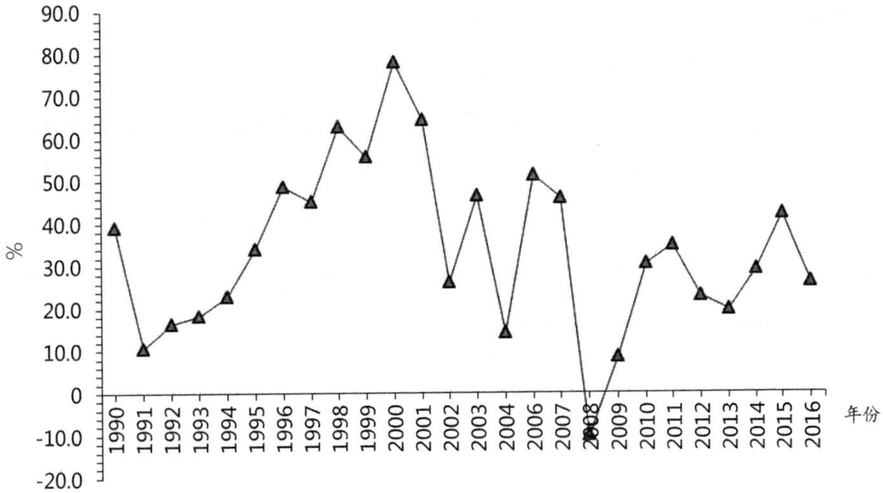

图1-24　1990—2016 年美国海外并购额占对外直接投资总额的比重变化

注：上图中不包括2005 年美国海外并购占比，2005 年美国对外投资流量金额锐减至153.7 亿美元，绿地投资为负数，海外并购超对外投资金额。

资料来源：《世界投资报告2017》

2. 英国对外投资方式

英国最近 20 多年来的对外投资中，海外并购方式发挥着重要作用。1990—2016 年期间将近一半的年份，海外并购比重超过 50%。特别指出的是，尽管 2015 年和 2016 年英国对外直接投资总流量为负值，但这两年英国的海外并购额却为正值，分别高达 377.6 亿美元和 218.2 亿美元。

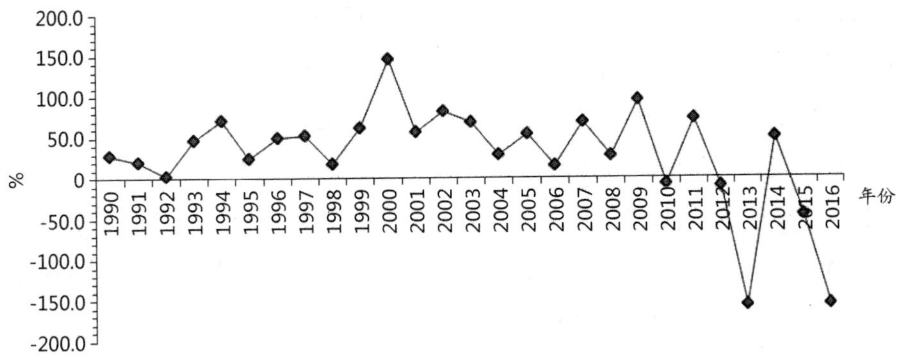

图1-25　1990—2016 年英国海外并购额占对外直接投资总额的比重变化

资料来源：《世界投资报告2017》

3. 日本对外投资方式

日本在第二次世界大战结束至20世纪80年代中期，新建方式的对外直接投资占到了日本对外直接投资总量的80%以上。相对于新建方式，日本的跨国并购发展较晚，在1990—2002年期间，日本的跨国并购从未超过200亿美元，甚至多次出现负值（1995、1999、2002年均为负值）。自2003年开始，日本的跨国并购活动逐渐增多，并购额日益增长起来，由2003年的23.2亿美元增加到2016年的806.45亿美元，14年内增长了35倍，年均增长29%。

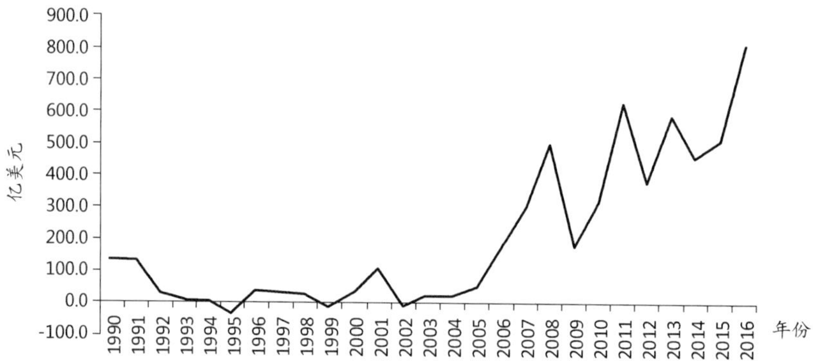

图1-26　1990—2016年日本跨国并购额变化

资料来源：《世界投资报告2017》

（三）中国对外投资方式

早期中国对外投资主要为促进出口服务，企业在国外设立的分支机构主要为境外贸易代表处。随着企业国际化经验的积累，自20世纪80年代开始，中国企业开始通过投资规模小、投资周期短的新建投资方式开拓国际市场。近年来，中国企业向西方跨国公司学习，跨国并购有所增加，企业也采用股权置换、境外经济合作区的集群式投资，以及设立海外研发中心等形式探索国际化之路。

2008年国际金融危机之后中国企业抓住国际产业重构、资产价值物有所值的机遇，境外并购规模急剧扩大，2008—2016年年均增长率为33.8%。2004年中国境外并购金额仅为30亿美元，2007年为63亿美元。2008年当年境外并购金额达302亿美元，是2007年境外并购规模的近5倍，之后长期保持增长态势，2016年境外并购金额达865亿美元（不含境外融资部分），创历史新高。整体而言，中国对外直接投资中并购的比重并不高，2008—2016年期间，海外并购额占中国对外直接投资额的比重只有2008年超过50%，其次是2016年为44.1%。这一方面与同期中国对外投资规模急剧扩大有关，另一方面说明绿地投资仍然是中国企业对外直接投资的主要方式。

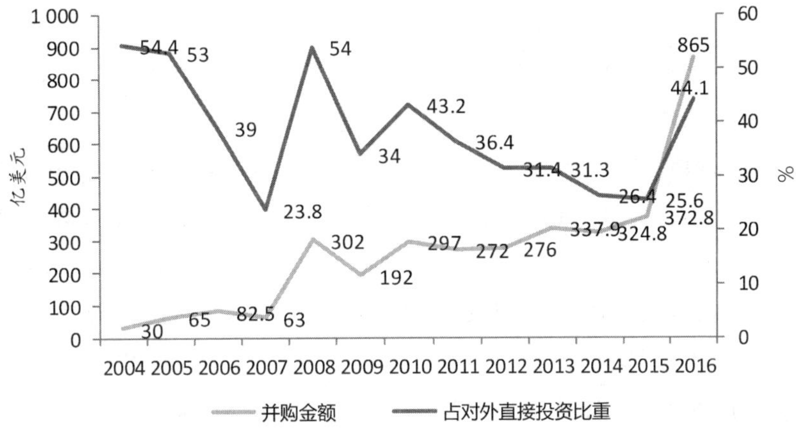

图1-27　2004—2016 年中国跨国并购额及占中国对外直接投资的比重情况

资料来源：历年《对外投资统计公报》

除了跨国并购方式以外，随着中国国内区域发展模式取得成功，越来越多的发展中国家纷纷学习中国模式，向中国政府提出让中国企业前往投资建设特殊经济监管区、工业园区的请求。2006 年起，经国务院批准，商务部开始组织实施境外经贸合作区建设工程，经过招投标确认、企业投资开发、专家组考核验收，先后有 20 家境外园区获得中国政府认可支持。近年来，企业“组团出海”现象越来越多，形成以市场为导向、企业为主体、政府提供支持、市场化运作的开发模式。境外经贸合作区的建设，使相关企业的核心优势形成较高的互补性，具有较高产业关联度的企业在境外形成较为完整的产业链和产业集聚，对推动中国国际产能合作、促进中国国内产业转型升级、带动东道国工业化城镇化发展，都产生了积极的作用。截至 2017 年年底，纳入商务部统计的境外经贸合作区 99 个，已经通过确认考核的有 20 个（表 1–9），其中 77 个园区累计投资 241.9 亿美元，入区企业 1 522 家，总产值 702.8 亿美元，上缴东道国税费 26.7 亿美元，为当地创造就业岗位 21.2 万个，对促进东道国产业升级和双边经贸关系发展发挥了积极作用。

表1-9 通过确认考核的境外经贸合作区名录（截至2017年年底）

序号	合作区名称	境内实施企业名称
1	柬埔寨西哈努克港经济特区	江苏太湖柬埔寨国际经济合作区投资有限公司
2	泰国泰中罗勇工业园	华立产业集团有限公司
3	越南龙江工业园	前江投资管理有限责任公司
4	巴基斯坦海尔—鲁巴经济区	海尔集团电器产业有限公司
5	赞比亚中国经济贸易合作区	中国有色矿业集团有限公司
6	埃及苏伊士经贸合作区	中非泰达投资股份有限公司
7	尼日利亚莱基自由贸易区(中尼经贸合作区)	中非莱基投资有限公司
8	俄罗斯乌苏里斯克经贸合作区	康吉国际投资有限公司
9	俄罗斯中俄托木斯克木材工贸合作区	中航林业有限公司
10	埃塞俄比亚东方工业园	江苏永元投资有限公司
11	中俄（滨海边疆区）农业产业合作区	黑龙江东宁华信经济贸易有限责任公司
12	俄罗斯龙跃林业经贸合作区	黑龙江省牡丹江龙跃经贸有限公司
13	匈牙利中欧商贸物流园	山东帝豪国际投资有限公司
14	吉尔吉斯斯坦亚洲之星农业产业合作区	河南贵友食品有限公司
15	老挝万象赛色塔综合开发区	云南省海外投资有限公司
16	乌兹别克斯坦“鹏盛”工业园	温州市金盛贸易有限公司
17	中匈宝思德经贸合作区	烟台新益投资有限公司
18	中国印度尼西亚经贸合作区	广西农垦集团有限责任公司
19	中国印度尼西亚综合产业园区青山园区	上海鼎信投资（集团）有限公司
20	中国印度尼西亚聚龙农业产业合作区	天津聚龙集团

资料来源：商务部走出去公共服务平台

三、中外跨国公司的发展比较

跨国公司是全球化的推动者和受益者。当跨国公司控制着全球贸易2/3的市场份额，世界500强控制着全球40%以上的GDP，跨国公司海外分支机构控制着全球1/10的产值，跨国公司控制着80%以上的专利和专有技术的时候，只有拥有一批具有世界水平的跨国公司才能赢得经济全球化。

表1-10　部分国家跨国公司的十年成长（2006—2016 年）

单位：亿美元，%

年份	2006				2016			
国别	海外资产总额	占百强之比	海外销售总额	占百强之比	海外资产总额	占百强之比	海外销售总额	占百强之比
美国	15 724.2	29.98	12 045.3	29.53	17 254.6	20.86	11 330.5	23.76
英国	7 277.6	13.88	6 199.8	15.20	13 877	16.78	7 029.1	14.74
德国	7 675.3	14.63	6 154.5	15.09	9 369.9	11.33	7 351.3	15.42
法国	7 407.9	14.12	4 900.6	12.02	8 193.7	9.91	4 249	8.91
韩国	465.9	0.89	1 021.9	2.51	637.0	0.77	1 145.1	2.40
日本	5 089.6	9.70	4 070.5	9.98	1 111.4	13.44	5 965.5	12.51
新加坡	186.8	0.36	59.8	0.15	484.1	0.59	129.9	0.27
中国	706.8	1.35	286.2	0.70	2 910.6	3.52	1 930.8	4.05

资料来源：历年《世界投资报告》

联合国贸发会议统计显示，金融危机不仅影响了各国经济发展和对外投资流量变化，而且影响了各国跨国公司的成长。从 2006 年到 2016 年，世界主要经济体企业进入世界百强跨国公司数量有显著变化，其在跨国公司百强的海外资产、海外销售收入的份额也发生了变化。例如美国进入百强跨国公司的数量、占百强跨国公司海外资产和海外销售收入的比重分别从 1/3 下降到 1/5。同期中国各项指标有明显增长。

（一）入选百强的中国跨国公司

入选联合国贸发会议《世界投资报告》2016 年“世界百强跨国公司”榜单的中国跨国公司有四家，其中来自中国内地的跨国公司有两家：中国海洋石油总公司以 666.73 亿美元的海外资产位列第 44 位，跨国化指数为 23.8%；中国远洋海运集团以 430.76 亿美元的海外资产位列第 81 位，跨国化指数为 49.8%，在入选的两家中国内地跨国公司中跨国化指数最高，但仍未超过 50%。中国香港和中国台湾分别有一家跨国公司入选。来自中国香港的长江和记实业有限公司以 1 105.15 亿美元的海外资产名列第 19 位，跨国化指数排名第 17 位，达到 84.5%，成为入选的四家中国企业中唯一进入前 20 名的跨国公司。来自中国台湾的鸿海精密以 707.97 亿美元的海外资产位列排行榜的第 40 位，跨国化指数达到 83.5%。

表1-11　入选2016年世界百强跨国公司排名的中国跨国公司

单位：亿美元，万人，%

海外资产排名	跨国化指数排名	企业名称	海外资产	海外销售额	海外员工	跨国化指数
19	17	长江和记实业有限公司	1 105.15	260.50	26.39	84.5
40	19	鸿海精密	707.97	1 341.70	66.73	83.5
44	99	中国海洋石油总公司	666.73	177.61	0.90	23.8
81	85	中国远洋海运集团公司	430.76	151.04	0.51	49.8

资料来源：根据《世界投资报告2017》整理。

入选2015年“发展中国家和地区百强跨国公司”排名的中国企业共有38家，其中入选的中国大陆跨国公司共有18家（表1-12）。

平均海外资产规模由2014年的204.02亿美元增加到219.19亿美元，不过，平均海外销售额和海外雇员人数有所下降，平均跨国化指数也由2014年的31.6%下降为26.1%。

表1-12　入选2015年发展中国家和地区百强跨国公司榜单的中国内地企业

单位：亿美元，万人，%

海外资产排名	跨国化指数排名	企业名称	海外资产	海外销售额	海外员工	跨国化指数
2	87	中国海洋石油总公司	666.73	177.61	0.90	23.8
6	55	中国远洋海运集团有限公司	430.76	151.04	0.51	49.8
8	89	中国五矿集团公司	351.65	162.21	1.51	20.9
13	95	中国建筑工程总公司	254.72	97.17	3.71	12.6
17	72	腾讯控股	240.86	10.52	1.56	36.1
19	63	中国化工集团公司	237.95	229.18	4.78	46.3
22	99	中国石油天然气集团公司	221.68	85.13	5.86	3.4
23	94	中国石油化工集团公司	219.43	1 270.39	5.10	12.9
24	50	联想控股公司	211.64	337.37	3.36	52.7
32	79	复星国际	181.93	42.90	1.62	30.7
33	47	联想集团	178.69	325.53	1.39	55.8
34	70	中国中化集团	176.76	468.65	0.46	39.9

续　表

海外资产排名	跨国化指数排名	企业名称	海外资产	海外销售额	海外员工	跨国化指数
43	92	大连万达集团股份有限公司	139.12	41.07	4.00	18.7
56	100	中国移动	110.08	53.17	0.00	3.3
65	81	中国电子信息产业集团公司	102.39	84.50	3.46	26.8
66	90	中粮集团有限公司	101.95	64.52	4.57	20.7
80	96	中国交通建设集团公司	71.31	119.44	0.73	10.4
99	98	海南航空集团公司	47.67	14.78	0.88	5.0

资料来源：根据《世界投资报告2017》整理。

此外，根据中国企业联合会、中国企业家协会发布的《中国百强跨国公司分析报告》，2017 中国跨国公司百强的平均跨国指数只有 14.85%，不仅远低于 2016 年世界百强的平均跨国指数 61%，而且也低于 2015 年发展中百强的平均跨国指数 36.3%。2017 中国跨国公司百强中达到 2016 世界百强平均跨国指数的企业仅有 1 家（宁波均胜电子股份有限公司 62.59%），达到 2015 年发展中百强平均跨国指数的企业也只有 15 家，而有 20 家企业的跨国指数不足 5%。

（二）中美跨国公司比较

中美目前是世界仅有的两个国内总产值达到十万亿美元级别的经济体。在经济全球化深入发展的时代，中美经济实力的对比在很大程度上可以从两国跨国公司的比较中一探究竟。

第二次世界大战后，美国许多大型公司已经开始由国内工业品出口者向对外投资者转变。据统计，1956 年世界 100 家最大跨国公司排位中，美国有 79 家，20 世纪 60 年代，美国在世界 100 家最大跨国公司中的占比一直超过 50%。[①] 但随着 20 世纪 90 年代之后日本等国家跨国公司的快速发展，美国在世界 100 强跨国公司中的占比逐渐降低。随后美国企业开始大规模的战略性调整，加大了高新技术在生产中的投入，经过不断的发展，又成为全球竞争力最高的国家。在 2016 年世界百强跨国公司名单中，美国企业占有 22 家，是占有数量最多的国家，雪弗龙公司、通用电气公司、埃克森美孚公司等 3 家公司均跻身前十位。

① 王晓红 . 美国跨国公司引领世界走势 [J]. 企业改革与管理 ,2004(06):36-37.

表1-13　2016年中国内地和美国入选世界百强非金融类跨国公司对比

单位：亿美元，人，%

国家	入选数量	平均海外资产	平均总资产	平均海外销售	平均总销售	平均海外雇员	平均总雇员数	平均跨国指数
中国内地	2	548.8	1 174.4	164.3	453.8	7 047	96 454	36.8
美国	22	787.3	1 642.9	515.0	1 074.4	114 096	242 016	53.1

资料来源：根据《世界投资报告2017》整理。

对比中美两国跨国公司，可以发现：

（1）美国跨国公司主要为私人企业，并经历了从小型工厂到垂直、水平和混合的并购过程而形成的现代工商业企业，再到实力雄厚、规模壮大、功能齐全的跨国企业的过程。而中国在“走出去”战略实施初期，跨国公司中相当大的比例是国有企业，不过随着近些年来中国对外投资政策的不断调整和企业股权制度的不断改革，境外投资者中私营企业的比例也有了很大的提升，2008年中国对外直接投资者中私营企业的占比为9.4%，到2016年占比已达到26.2%。

（2）中美两国跨国公司的国际化程度差异大。以中美两国入选2016年世界百强跨国公司榜单中的企业做比较，入选的中国内地两家跨国公司的平均跨国指数为36.8%，而入选的美国跨国公司的平均跨国指数为53.1%（表1-13）。

（3）中国跨国公司在技术、品牌和管理上与美国有一定差距。美国许多跨国公司的核心竞争优势十分突出，比如在产品和技术创新方面、品牌方面、经营管理方面等。而当前中国大多数跨国公司在这些方面都有所欠缺，在诸多技术方面仍处于追赶阶段，品牌创建与输出相对薄弱，生产管理、研发管理、营销管理等方面与美国跨国公司还存在一定差距。

（4）与美国跨国公司相比，中国跨国公司的国际影响力相对较弱，全球性行业技术领先企业相对缺乏。而美国的许多跨国公司属于行业技术领先者、价值链的组织者或控制者，如微软公司、苹果电脑公司、宝洁公司等。

第二章 对外投资的发展规律比较

随着世界经济的不断发展和经济全球化水平的日益提高，为了推动国际贸易发展、促进国内产业结构升级、拓展优势产业国际发展空间，以及满足国内资源供应的需要，各国分别制定并实施了相关政治、经济和区域发展战略，来提升对外投资的发展速度和质量，使国内产业能够在全球化中受益，最终达到经济实现可持续增长的目标。各国在政治、经济、文化等方面的差异，导致不同国家的对外投资背景、动因、渠道等方面既存在一些共性规律，又形成了各自特有的特征，分析比较不同国家在这些方面的共性和差异，能够为中国在今后开展对外投资工作提供一定的借鉴。

第一节　对外投资的背景异同

在对外投资发展过程中，各国的对外投资背景差异较大。对外投资活动不仅受到投资者国内因素影响，如国内对外投资政策、产业结构、货币汇率变化等，也受国际因素影响，如主要投资目的地的政治、经济波动以及外交关系等。

一、各国对外投资国际背景比较

与中国相比，美国、德国、日本等其他主要对外直接投资大国的海外投资活动发展较早。中国开始进行海外投资时的国际背景与上述国家有着明显的差异，如投资目的地、投资国的国际地位、跨国公司在国际上的竞争力等。

（一）投资目的地比较

初期的国际直接投资主要是发达国家利用其强大的政治军事力量和资本优势，以服务其本国发展或向其他国家出口为目标，向各自殖民地输出资本。第二次世界大战之后，以美国为首的西方国家和以苏联为首的社会主义国家所形成的两大集团保持长期对立。此时，对外直接投资活动主要发生在集团内部国家之间，跨越两大集团的对外投资活动规模很小。20 世纪 90 年代开始，随着苏联解体和东欧剧变等世界重大政治事件的发生，“两极化”的格局被打破。1993 年 11 月，《马斯特里赫特条约》正式生效，欧盟正式诞生并逐渐成为全球经济中的重要一极，世界政治格局也进入了多极化阶段。在这种国际背景下，全球对外直接投资活动增长迅速，主要对外投资大国的投资目的地也迅速扩展。

发达国家在拓展投资目的地的同时，发达国家之间的相互投资仍保持快速增长。以美国为例，美国对欧洲的直接投资保持快速增长。截至 1990 年年末，美国对欧洲的对外直接投资存量为 2 147.4 亿美元，占其对外直接投资存量的比重为 49.8%，对亚太地区的对外直接投资存量为 647.2 亿美元，占比为 15%；截至 2000 年年末，美国对欧洲的对外直接投资存量为 6 873.2 亿美元，占比为 52.2%，相比 1990 年末有所提升，对亚太地区的对外直接投资存量为 2 071.3 亿美元，占比 15.7%，变化不大；截至 2016 年年末，美国对外直接投资存量已达到 53 322.3 亿美元，与 1990 年相比增加了 12 倍多，对欧洲直接投资存量占比为 59.5%，占比进一步提升，而对亚太地区直接投资存量占比 15.9%，变化不大。美国对外直接投资存量详细变化情况见图 2-1。

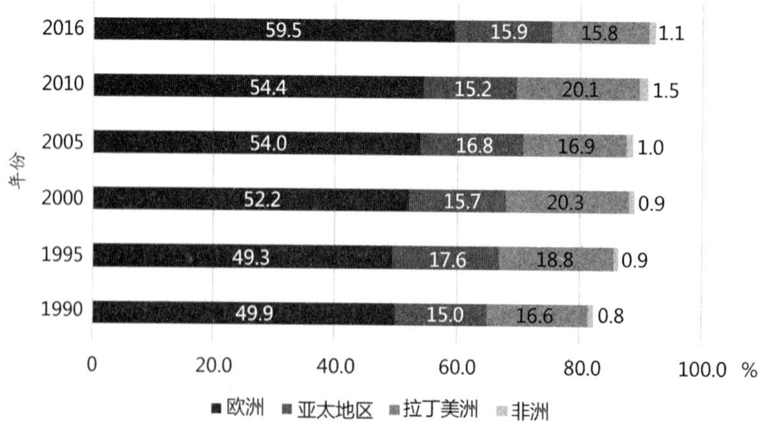

图2-1　1990—2016 年美国对外直接投资主要目的地存量变化情况

资料来源：美国经济分析局

同发达国家相比，中国对外直接投资目的地分布呈现更加多元化的积极态势。中国对外直接投资早期以“南南合作”为主，主要集中于亚洲周边国家和地区，近年来中国在亚洲周边市场的对外直接投资存量占总量的比重明显下降，而在发达经济体相对集中的欧洲和北美洲投资存量占比大幅提升。2003 年，亚洲占中国对外直接投资存量的比重达 80.1%，而欧洲和北美洲合计占比仅为 3%。在全球经济日益区域化、一体化的背景下，中国加快实施“走出去”战略，企业对外直接投资活动开始了高速增长，特别是在近些年来欧美等发达国家经济增长放缓的背景下，中国企业对欧美国家的投资热情高涨。2016 年末，亚洲占中国对外直接投资存量的比重为 67%，相比 2003 年年末下降 13.1%，而欧洲和北美洲占中国对外直接投资存量的比重合计上升到 12%，是 2003 的 4 倍。

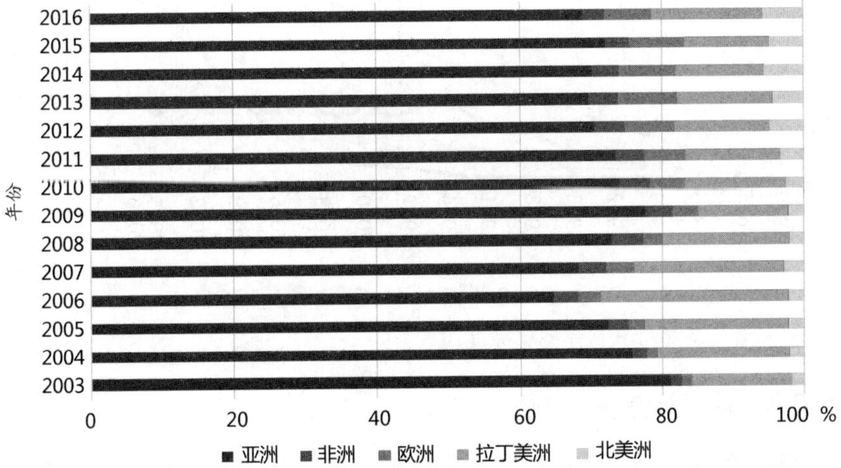

图2-2　2003—2016 年中国对外直接投资目的地存量变化情况

资料来源：历年《中国对外直接投资统计公报》

（二）国际地位比较

世界其他主要对外直接投资大国在开始进行海外投资时，无论是政治影响力还是经济实力，均位列世界前茅。这些国家的对外直接投资活动是其优势向国外转移的过程。美国自第一次世界大战后一直是世界上经济实力最强大的国家之一，其国内生产总值（GDP）长期位列世界第一，并且在许多生产技术方面都领先全球。自 20 世纪 70 年代开始，日本 GDP 迅速增长并攀升至世界第二位（在 2010 年被中国超越，降至第三位），而经济复苏后的德国 GDP 长期占据世界第三位（2010 年后降至第四位）。整体上看，这三个主要对外直接投资大国在开始进行海外投资活动时，都是世界上实力强大的国家，在国际中占据至关重要的地位。

相比而言，中国最开始进行海外直接投资时国际地位明显不如美、日、德三国，在技术、资金、企业管理经验等各个方面均处于下风。但随着改革开放步伐的加快，中国经济快速发展，各个方面都取得了明显的进步，在全球的政治经济影响力不断提高，国际地位明显上升。2010 年中国 GDP 超越日本，成为全球第二大经济体。2016 年中国 GDP 已达到 11.2 万亿美元，超过日本和德国 GDP 之和。

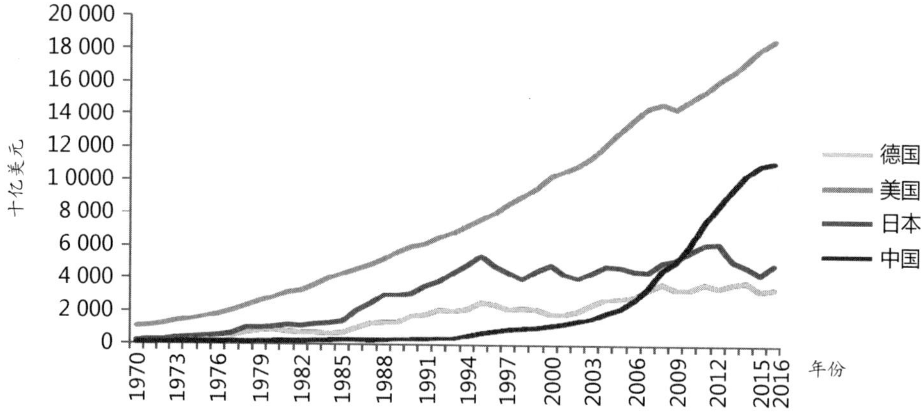

图2-3　1970—2016 年美、日、德、中四国GDP 变化

资料来源：根据世界银行数据库整理得出。

（三）投资主体国际竞争力比较

第二次世界大战以后，欧洲和日本等经济体遭受重创，美国凭借超强的军事和经济实力取得了世界霸主的地位，建立了以美元为中心的国际货币体系即布雷顿森林体系，并主导建立了世界银行、国际货币基金组织等多边机构。依靠国家强大的综合实力，美国跨国公司开始在全球范围内迅速扩张，引领了世界跨国公司的主要发展潮流。20 世纪 70 年代后半期至 80 年代末，美国跨国公司的地位相对削弱，国际直接投资格局向多极化方向发展。由于西欧、日本国家经济实力逐步增强，其跨国公司也不断谋求对外扩张，成为美国跨国公司在国际市场上激烈竞争的对手。20 世纪 90 年代以后，新技术革命导致产品和技术更新速度加快，技术垄断的难度加大，迫使奉行多元化经营策略的美国跨国公司进行战略调整，实现了重塑竞争力的目标，加上良好的经营业绩和领先的技术促使美国跨国公司再次成为全球对外投资潮流的

引领者。在2017年的“世界500强企业”里，美国跨国企业一半以上的经营集中在电气和电子设备、汽车、化学、医药以及石油与分销行业，涉及领域从传统技术、基础学科扩大到生物技术、互联网、自动化、空间科学、新能源等高技术领域。

中国跨国企业的国际竞争力与欧美国家差别较大。在社会主义市场经济建立初期，中国跨国企业面临着国内市场化竞争的同时，也面临着国际化的挑战，不少企业缺乏国际化的相关知识和经验，对开展对外投资合作所遇到的困难和风险认识不足，从而在对外投资时难以发挥其比较优势。而且，与东道国本地企业和国际跨国公司等竞争者相比，中国的投资企业在技术、资金上并不一定具有比较优势，对市场的理解和把握更无法与当地企业相比，因此对外投资的难度较大。进入21世纪后，在“走出去”战略指引下，中国企业的海外投资活动逐渐成熟发展起来，尤其是大型海外并购项目层出不穷。比如2010年吉利控股集团以18亿美元完成对沃尔沃轿车公司的全部股权收购，2013年中国海洋石油总公司以148亿美元收购加拿大尼克森石油公司100%的股权，2016年海尔以55.8亿美元收购通用电气公司家电业务。通过这些海外投资活动，中国跨国企业的国际竞争力有所提升，并形成了一些有一定影响力的品牌。但就整体而言，与欧美国家跨国公司相比，中国跨国企业的国际知名品牌仍然较少，并且跨国经营水平也较低，国际竞争力仍需进一步提高。

二、各国对外投资的国内背景比较

对外投资作为一项内外联动的经济活动，不仅受国际市场环境影响，更重要的是受投资母国国内发展条件和需求的影响。

（一）经济发展阶段比较

邓宁的“投资发展周期理论”揭示了对外投资与一国经济发展的关系。他认为，一国的国际直接投资净额（对外直接投资额减去引进的外国直接投资额）与该国经济发展水平密切相关。按照经济发展水平的不同，该国企业的三种优势发生不同的变化，导致国际直接投资净额按照数量分为五个阶段（表2-1）。

表2-1　投资发展周期理论五个阶段的流量对比和OLI 优势

经济发展阶段	直接投资流量	OLI 优势
最为贫穷国家	FDI 流出几乎没有，仅输出到周边国家；FDI 流入很少，主要集中于劳动密集型和资源密集型行业；净FDI 流入额为接近于零的负值；行业内部的外国直接投资极为罕见	O：企业技术落后，规模不大，所有权优势不足，通过国际贸易体现 L：国内收入水平低、需求不足、市场狭小，基础设施极不完善，缺少吸引FDI 流入的区位优势 I：企业内部化能力很弱
经济有所发展	FDI 少量流出，主要集中于劳动密集型和资源密集型行业；FDI 流入逐渐扩大，主要集中在中等技术和消费品行业，也有部分服务业（如旅游业）；净FDI 流入额为负，且规模有所增加；行业内部外国直接投资不明显	O：企业所有权优势得到加强，但仍处于境内发展阶段 L：国内收入增加，市场逐步扩大，投资环境有所改善，区位优势增强，对FDI 的吸引力增大 I：企业内部化仅限于国内市场
经济规模加大	FDI 流出快速增长，增速快于FDI 流入增速，主要集中于中等技术密集型行业，也有部分资本寻求型的对外投资集中在技术密集型行业；FDI 流入继续增长，不断升级，已提高更多的技能密集型产品和服务；净FDI 流入额为负，但规模逐渐减少；行业内部的外国直接投资开始增加	O：通过技术引进、消化及流入FDI 的溢出效应，企业积累了相当程度的所有权优势 L：国内市场进一步扩大，开始寻找并在其他有区位优势的国家开展直接投资 I：企业内部化优势逐渐增强
经济较为发达	FDI 流出增速和增量均快于FDI 流入，资本输出也更多集中在高技术产品和服务，资本寻求型的对外投资继续增加；FDI 流入增长缓慢，主要集中在技术密集型产品和信息密集型服务业；净FDI 流入额为正，数量呈扩大趋势；行业内部的外国直接投资的流入成为跨国资本流动的重要组成部分	O：本国企业拥有强大的所有权优势，企业规模不断增大，对外投资数额不断增大 L：企业对外投资地区分布越来越广，东道国纷纷制订政策，欢迎FDI 流入 I：企业管理能力增强，内部化优势明显
经济高度发达	FDI 流出数额大，增速降低；FDI 流入数额大，增速不大；净FDI 流入额接近零	O：分工已经发展到产业内甚至企业内，跨国公司通过全球战略的实施，不断强化自身特有的所有权优势 L：各国对FDI 流入都制订了较为宽松的政策，基础设施完善，投资环境好，企业选择东道国主要根据市场和资源 I：企业内部化能力更强

注：OLI 优势为国际生产折衷理论中提出企业对外投资的三种优势，即所有权优势（Ownership Advantage）、区位优势（Location Advantage）和内部化优势（Internalization Advantage）。

按照邓宁的理论，经济增长能够推动对外投资的发展，同时邓宁还对该理论进行了实证检验，并得出结论：当一国人均 GDP 到达一定阶段时（2 000~4 000 美元），该国就会开始进行大量对外直接投资活动。从欧美等国的对外投资发展历程来看，也基本符合这一结论。20 世纪 70 年代德国、日本两国的人均 GDP 达到并超过 4 000 美元，而同时期的海外投资活动也迅速增加。

中国的对外直接投资发展也基本符合邓宁的理论，中国人均 GDP 在 2006 年首次超过 2 000 美元，在 2010 年首次超过 4 000 美元，截至 2016 年，已达到 8 123.2 美元。而这些年的对外直接投资流量也在快速增长，已从 2006 年的 211.6 亿美元增加到 2016 年的 1 961.5 亿美元。

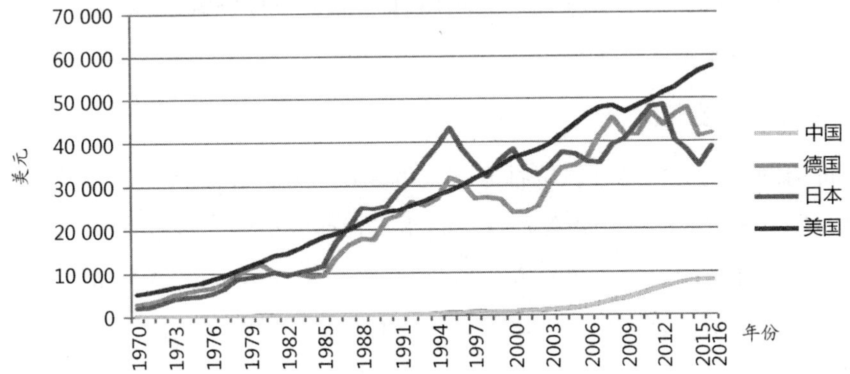

图2-4　1970—2016 年美、日、德、中四国人均GDP 变化

资料来源：根据世界银行数据库整理得出。

（二）产业结构比较

尽管国民经济各产业的性质存在很大差别，但对外投资与国内产业结构有着密切关系。传统的比较优势理论和小岛清的“边际产业扩张”理论均分析了对外投资的产业与其国内产业结构之间的关系。比较优势理论认为，一国对外投资的通常是其具有比较优势的产业，通过对外投资发挥其比较优势，占领国际市场；而小岛清则认为，一国的对外投资总是从该国已经处于或即将处于比较劣势的产业（称为“边际产业”）依次进行。

从美国的产业结构变化来看，随着工业化进程的推进，工业发展开始出现转折并逐步萎缩，服务业迅速崛起。服务业扩张带来了美国90年代海外投资的加速发展，IT 网络等科技行业巨头成为推动美国对外投资的主力军。从日本的产业结构来看，日本20世纪60年代产业结构由劳动密集与能源密集向资本密集与技术密集转型的过程中，通过对外直接投资转移了很多劳动密集型与能源密集型行业。而随后的80年代，日本在向技术密集型行业和服务业转型过程中实现了产业的升级和转移，日本的对外直接投资产业也逐渐集中在技术密集型行业和服务业。

中国的对外投资与国内产业结构也有着密切的联系。虽然从20世纪末期开始，中国制造业对外投资开始起步，境外资源开发增速较快，但是总体上中国对外投资的产业结构中，为进出口贸易服务的境外代表处和贸易公司的占比仍然较大，租赁和商务服务业一直是中国对外直接投资流向最大的行业，这与中国的外向型经济的国内经济、产业结构相符。不过，随着近些年来中国制造业的不断发展，中国对外直接投资流向制造业的比重越来越大，2016年，制造业投资流量跃至第二位，仅次于租赁和商务服务业。

（三）本币价值变化比较

货币价值的变动对贸易和投资都有很大的影响。第二次世界大战以后，日本提出“贸易立国”的口号，美国占领当局和日本经过研究决定，自1949年4月，实行1美元兑换360日元的固定汇率政策，一直保持了22年。1971年，布雷顿森林体系瓦解后，日元被迫向管理浮动汇率制转变。1971年后，日元整体上呈逐渐升值趋势，特别是1985年美英法日德财长和央行在纽约广场举行会议，达成“广场协议”，使得日元汇率进入了长达10年的升值周期，在1995年甚至一度达到94日元兑换1美元的水平，这一时期的日元大幅升值对日本企业对外投资起到了重大的推动作用。1995年后，日元汇率波动变化，幅度相对平稳，2011年达到79.8日元兑换1美元的水平，日元汇率创下历史新低，但这一阶段日元汇率的变化与日本对外直接投资变化两者的关系减弱，相关程度并不明显。

中国在相当长的时间内保持较为稳定的汇率，减少了对外投资的不确定性。2005年7月，中国从盯住美元的汇率制度转变为有管理的浮动汇率制。2005年后，人民币出现连续9年升值现象，由2005年的8.2元人民币兑换1美元升值到2014年的6.1元人民币兑换1美元。从中国近些年来对外直接投资增长情况看，人民币的升值在一定程度上推动了中国企业的对外投资。中、日两国汇率变化情况详见图2-5。

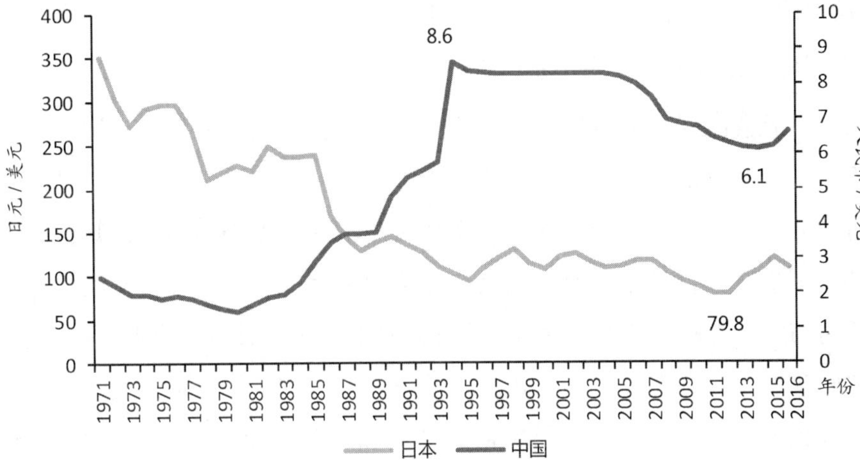

图2-5 1971—2016 年中、日两国货币汇率变化

资料来源：世界银行数据库，其中某年汇率是当年1 美元能够兑换该国货币的平均值。

第二节 对外投资的动因比较

企业开展对外投资不仅出于自身对市场、资源、技术的追求，而且往往也符合和反映了国家的战略需求，因此，企业对外投资的动因常常被归纳为市场寻求型、资源获取性、技术寻求型、国家战略需求型等动因。西方国家的企业通过对外投资，形成了其对全球市场、资源等因素的控制能力，也实现了大型跨国公司在许多产业的领导能力。与西方国家相比，中国的对外投资起步较晚，并且与国际贸易的发展密切相关，是经济全球化背景下积极参与国际新型分工体系的必然选择。

一、市场需求比较

在企业发展过程中，开展国际贸易、促进出口、扩大全球市场份额是诸多企业的必然选择。但随着中国贸易规模的不断增长，遭遇的贸易摩擦更加频繁。在这种背景下，通过对外投资，拓展国际市场成为企业不断发展的客观需求。因此，一国的出口贸易规模、贸易摩擦情况对该国对外投资活动有着重要影响。一般来讲，一国的贸易规模越大、贸易摩擦越多，该国为规避贸易壁垒开展的对外投资活动就越多。

（一）对外贸易与对外投资关系比较

第二次世界大战后，国际贸易的发展异常迅速，规模空前扩大。国际贸易的发展速度不仅远远超过战前水平，而且超过历史上任何一个时期。国际贸易的迅速发展，与跨国公司的对外投资活动是紧密联系在一起的。以美国为例，其跨国公司不仅在国外从事生产经营活动，而且绝大部分兼营进出口业务，直至发展成为从事国际贸易活动的主要机构。随着美国海外直接投资的增长，其进出口业务也迅速扩大，两者呈“同步增长”的态势。不仅如此，受美国跨国公司对外直接投资的行业结构和地区流向的制约，美国对外贸易的商品结构和地区流向也发生了根本性的变化。二战后，美国对外直接投资的主要行业是制造业，反映这一特点，美国对外贸易中的制成品贸易比重急剧上升。凭借其在国际分工体系中的比较优势，美国跨国公司主要出口技术密集型产品，而将一些劳动密集型、资本密集型产品的生产转移到发展中国家和地区并从这些国家和地区进口这类产品。与美国海外直接投资主要流向少数发达国家相联系，二战后美国与其他发达国家的贸易比重上升，而与发展中国家和地区的贸易比重下降。可见，在跨国公司的推动下，国际贸易和国际直接投资具有高度的相关性，这种相关性通常被理解为两者的互补性。20 世纪 90 年代中期以来，这种相关性迅速提高。但进入 21 世纪后，美国对外贸易与对外投资之间的关系有所减弱，特别是 2011 年后，美国的对外投资额连续下降，而美国的出口额则依然稳步上升，这是现阶段美国出口与对外投资之间互补性减弱的反映（图 2-6）。

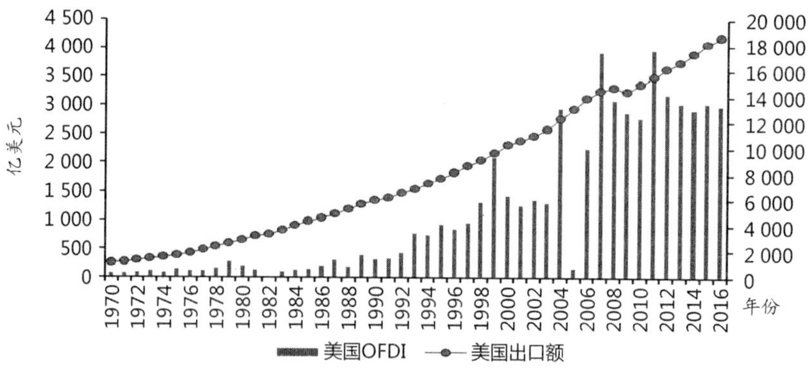

图2-6　1970—2016 年美国OFDI 与出口额变化情况

资料来源：根据世界银行数据库与UNCTAD 数据库整理。

改革开放后，出口导向型发展战略极大地促进了中国对外贸易的发展。根据世界银行数据，1978 年中国出口额为 97.5 亿美元，到 2013 年出口额已达到了 23 422.9 亿美元，达到历史最高值，2016 年出口额有所下降，为 20 796.3 亿美元，在将近 40 年的时间内，中国的出口增长了 213.3 倍，年均增速 15.2%。将中国出口额变化情况与中国对外直接投资变化情况对比可以看出，两者之间几乎同步增长，这表明中国对外贸易的发展有效带动了中国对外投资的发展（图 2–7）。

（二）对外贸易依存度

贸易依存度的大小也能在一定程度上影响对外投资活动，不过这种影响路径并不明确。一方面，一国的贸易依存度越高，表明该国的贸易规模也相对越大，较大的对外贸易规模可以促进本国的对外投资发展；另一方面，过大的贸易依存度容易导致一国过分重视对外贸易的发展，而忽略对外投资的发展。因此，不同国家的贸易依存度与对外投资之间的关系可能差异较大。以美、德、日三国的出口依存度来看，美国的出口依存度最低，而且在最近 40 多年时间内相对平稳，一直在 4%~10% 之间波动；德国的出口依存度则整体呈上升趋势，2004 年以来，出口依存度始终维持在 30% 以上，2011—2016 年期间更是一直在 39% 左右波动；日本的出口依存度与美国相似，几十年来一直在 9%~16% 之间波动。

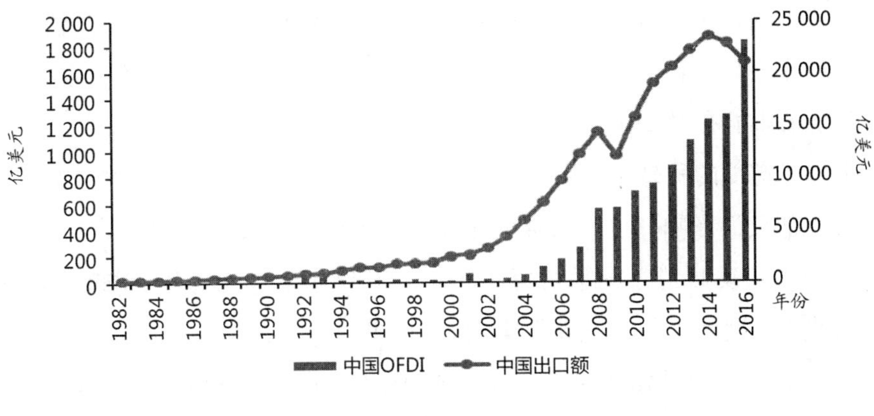

图2-7　1982—2016 年中国OFDI 与出口额变化

资料来源：根据世界银行数据库与UNCTAD 数据库整理。

与美、德、日三国的出口依存度相比，中国的贸易呈现出先上升后下降的趋势。在改革开放前，中国的出口依存度极低，1970 年仅为 2.5%；1978 年之后，出口依存度增长迅速，到 2006 年中国出口依存度达到 35.2%，创下历史新高；2007—

2016 年，中国出口依存度则又出现明显下滑，2016 年已下滑到 18.7%，十年期间降幅将近一倍。而同时期的对外投资则在高速增长，这可能是由于中国对外投资活动在一定程度上替代了中国的出口。

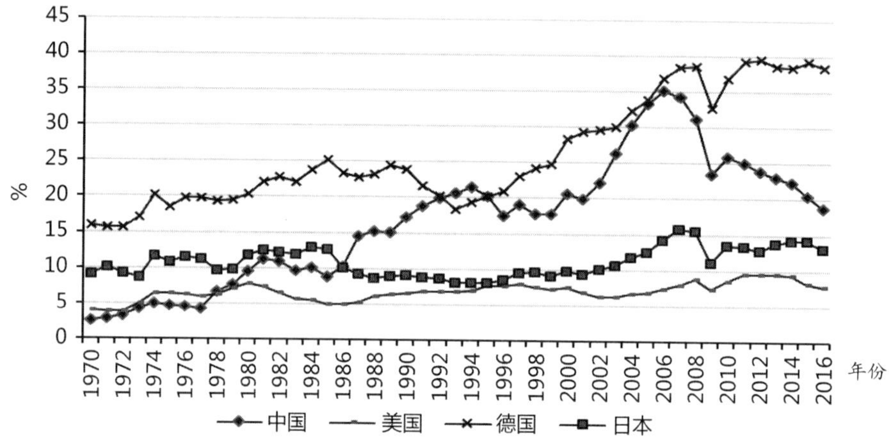

图2-8　1970—2016 年中、美、德、日四国出口依存度变化

资料来源：根据世界银行数据库整理。

（三）贸易摩擦比较

西方国家开展对外投资时，尽管存在各种国家间利益的不均衡和矛盾，但由于大多数国家的国际贸易市场开放程度较低，关税等贸易壁垒较多，贸易协定所涵盖的成员国范围有限，缺乏国际间的贸易救济和保护途径，贸易摩擦大多是局部的，对一国经济的影响有限。

而中国所遭受的贸易摩擦数量快速增长，涉及面大，对企业和国家经济发展都有不可忽视的负面影响，也成为促使企业对外投资的重要动因之一。20 世纪 80 年代，针对中国的反倾销立案平均每年 6 起，90 年代上升到每年 29 起，从 1996 年起，中国就成为世界上出口产品遭遇反倾销最多的国家。进入 21 世纪，中国正式加入 WTO，反倾销、反补贴和保障措施是 WTO 允许的三大贸易保护措施。贸易规模的增长，使得中国逐渐成为频繁遭遇贸易摩擦的国家。以中美之间贸易摩擦为例，随着中国与美国的贸易规模快速增长，对美贸易顺差持续扩大，美国对华挑起摩擦的领域从货物贸易延伸到履行入世承诺、人民币汇率、劳工标准、环境标准等方面，手段以反倾销、设置配额为主，并开始利用审议机制。2008 年中国遭遇的反倾销和反补贴调查案分别为 73 件和 10 件，分别占全球同类案件的 35% 和 71%，中国是遭遇反倾销和反补贴调查最多的成员，美国则是对华发起调查案和实施制裁的最主要国家。2016 年中国共遭遇贸易救济调查 119 起，涉案金额 143.4 亿美元。加入 WTO 后贸易摩擦的迅猛增加，促使中国企业在国际化进程中，更多地选择对外直接投资。

二、资源需求比较

资源消耗量的快速增长是工业进程的重要体现，而对外投资是调节资源配置的有效途径，各国可以根据自身资源禀赋和消耗情况，选择对外投资行业。从资源消耗量情况看，如果一个国家的资源消耗量越高，该国就越可能进行对外投资活动。从资源贸易量来看，如果一个国家的资源净进口越大，该国就越可能进行对外投资活动。

资源消耗方面。根据世界银行数据库数据，自 1971 年以来，美国能源消耗量明显领先其他国家，且变化幅度不大，但 2007 年开始呈微弱下降趋势。而美国最近几十年来对石油、矿产行业的海外投资增幅也比较小，这也从侧面反映了美国对这些资源需求相对稳定，无须大幅度增加对这些资源的海外投资。自 1995 年开始，德国和日本的人均能源消耗量相差不大，变化相对稳定，并且同美国一样，在最近几年逐渐呈下降趋势。与美、德、日不同，中国的能源消耗量在最近几十年来一直呈现出上升趋势，特别进入 21 世纪后，上升速度明显增加（图 2-9）。而与之对应的是，中国对外直接投资流向采矿业的金额在 2003—2013 年期间迅速上升，2013 年，中国对外直接投资流向采矿业的金额为 248.1 亿美元，创下历史新高。

资源贸易量方面。1971 年以来，美、德、日三国一直是资源净进口国，特别是国内资源类储量严重匮乏的日本，国内能源难以满足工业生产和消费的需要，造成对外部资源很强的依赖。1971—2014 年期间，日本能源净进口占能源使用量的百分比平均达到 84.4%，远高于美、德两国。德国自然资源也较为贫乏，除硬煤、褐煤和盐的储量丰富外，在原料供应和能源方面很大程度上依赖进口，2/3 的初级能源需进口，1971—2014 年期间，德国能源净进口占能源使用量的百分比平均为 52.8%。美国自然资源丰富，矿产资源总探明储量居世界首位。煤、石油、天然气、铁矿石、钾盐、磷酸盐、硫黄等矿物储量均居世界前列，但对于战略矿物资源如钛、锰、钴、铬等主要靠进口。1971—2014 年期间，美国能源净进口占能源消耗量的百分比平均为 18.5%。

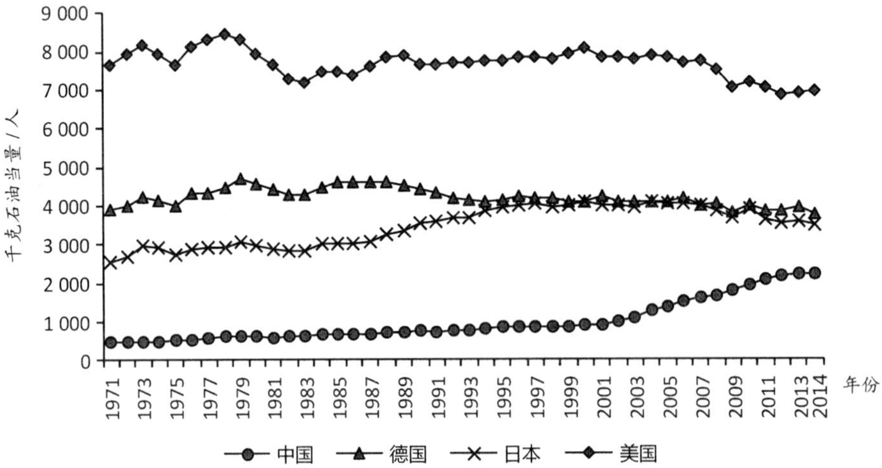

图2-9　1971—2014 年中、德、日、美能源消耗量变化

资料来源：根据世界银行数据库整理。

中国尽管有一定的资源储量，但人均资源拥有量很低，仍需要充分利用全球资源。但在 1998 年以前，中国一直是能源净出口国。直到 2002 年以后，才正式成为能源净进口国，并且 2002—2014 年期间，中国能源净进口占能源消耗量的百分比连续上升，2014 年已达到 15%（图 2-10）。

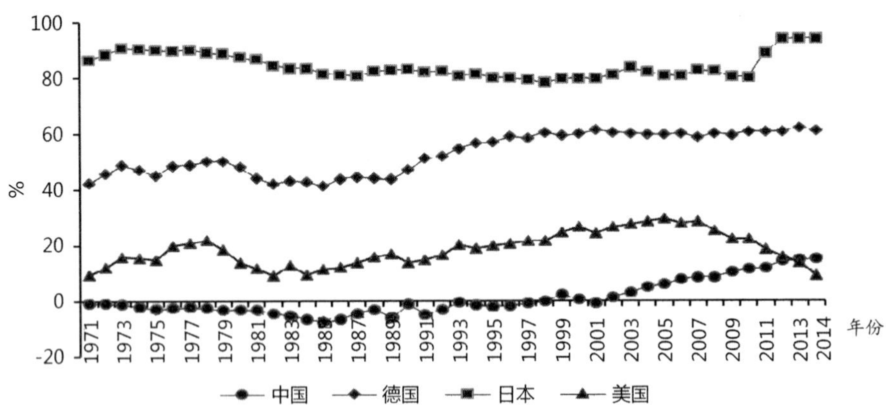

图2-10　1971—2014 年中、德、日、美能源净进口变化

资料来源：根据世界银行数据库整理。

三、国家战略需求比较

对外投资使用本国外汇储备以及技术等重要战略资源，往往不仅是为了获得商业利益，更为重要的是服务于国家发展战略。

（一）德国“工业4.0”战略

德国“工业 4.0”之所以称为“工业 4.0”，是因为德国认为迄今为止人类已经经历了三次工业革命：18 世纪末引入机械制造设备的“工业 1.0”，20 世纪初以电气化为基础导入大规模生产方式的“工业 2.0”，始于 20 世纪 70 年代建立在 IT 技术和信息化之上的“工业 3.0”。而支撑“工业 4.0”的则是物联网技术和制造业服务化倾向的兴起。

1. 战略出台背景

德国是欧洲乃至全球制造业发达的经济体，也是全球第三、欧洲第一大商品出口国，其生产的汽车、化工、电子以及机械产品享有盛誉。即便是席卷欧盟的欧债危机对德国造成重大影响，以制成品出口拉动的德国经济依然能做到在欧洲“鹤立鸡群”。在全球制造业竞争加剧的背景下，德国也日益感受到一些隐忧，从而提出“工业 4.0”战略来加以应对。这些隐忧部分缘自外部挑战，部分归结于德国自身。从外部挑战来看，德国面临欧盟内部、传统的制造业大国日本和新兴经济体的多重竞争压力，德国的贸易优势有所减弱。德国面临着欧盟内部的竞争压力和任务，欧盟 2012 年 10 月发布的《指向增长与经济复苏的更强大的欧洲工业》，明确设定了 2020 年将工业占欧盟国内生产总值的比重由当时的 15.6% 提高到 20% 的“再工业化”战略的目标。新兴经济体印度倚仗计算机和软件业等高端制造业成为“世界办公室”，中国更是于 2010 年超过美国成为世界第一制造大国，被称为“世界工厂”。从德国自身来看，涉及德国制造业劳动力成本上升和竞争力下降的双重压力，以及制造业规模相对萎缩的现实。

2. 主要内容

德国“工业 4.0”实质是德国版的“再工业化”战略，是德国 2006 年提出的《德国高技术战略》和 2010 年《德国高技术创新战略 2020》的升级版。德国“工业 4.0”战略的理论基础是产品全生命周期和全制造流程的数字化以及基于信息通信技术的模块集成，将形成一个高度灵活、个性化、数字化的产品与服务的生产模式。

德国“工业 4.0”，简单可以概括为“一个核心”“二重战略”“三大集成”，其精髓是通过智慧生产，垂直整合工厂及企业管理流程，水平整合整个价值链创造网络。

（1）一个核心

“工业 4.0”的核心是“智能＋网络化”，即通过虚拟－实体系统（Cyber-Physical System，CPS），构建智能工厂，实现智能制造的目的。

（2）二重战略

基于 CPS 系统，“工业 4.0”通过采用双重战略来增强德国制造业的竞争力。

一是“领先的供应商战略”，该战略注重吸引中小企业的参与，希望它们不仅成为“智能生产”的使用者，也能化身为“智能生产”设备的供应者。

二是“领先的市场战略”，强调整个德国国内制造业市场的有效整合。构建遍布德国不同地区、涉及所有行业、涵盖各类大、中、小企业的高速互联网络是实现这一战略的关键。

（3）三大集成

具体实施中需要三大集成的支撑：

第一，关注产品的生产过程，力求在智能工厂内通过联网建成生产的纵向集成；第二，关注产品整个生命周期的不同阶段，包括设计与开发、安排生产计划、管控生产过程以及产品的售后维护等，实现各个不同阶段之间的信息共享，从而达成工程数字化集成；第三，关注全社会价值网络的实现，提高社会分工合作的有效性，探索新的商业模式以及考虑社会的可持续发展等，从而达成德国制造业的横向集成。

3. 对德国对外投资的影响

德国“工业 4.0”促进德国制造业转型升级，可推动德国传统制造业对外转移。“工业 4.0”战略可以让德国充分运用先进制造设备和先进制造技术来提高制造业的生产效率，推动德国制造业转型升级，将增加对高端制造业以及高端服务业的需求，减少传统制造业需求，从而推动德国传统制造业对外转移。

（二）美国再工业化战略

20 世纪 80 年代后期，美国受劳动力成本上涨、各国关税和非关税措施的影响，开始了产业对外转移和国内去工业化的进程。到 20 世纪末美国服务业产值占 GDP 比重已经超过 80%。然而，金融和房地产泡沫最终导致金融危机爆发，失业人口大增。于是美国政府提出“再工业化战略”。

1. **战略出台背景**

2008年美国金融危机的发生，在极大地影响了美国金融市场和实体经济的同时，也引起了学界和政府当局对美国经济增长模式的反思。在清洁能源、纳米技术、3D打印、工业互联网等为标志的第三次工业革命推动下，美国劳动力成本高的劣势得到弥补，能源价格廉价的优势进一步凸显，于是奥巴马政府提出了以重振美国制造业为核心的“再工业化战略”，以期促进制造业部门发展，实现经济增长重心从虚拟经济向实体经济的转变，并努力在技术创新的基础上，积极占领未来全球制造业的制高点。

2. **主要内容**

在金融危机背景下，美国以重振制造业为核心内容的“再工业化”战略并不是传统工业的简单复苏和回归，不是重构传统的制造业体系，而是以数字制造技术和新能源技术等高新技术为依托，发展先进制造业和新兴产业，以科技创新和模式创新为切入点，瞄准高端技术和高附加值的制造业领域。从发展趋势看，美国制造业的重振主要不是数量上的扩张，而是产业结构的改变，更多的是质的提升。

为保障“再工业化战略”的顺利实施，美国推出了一系列组合政策和措施，包括出台法案和政策、直接救助制造企业、强化贸易保护措施、吸引制造业回归、扩大出口、鼓励科技创新、加大科技投入、扶持中小企业发展、大力发展新兴产业等等。重点介绍如下几点：

第一，2009年12月，美国公布了《重振美国制造业框架》，提出七个方面的政策措施。从劳动力、资本和技术研发三大要素方面为制造业发展提供良好的条件；发挥制造业和社区之间的良性互动，促进社区集聚和创新，为大型制造业特别是汽车制造业的发展奠定良好的基础；打开国外市场，为制造业产品创造更大规模的需求；改善制造业的税收、金融等商业环境。

第二，2010年8月，美国国会通过了《制造业促进法案》，对本土制造业所需的原材料进口削减关税，对投资在本土的美国企业给予税收优惠。在制造业各部门中，重点发展清洁能源产业。

第三，2012年2月，美国国家科学技术委员会发布了《先进制造业国家战略计划》。该战略计划明确了先进制造业对美国确保经济优势和国家安全的重要基础作用，分析了美国先进制造业的现有模式、未来走势以及所面临的机遇与挑战，提出实现五大目标：促进中小制造企业的投资，扩大有技能劳动者的规模，通过增强政府、工业界、学术界之间的合作加速先进制造技术的投资与应用，实现联邦政府各机构对先进制造业投资的优化，增加国家对先进制造业研发的投资。

3. 对美国对外投资的影响

美国再工业化战略实施几年来，对美国制造业海外投资带来一定的影响，主要体现在部分美国制造业企业投资从国外撤回，转向美国国内，如英特尔斥资数亿美元在亚利桑那州的沙漠中建设电脑芯片制造中心，福特投资数十亿美元在美国建厂。不过由于美国再工业化注重对新能源、新材料、自动化、人工智能、信息技术、网络技术等先进制造业领域的创新，在美国企业回迁本土的过程中，并没有出现劳动密集型企业大量回迁，迁回企业大多数处于信息、自动化、软件、传感和网络等先进制造业领域。

（三）英国“工业2050”战略

与美国相似，早已进入后工业化时代的英国，在新工业革命推动下出台“工业2050”战略，对英国对外投资形成重要影响。

1. 战略出台背景

作为工业革命的发生地、现代工业的摇篮，自20世纪六七十年代开始，英国制造业经历巨大变革，“去工业化”现象明显。制造业对英国经济产出的贡献从1970年的30%下降到2014年的10%。制造业从业人员从1966年的900万到2011年的300万。英国制造业在整体经济中分量下降主要是因为服务产业的强势上升。自1997年以来，英国制造业的实际产出只下降了2%，但同一时期服务业却上升了59%。然而，英国仍然拥有一批研发创新能力强、极具竞争力的企业，主要集中在航空航天、制药等领域。因此，几十年来英国基本满足以金融服务为中心、制造业退居二线的经济发展定位。这一情况持续到2008年金融危机引发的经济衰退。破裂的金融泡沫、迟缓的经济复苏，让英国重新认识制造业在维护国家经济韧性方面的重要意义。正是基于这一认识，英国在2011年春季预算报告中提出，制造业是英国经济复苏的核心，英国需要“英国制造”“英国创造”“英国发明”“英国设计”，需要“制造者的前进来带动英国发展”。这一背景催生了英国“工业2050”战略。

2. 主要内容

英国“工业2050”战略是定位于2050年英国制造业发展的一项长期战略研究，通过分析制造业面临的问题和挑战，提出英国制造业发展与复苏的政策。其主要观点是科技改变生产，信息通讯技术、新材料等科技将在未来与产品和生产网络的融合，将极大地改变产品的设计、制造、提供甚至使用方式。

英国“工业 2050”战略认为未来制造业的主要趋势是个性化的低成本产品需求增大、生产重新分配和制造价值链的数字化。这将对制造业的生产过程和技术、制造地点、供应链、人才甚至文化产生重大影响。

英国“工业 2050”战略提出，制造业并不是传统意义上“制造之后进行销售”，而是“服务 + 再制造（以生产为中心的价值链）”，提出了未来英国制造业的四个特点：

一是快速、敏锐地响应消费者需求。生产者将更快地采用新科技，产品定制化趋势加强。制造活动不再局限于工厂，数字技术将极大改变供应链。

二是把握新的市场机遇。金砖国家和“新钻十一国”将增大全球需求，但英国的主要出口对象仍然是欧盟和美国。高科技、高价值产品是英国出口的强项。

三是可持续发展的制造业。全球资源匮乏、气候变化、环保管理完善、消费者消费理念变化等种种因素，将使可持续的制造业获得青睐，循环经济将成为关注重点。

四是未来制造业将更多依赖技术工人，加大力度培养高素质的劳动力。

报告也向英国政府建言献策，提出了未来需要政府给予关注的三个系统性领域，包括更加系统、完整地看待制造领域的价值创造，明确制造价值链的具体阶段目标，增强政府长期的政策评估和协调能力。

3. 对英国对外投资的影响

英国“工业 2050”战略将使得英国充分运用先进技术来提高制造业生产的技术含量，满足全球消费者的个性化需求，提高英国制造业的国际竞争力，推动英国制造业转型升级，进而推动英国制造业对外投资，并带动相关服务业对外投资。

（四）韩国“制造业创新3.0”战略

1. 出台背景

韩国自 20 世纪 60 年代开始工业化进程，到 80 年代一跃成为新兴工业化国家和亚洲“四小龙”之一。相应地，韩国以“三星”和“现代”集团为代表的制造业也在全球制造业格局中占据重要地位。然而，自 2008 年国际金融危机后，随着发达国家“再工业化”战略的纷纷实施以及制造业国际竞争的日益加剧，韩国制造业面临新的挑战，亟须实施新一轮的转型升级，重塑韩国制造业竞争力。2014 年 6 月，韩国提出“制造业创新 3.0”战略。

2. 主要内容

（1）目标

韩国推出“制造业创新 3.0”战略的目标是通过信息技术、软件技术与制造业融合，产生融合型新兴产业，创造新的附加值，重塑核心竞争优势。通过实施该战略，韩国计划到 2024 年制造业出口额达 1 万亿美元，竞争力排名进入全球前 4 名。

（2）主要任务

第一，发展融合型新兴产业。融合型新兴产业是一种新的产业形态，改变了传统产业的生产和制造方式，由信息技术与制造业融合产生，并催生出新技术、新产品和新服务，具有高附加值和高效率的特点。

第二，提高制造过程的智能化水平。制造过程智能化是提高生产效率的有效保障。韩国“制造业创新 3.0”战略力图通过实施智能工厂改造计划，有效改善基础设施与工厂环境。智能工厂集中体现了信息化与工业化的融合，其特点是将大数据、物联网和云计算等先进技术应用于整个生产过程，形成一套高度灵活、个性化和网络化的生产体系。

第三，树立核心材料及零部件的主导地位。核心材料和零部件是制造业发展的基础。然而，韩国制造业所需的关键材料和零部件长期受制于日本等发达国家，所以韩国“制造业创新 3.0”战略的任务不仅包括了发展融合型新兴产业，还涵盖重点开发此类产业所必需的核心材料和零部件。

3. 对韩国对外投资的影响

韩国“制造业创新 3.0”战略将使得韩国通过信息技术、软件技术与制造业融合，产生融合型新兴产业，催生出新技术、新产品和新服务，提升韩国制造业的国际竞争优势，扩大韩国制造业出口的同时，推动韩国制造业对外投资，并带动相关服务业的发展和对外投资。

（五）“一带一路”倡议与《中国制造2025》

应对 1998 年亚洲金融危机，中国政府曾经提出“走出去”战略，直接推动了中国企业的对外投资合作快速发展。2013 年，中国政府提出“一带一路”倡议，2015 年在北京召开“一带一路”国际合作北京峰会，在政策沟通、设施联通、贸易畅通、资金融通以及民心相通方面出台政策措施，达成重要共识和成果，必然会对中国对外投资产生重要影响。

1. 出台背景

从国际层面看，是中国参与全球经济治理的需要。2008 年世界金融危机后，世界经济发展持续低迷，现有经济治理体系收效甚微，导致推动全球经济治理体系改革的呼声逐渐增大，国际社会殷切希望听到中国方案。于是中国以构建人类命运共同体的构想，来动员国际社会和平合作、开放包容、互学互鉴、互利共赢，共同解决发展赤字、和平赤字、信任危机和治理缺失的问题。

从区域层面看，由于美国对中国加入 WTO 后的多边贸易体系感到失望，于是启动了改变国际规则的进程，企图用 TPP 和 TTIP 两洋战略制衡中国发展，导致中国在新的“规则圈地运动”格局中面临被边缘化的威胁。于是中国推动实施了以我为主、以周边为基础、面向全球的自由贸易区倡议。提出“一带一路”倡议的意图，就是要在大周边形成一个市场更加开放、要素自由流动、资源高效配置、市场更加融合的区域合作架构。

从国家层面看，是国内经济持续健康发展的需要。改革开放以来，中国经济持续保持高速增长，但近年来，受到世界经济危机的影响，中国经济进入新常态，国内经济持续健康发展面临着三个重要问题亟须解决：一是产业结构不适应国际国内市场需求，亟待通过内外联动进行调整；二是国内区域经济发展不协调，西部沿边地区迫切需要开放发展；三是海上贸易通道的畅通安全问题，亟须寻找新的解决方案。

2. 主要内容

（1）“一带一路”倡议主要内容

“一带一路”倡议提出了“和平合作、开放包容、互学互鉴、互利共赢”是丝绸之路精神，指出了“共商、共建、共享”的原则，明确了“政策沟通、设施联通、贸易畅通、资金融通、民心相通”的核心内容。

根据“一带一路”走向，陆上依托国际大通道，以沿线中心城市为支撑，以重点经贸产业园区为合作平台，共同打造新亚欧大陆桥、中蒙俄、中国—中亚—西亚、中国—中南半岛等国际经济合作走廊；海上以重点港口为节点，共同建设通畅安全高效的运输大通道。中巴、孟中印缅两个经济走廊是推进“一带一路”建设的重要节点，也是破解世界性问题和中国发展难点的重要突破口。

（2）《中国制造 2025》主要内容

《中国制造 2025》主要内容体现在“一二三四五五十”的总体结构中。

“一”，就是从制造业大国向制造业强国转变，最终实现制造业强国的一个目标。

“二”，就是通过两化融合发展来实现这一目标。党的十八大提出了用信息化和工业化两化深度融合来引领和带动整个制造业的发展，这也是中国制造业所要占据的一个制高点。

“三”，就是要通过“三步走”的一个战略，大体上每一步用十年左右的时间来实现中国从制造业大国向制造业强国转变的目标。

“四”，就是确定了四项原则。第一项原则是市场主导、政府引导。第二项原则是既立足当前，又着眼长远。第三项原则是全面推进、重点突破。第四项原则是自主发展和合作共赢。

“五五”，就是有两个“五”。第一就是有五条方针，即创新驱动、质量为先、绿色发展、结构优化和人才为本。还有一个“五”就是实行五大工程，包括制造业创新中心建设的工程、强化基础的工程、智能制造工程、绿色制造工程和高端装备创新工程。

“十”，就是十个领域。包括新一代信息技术产业、高档数控机床和机器人、航空航天装备、海洋工程装备及高技术船舶、先进轨道交通装备、节能与新能源汽车、电力装备、农机装备、新材料、生物医药及高性能医疗器械等重点领域。

3. 对中国对外投资的影响

“一带一路”倡议将为中国扩大在“一带一路”投资提供更加有利的投资环境。“一带一路”倡议通过政策沟通协调，推动中国同“一带一路”国家和地区双边投资自由化和便利化，在为中国扩大在“一带一路”投资提供更加有利的制度环境。同时，设施联通将带来巨大的基础设施投资需求，为中国企业扩大在“一带一路”沿线地区基础设施投资创造机遇。贸易畅通将推动中国同“一带一路”国家和地区的贸易便利化，扩大中国同“一带一路”国家和地区的贸易规模，贸易发展到一定阶段将带动相关产业的投资。

实施《中国制造 2025》规划，将促进信息化和工业化深度融合，实现中国制造业转型升级，提升中国制造业在全球产业链和价值链中的地位，有利于扩大中国制造业对外投资规模，提升对外投资质量与效益，进而促进中国对外投资产业结构优化升级。

第三章 中国对外投资合作的发展潜力

企业"走出去"进行对外投资合作，现有的国内产业发展状况是客观基础，也决定了未来的发展潜力。根据相关理论和企业的实践活动，对中国对外投资合作进行系统和科学的产业分析，能进一步提高中国对外投资合作的整体质量和效益，为企业进行对外投资合作提供有效的指导和建议。

第一节　中国对外投资合作的产业基础

中国未来的对外投资合作必须以现有的国内产业发展水平为基础，即当前国内生产要素禀赋、产业发展格局和企业成长状况，决定了本国产业对外投资合作的潜力。以下我们选择相关重点产业，观察其国内发展动态。

一、农业

国际竞争潜力指标能近似地反映一国产业的发展状况。以下从生产要素条件、国内生产需求状况、生产者结构、相关支持产业和支持政策等指标来描述中国农业国际竞争力发展现状。

（一）生产要素条件

劳动力数量方面，截至 2016 年年末中国乡村人数总数为 58 793 万人，占全国总人数的 42.5%，其中乡村就业人员数 36 175 万人，从事第一产业的人员数 21 496 万人，随着中国城市化进程的不断加快，近些年来农村劳动力数量呈连续下降趋势。

劳动力素质方面，根据《中国农业统计年鉴 2017》最新的劳动力文化状况，截至 2012 年，劳动力中文盲、半文盲占比 5.3%，小学水平占比 26.07%，初中水平占比 53.03%，高中水平占比 10.01%，中专程度占比 2.66%，大专及大专以上占比 2.93%。随着中国对农村教育投入的不断加大，中国乡村劳动力的文化水平将会持续提高。

在自然资源方面，截至 2016 年年末，中国拥有耕地 20.24 亿亩，但人均耕地数量不到世界平均水平的 1/3 左右，从耕地的质量看，现有耕地中，中等地、低等地的面积占耕地总面积的 70%，优等地仅占比 2.9%；中国人均淡水资源的拥有量仅为世界平均水平的 1/4，美国的 1/5 左右，在世界上名列 121 位，被联合国列为世界 13 个贫水国之一；中国森林资源占世界的 3%，人均森林资源仅为世界平均水平的 1/5~1/6。

（二）国内生产需求状况

2016 年，中国农业生产总值达到 59 287.78 亿元，和 2015 年相比增长 2.9%。2000 年以前中国的主要农产品出口大于进口，如在 20 世纪 90 年代的大多数年份，中国的粮食供过于求。但从现阶段中国主要农产品的进出口趋势分析，主要农产品处于净进口状态，这也表明中国现阶段农产品产量整体上仍处于供不应求阶段。如表 3–1 所示，2016 年中国主要农产品如粮食、食用植物油、棉花、糖料等的进口量均明显远超出口量。当然，中国部分农作物的产量占世界总产量之比依然较大，比如根据《中国农村统计年鉴 2017》，2014 年中国玉米、花生、茶叶等农作物的产量占世界比重分别为 21.1%、37.69%、37.95%。

表3–1　2016 年中国主要农产品供需统计

单位：万吨，千克/人

农产品	生产量	进口量	出口量	城镇居民人均消费	农村居民人均消费
粮食	61 625	11 468	190	111.9	157.2
食用植物油	6 908	553	11.4	10.6	9.3
棉花	529.9	90	0.8	3.8（全国人均消费量）	
糖料	12 340.7	306	14.9	1.3	1.4

资料来源：《中国农村统计年鉴2017》

（三）生产者结构

为推动中国农业产业化，2001 年开始，农业部等 9 个国家部委，共同启动农业产业化国家重点龙头企业的选择、认定和扶持工作。到 2016 年，以 1 131 家国家重点龙头企业为核心，数万家中小型龙头企业为基础，中国农业产业化进程得到一定程度的推进。龙头企业是现代农业经营体系中最有活力、最具创新能力的经营主体，是推进农业产业化经营的关键，是促进农村第一、第二、第三产业融合的引领力量，龙头企业的发展是适应现代市场经济和国际竞争的需要，中国传统农业经营主体模式正在缓慢、逐步得到变革。不过，中国农业产业化的整体水平低，存在发展不平衡、产业化经营组织规模小、竞争力弱、农户分散式的小规模经营等问题，农村经济发展的不平衡使不同地区、不同农产品的产业化发展水平差异较大。

（四）政府支持

根据最新统计数据，发达国家的农业科研投入占农业 GDP 的投入一般为 3%~5%，有的国家甚至超过 5%，而中国农业科研投入占农业 GDP 比例尽管一直在增加，但到 2016 年，仅达到 1% 的水平，与世界平均水平相当。在发达国家，尽管发达国家的农业产值在其国民生产总值中所占比重已经很小，但其所获得的政策投入却非常多，这在一定程度上增强了其农产品的竞争能力，相对来说，中国对农业和农村的支持和补贴不够，农业支出占全部财政费用的比重总体上还呈现出下降的趋势（表 3–2）。

表3-2　2008—2016 年农业财政支出统计

单位：亿元，%

年份	农业财政支出	全国财政支出	比例
2008	2 278.9	62 592.66	3.64
2009	3 826.9	76 299.93	5.02
2010	3 949.4	89 874.16	4.39
2011	4 291.2	109 247.79	3.93
2012	5 077.4	125 952.97	4.03
2013	5 561.6	140 212.1	3.97
2014	5 816.6	151 785.56	3.83
2015	6 436.3	175 877.77	3.66
2016	6 250.4	187 755.21	3.33

资料来源：根据国家统计局数据和《中国农村统计年鉴2017》整理得出。

二、矿业

矿业是国民经济的重要的基础产业。中国矿业发展既有自身优势，也存在一些劣势，在当前资源全球化配置的大背景下，中国矿业需要进一步参与对外投资合作，以保证中国社会经济平稳发展。

（一）生产要素条件

油气矿产资源方面。截至 2016 年年底，中国石油地质资源量 1 257 亿吨、可采资源量 301 亿吨。天然气地质资源量 90 万亿立方米、可采资源量 50 万亿立方米。页岩气埋深 4 500 米以浅地质资源量 122 万亿立方米，可采资源量 22 万亿立方米。煤层气埋深 2 000 米以浅地质资源量 30 万亿立方米，可采资源量 12.5 万亿立方米。

非油气矿产资源方面。截至 2016 年年底，中国煤炭已查明资源储量为 15 980.01 亿吨，位居世界第三；铁矿已查明资源储量为 840.63 亿吨；锰矿已查明资源储量为 15.51 亿吨；铝土矿已查明资源储量为 48.52 亿吨；铜矿已查明资源储量为 10 110.63 亿吨；铅矿已查明资源储量为 8 546.77 万吨；锌矿已查明资源储量为 17 798.89 万吨；锡矿已查明资源储量为 445.32 万吨。这些主要矿产资源潜力如表 3–3 所示。

表3-3　中国重要矿产资源潜力

单位：亿吨

矿产	预测资源量	资源查明率
铝土矿	129.7	29.1
煤矿	38 796	30.3
铁矿	1 960.2	33.2
锰矿	35.2	35.6
铜矿	3.04	30.5
铅矿	2.35	33.1
锌矿	5.11	32.3
锡矿	0.19	31.7

资源来源：《中国矿产资源报告2017》

（二）国内生产状况

进入 21 世纪后，中国能源生产总值日益趋于稳定，特别是 2011 年后，能源总生产值在35亿吨标准煤左右波动，2016年中国能源生产总值为34.6亿吨标准煤。其中，原煤生产总值自2013年后呈下降趋势，2016年产值为24.08亿吨标准煤；原油生产总值在2016年也有较大幅度的下降，由2015年的3.07亿吨标准煤下降到2.84亿吨标准煤；天然气和水电、核电、风电总产值则一直呈现上升趋势，2016年产能分别为1.83亿吨标准煤和5.85亿吨标准煤，详见表3-4。整体上看，中国能源产量仍以原煤为主，但其所占比重逐渐下降，而水电、核电、风电等环保产能所占比重逐渐上升，这也符合中国现阶段的绿色经济发展战略要求。

表3-4　2000—2016年中国能源生产统计

单位：万吨标准煤

年份	能源生产总量	原煤生产总量	原油生产总量	天然气生产总量	水电、核电、风电生产总量
2000	138 569.7	101 017.3	23 279.71	3 602.81	10 669.87
2001	147 425	107 030.5	23 440.57	3 980.47	12 973.4
2002	156 277	114 238.5	23 910.38	4 375.76	13 752.38
2003	178 298.8	134 972.2	24 248.63	4 635.77	14 442.2
2004	206 107.7	158 084.6	25 145.14	5 564.91	17 313.05
2005	229 036.7	177 274.4	25 881.15	6 642.06	19 239.08
2006	244 762.9	189 691.2	26 434.39	7 832.41	20 804.84
2007	264 172.6	205 526.3	26 681.43	9 246.04	22 718.84
2008	277 419.4	213 058.1	27 187.1	10 819.36	26 354.84
2009	286 092.2	219 718.8	26 892.67	11 443.69	28 037.04
2010	312 124.8	237 839.1	29 027.6	12 797.11	32 460.97
2011	340 177.5	264 658.1	28 915.09	13 947.28	32 657.04
2012	351 040.8	267 493.1	29 838.46	14 392.67	39 316.56
2013	358 783.8	270 523	30 137.84	15 786.49	42 336.48
2014	361 866	266 333.4	30 396.74	17 007.7	48 128.18
2015	361 476	260 985.7	30 725.46	17 350.85	52 414.02
2016	346 000	240 816	28 372	18 338	58 474

资料来源：国家统计局

（三）对外依存度

当前中国仍处于工业化发展中后期。除粗钢和水泥外，主要矿产资源消费总体上仍将处于上升态势。尽管近年来消费增速放缓，但人均资源消费仍高位运行，且整体状况将难以改观。而且，部分优势矿产有可能转为劣势，矿产资源安全供应问题不容忽视。2016 年，中国进口铁矿石 10.24 亿吨，增长 7.5%；原油 3.81 亿吨，增长 13.6%；煤 2.56 亿吨，增长 25.2%；钢材 1 321 万吨，增长 3.4%；铜 495 万吨，增长 2.9%；成品油 2 784 万吨，下降 6.5%。据相关数据，预计到 2020 年，中国的石油、铁矿石、铜、铝等矿产的对外依存度分别为 60%、80%、70%、50% 以上。

（四）生产者结构

截至 2017 年底，全国煤矿 7 662 座，总产能 53.08 亿吨。从产能大小来看，产能超过 120 万吨的总产能 25.20 亿吨，占比总产能 47.48%，煤矿数仅为 1 170 座。从安全生产标准化等级来看，中国一级安全生产标准化煤矿 876 座，产能 21.13 万吨，二级安全生产标准化煤矿 1 430 座，产能 7.96 亿吨，三级安全生产标准化煤矿 1 663 座，产能 3.42 亿吨。

截至 2017 年年底，全国共 139 家石油和天然气开采企业，但无论是在油气资源的开采还是石油化工方面，以中国石油天然气集团公司、中国石油化工集团公司、中国海洋石油集团有限公司为首的三大油气龙头企业占据着全国绝对的市场份额。

三、制造业

制造业是中国经济的根基所在，也是推动经济发展提质增效升级的最重要力量。改革开放以来，中国制造业发展迅速，但总体来看，中国制造业在许多方面与世界先进水平还存在一定差距，特别是在技术水平、品牌建设等方面的差距，将直接影响中国制造业当前和今后参与对外投资合作。

（一）国内生产状况

作为中国工业的支撑产业，制造业取得了飞速发展，拥有了强大的生产能力和完善的制造业生产体系，市场份额位居全球首位，制造业的快速发展极大拉动了中国经济的增长。2017 年制造业增加值为 242 707 亿元，是中国经济的第一大产业，也是维系着中国发展的命脉产业，占中国经济比例为 29.34%。但是，中国目前制造业的发展仍然以低附加值的零部件生产、组装和销售为主，在国际分工体系和全球价值链中的地位较低，还处于“工业 2.0”和“工业 3.0”时代，同美、德、日存在较大差距，还需要提升。

（二）国内需求状况

中国庞大的人口数量和不断增加的居民收入，使中国具有巨大的现实和潜在的市场需求。2017 年中国 GDP 为 82.71 万亿元，人均 GDP 为 59 660 元，继续保持着较高速度增长。同时，近些年来中国居民的消费结构变化显著，消费方式已由最初的生存型消费转向发展型消费和享受型消费。基于中国居民收入的不断增加和消费方式的不断变化，制造业国内需求市场仍将进一步扩大，这也有利于中国制造业的持续发展。

（三）技术和品牌影响力

在创新能力日益重要的今天，对整个产业结构技术水平产生重大影响的制造业企业创新显得尤为重要。因此有关创新的生产要素大量进入制造业企业，导致其研发投入量增速明显，自主研发能力日益增强。根据国家统计局数据，2016 年中国高技术制造业研发经费为 2 915.7 亿元，比 2015 年增长 11%，比制造业平均水平高 1.4 个百分点；研发投入强度（研发经费与主营业务收入之比）为 1.9%，高于 2015 年 1.88% 的水平，也明显高于 1.01% 的制造业平均水平。从行业来看，近几年中国新兴工业产品产量高速增长。2017 年，工业机器人、民用无人机、新能源汽车、城市轨道车辆、锂离子电池、太阳能电池等新兴工业产品产量分别增长 68.1%、67%、51.1%、40.1%、31.3%、30.6%，呈现高速增长态势。

根据世界品牌实验室 (World Brand Lab) 编制的 2017 年度《世界品牌 500 强》排行榜，上一年的亚军谷歌 (Google) 自发布人工智能战略后，一举击败苹果 (Apple) 重返冠军宝座；苹果 (Apple) 退居第二，亚马逊 (Amazon) 在新零售模式中稳步推进，继续保持季军的位置。美国占据世界品牌 500 强中的 233 席，稳居品牌大国第一。中国入选的品牌只有 37 个，与经济第二大经济体的地位很不匹配。其中表现亮眼的中国品牌有国家电网、腾讯、海尔、华为、中国华信、青岛啤酒、五粮液、中国国航、中国太平。

四、服务业

由于全球价值链向服务业倾斜，因此服务业发达与否决定了一国在全球价值链中的地位。

（一）生产规模

中国服务业规模不断增大。根据《中国统计年鉴 2016》和《中华人民共和国 2016 年国民经济和社会发展统计公报》显示，2010 年中国服务业增加值为 182 038 亿元，2016 年达到 384 221 亿元，年均增速为 13.3%，高于第二产业增加值增速 5.7 个百分点。服务业增加值占 GDP 比重由 44.1% 增长到 51.6%，比第二产业高出 11.8 个百分点。

（二）就业人数

近些年来，中国就业人员不断向服务业转移，服务业就业人员数量持续增加，2010 年中国服务业就业人口为 26 332 万人，2016 达到 33 757 万人，年均增速为 4.2%。服务业就业人口占全国总就业人口比例由 2010 年的 34.6% 上升到 2016 年的 43.5%，成为中国吸纳就业人口的绝对主力产业。

（三）行业发展

中国服务业分为批发和零售业，交通运输、仓储和邮政业，住宿和餐饮业，信息传输、软件和信息技术服务业，金融业，房地产业，租赁和商务服务业，科学研究和技术服务业，水利、环境和公共设施管理业，居民服务、修理和其他服务业，教育，卫生和社会工作，文化、体育和娱乐业，公共管理、社会保障和社会组织等 14 类产业，其中，从 2010 年到 2014 年中，增速最快的是卫生和社会工作服务业，年均增速达到 21.43%，其次是科学研究和技术服务业年均增速为 21.13%，租赁和商务服务业年均增速为 19.56%，说明近年来中国在卫生、科研等公共服务业发展较快，商务服务业也较为活跃。

2010 年到 2014 年，批发和零售业在中国服务业中所占比重一直稳居首位，其次是金融业、房地产业在服务业中的占比位列第二、第三；住宿和餐饮业在服务业中的地位不断下滑，由 2010 年的第 8 位，下降到 2014 年的第 11 位；卫生和社会工作在服务业中的地位不断上升，由 2010 年的第 11 位上升到 2014 年的第 9 位。

表3-5　2010—2014 年中国服务业分行业增加值比重排名

行业＼年份	2010	2011	2012	2013	2014
批发和零售业	1	1	1	1	1
交通运输、仓储和邮政业	4	4	4	4	4
住宿和餐饮业	8	9	9	10	11
信息传输、软件和信息技术服务业	7	7	7	7	7
金融业	2	2	2	2	2
房地产业	3	3	3	3	3
租赁和商务服务业	9	8	8	8	8
科学研究和技术服务业	12	12	11	11	10
水利、环境和公共设施管理业	14	14	14	14	14
居民服务、修理和其他服务业	10	10	12	12	12
教育	6	6	6	6	6
卫生和社会工作	11	11	10	9	9
文化、体育和娱乐业	13	13	13	13	13
公共管理、社会保障和社会组织	5	5	5	5	5

资料来源：《中国统计年鉴2016》

第二节　国际分工体系中的中国产业竞争力

当前，中国企业跨国经营所涉及的行业领域已经较为广泛。从农业、资源开发、工业制成品加工、交通运输，到餐饮、旅游、资讯服务、科技开发，以至于金融和房地产等等，皆有涉及。总结过去中国参与国际对外投资合作的主要模式，客观评估中国在国际分工体系中所具备的产业竞争力，对于指导中国相关产业走出去，提升中国企业的跨国经营能力，分散经营风险，提高经营效益具有重要的意义。

一、当代国际分工体系的特征及中国参与方式

伴随着国际分工的不断深化，全球贸易和投资也不断快速发展，而全球贸易和投资的发展又反过来促进了国际分工的深化。在过去的几十年中，中国企业根据自身的情况，顺应国际分工体系的调整和变化，积极参与对外投资合作，取得了较好的成绩。

（一）当前全球国际分工体系的主要特征

第一，从分工模式来看，基于全球价值链的国际分工已成为当前和今后相当长时期内国际分工的主要形式和趋势。基于要素比较优势，早期国际分工主要在发达国家与发展中国家之间展开，形成发达国家以工业品交换发展中国家初级产品的产业间垂直分工体系。第二次世界大战之后，基于产品的差异化和规模经济，国际分工主要发生在发展水平相近的工业国之间交换同类产品，从而形成产业内分工体系，发展中和不发达国家被边缘化，无缘国际分工利益。当前，顺应科技革命迅猛发展和发达国家劳动力成本高企的趋势，跨国公司将生产环节碎片化，动态配置自己和外部的资源，将附加值较低的生产环节外包给发展中国家的专业化公司，仅在国内保留附加值较高的核心零部件、研究和营销等环节，这种模式带动了以零部件为主的中间产品贸易迅速增长。与之相对应，一种基于全球价值链的产品内国际分工体系成为当前最主要的分工模式。在这种国际分工体系中，虽然绝大部分分工利益为跨国公司及其母国所有，但对发展中国家来说，能参与高端产品生产也算大大降低了国际分工的准入门槛。随后的路径方向取决于是继续维持其比较优势以锁定价值链低端，还是通过模仿、学习和创新获取竞争优势从而向价值链的中高端递进。

第二，从分工主体来看，尽管融入当前国际分工的主体呈多元化趋势，但各参与主体在国际分工体系中的地位和话语权却因经济、技术实力悬殊和规则与标准制定权被垄断而存在天壤之别。在早期的垂直分工体系中，不发达国家只能以殖民地或附属国的身份为工业国或发达国家提供原材料或初级产品，暴力成为维持不平等分工体系的主要手段；第二次世界大战之后的水平分工格局直接将大多数发展中国家排斥在体系之外。当前，在立体型的全球价值链分工体系中，除少数实行封闭经济体制的国家外，其余国家或地区均不同程度地参与其中，其数量比历史上任何时期都要多，既不区分发展水平的高低，也没有制度选择和地理区域的不同，都可以

凭借其比较优势在当今全球价值链分工网络中形成一个节点，发挥其职能，获取其利益。但是，国际分工体系规则制定的话语权却掌握在以美国为首的少数发达国家的手中，世界生产活动的大部分技术标准也被美欧日等发达经济体的跨国企业所垄断。

第三，从分工基础来看，基于资源禀赋的比较优势对国际分工的作用在削弱，以现代科技创新为标志的竞争优势日益成为当代国际分工的基础。自国际分工萌芽以来的几百年时间里，国际分工始终以资源禀赋状况的国际比较优势为基础，这种分工模式主要产生于自然条件的国际差别。例如，沙特、科威特、伊朗、伊拉克等中东国家盛产并出口石油，澳大利亚、巴西和印度盛产并出口铁矿石，北欧国家盛产并出口木材等，这些国家的比较优势是以独特的自然条件优势为基础的。但是，随着科学技术的飞速发展，以科技创新和发展战略为标志的国际竞争优势对国际分工格局的影响越来越大，以此为基础的技术型分工替代资源型分工已成为国际分工的必然趋势，这种分工模式产生于科技创新、产业配套、发展战略等因素的国别或企业差别。例如，当代的发达国家实行新兴战略性产业发展战略，其跨国公司重点发展技术密集型和信息密集型服务业；新兴工业化国家则着力发展技术密集型制造业；而发展中国家则推行工业化战略，主要从事劳动密集型产业和一般的技术型产业。

第四，从国际分工机制来看，出现了全球多边协定被弱化而区域安排增强的趋势。在二战前旧有国际分工格局下，宗主国与殖民地或附属国的地位是不对等的，其机制安排属于典型的暴力强权式。二战后，鉴于 20 世纪 30 年代经济危机的沉痛教训，以及出于稳定国际经济秩序和尽快重建世界经济的需求，国际货币基金组织（IMF）、国际复兴开发银行（即世界银行）及关税与贸易总协定（GATT，1995 年后发展为世界贸易组织 WTO）等组织应运而生。日后，三大组织通过大量多边协定的机制化安排，对推动经济全球化进程和促进国际经济分工格局朝积极方向发展做出了重大贡献，是支撑战后世界经济体系的强大支柱和维护国际分工体系的重要协调机构。其间，区域性安排也不乏多次出现，但基本上是全球多边协定的有益补充，并没有对那些着眼于全球发展的国家或地区的国际分工地位造成实质性影响。21 世纪以来，区域经济一体化再次掀起浪潮（如 TTIP，RCEP 等），而且部分区域安排目标明确，就在于用高规格、高标准排斥潜在竞争者，边缘化全球多边协定。国际分工机制的这种区域化安排趋势是否会给部分国家或地区特别是新兴发展中国家造成负面影响，从而加剧世界经济发展内部矛盾，还有待观察。

（二）中国参与全球分工的主要特征

第一，中国参与国际分工的产业领域不断扩大与优化。随着中国对外开放程度的不断深化和工业化进程的不断发展，中国参与到国际分工的产业领域日益扩大，由最初的以原材料为中心到以加工、组装工业为中心，再到以自主创新生产为目标，化学成品及有关产品、木制品、纸制品和印刷、金属加工产品、机电产品等所占比重将持续上升。同时，随着中国的法律、审计、会计、咨询、信息、金融、保险等第三产业将得到快速发展，中国服务业的国际竞争能力也不断提高，许多服务业产业也积极参与到全球分工体系当中。

第二，劳动密集型产品在中国参与国际分工中仍占主体地位。任何一国对外贸易的发展都会受到其国内资源禀赋和比较成本的制约。从工业化中前期向工业化中后期转变阶段的中国经济发展状况看，按照传统的比较优势进行生产和贸易还不能过早地放弃，在今后相当长的一段时期内仍然具有重要的意义。从比较优势来看，尽管中国近些年来的劳动力优势正在逐渐消退，但目前劳动力要素仍是中国参与国际分工的主要优势要素，这种优势不仅体现在劳动力密集产品制造上，而且更多体现在劳动力密集型环节的生产上，并且在相当长一段时间内仍对中国参与国际分工有着重要影响。

第三，中国高附加值产品和生产环节在国际分工中所占的比重越来越大。目前，中国正在从简单的加工组装向高附加值制造业领域转变。在产业链条层次，从产业链的低端即产品的加工制造环节向产业链的高端即产品的研发、设计及营销环节演进，由知识技能要求低、附加值小的下游生产环节（终端的加工组装）向技术含量高、附加价值大的上游生产环节递进（关键零部件的生产，像电脑中的芯片、微波炉的磁控管等），参与国际分工的地位不断提高，高附加值产品和环节将在提升中国国际分工地位中发挥越来越大的作用。

二、中国产业的国际竞争力

基于对中国参与国际分工的特征分析，本小节从综合国力、产业国际比较优势、大型企业的跨国经营能力等三个方面来说明中国企业国际产业竞争力的问题，并有针对性地选择出一些中国在对外投资合作中有潜力的产业。当然，对外投资合作的产业选择除了受到以上三个方面及投资企业主体自身情况的影响外，还受到东道国诸多因素的影响，实际是一个相当复杂的过程，在此仅就中国相关产业的整体对外投资合作发展的潜力做一个初步的研判，仅供各企业在进行对外投资决策时做一个参考。

（一）综合国力竞争力

综合国力是衡量一个国家的经济、政治、军事、技术实力的综合性指标，具体包括地理条件、自然资源、人口数量、国民生产总值、工业能力、金融贸易、科技、军备状况、民族特性、国民意志、外交素质、政府素质等多方面的内容。

一国综合国力的高低，很大程度上决定了它为本国各部门对外经济合作提供服务平台、带动相关产业发展能力的大小：经济实力和资源禀赋代表国家开展对外投资合作的物质基础，科技实力则表现为一国对外投资合作的创新性和发展潜力，政府调控能力、军事和外交实力则为一国开展对外投资合作提供有力的保障支持。因此，从某种意义上看，一个国家的综合国力是评价一个国家对外投资合作能力的重要指标，也是在对外投资合作中保持互惠共赢的基础因素。

根据中国社科院最新测算的综合国力，2015 年中国的综合国力排名全球第七，位列美国、日本、英国、俄罗斯、德国、法国之后。具体来看，中国在经济总量、人力资源、资本资源等方面的优势比较明显，而这些因素对中国对外投资合作的影响尤为明显。

（二）产业国际比较优势

从国际贸易角度，使用国际通行的分析工具可以准确判断中国货物和服务产业的国际竞争实力。

1. 农产品贸易竞争力

本部分以 2010 年以来中国的重点大类农产品作为研究对象，来分析中国农产品贸易竞争力。这几个大类农产品分别为：水产品（包括海产品）、果蔬类产品（包括可食用根茎、坚果及柑橘类果皮）、肉类产品（包括可食用动物内脏）和谷物。

首先看中国主要农产品的国际市场占有率（IMS），国际市场占有率是一国某产品出口总额与世界该产品出口总额的比值，可以最直观地反映产业的国际竞争力。一般来讲，IMS 小于 5%，表明该产品的国际竞争力很弱；IMS 在 5%~10% 之间时，表明该产品的国际竞争力一般；IMS 在 10%~20% 之间时，表明该产品的国际竞争力较强；IMS 大于 20%，表明该产品的国际竞争力很强。如表 3–6 所示，中国水产品的国际市场占有率呈上升趋势，果蔬类农产品稳中有升，肉类的市场占有率基本保持稳定，而谷物的国际市场占有率则有一定程度的下降。其中，只有水产品的占有率在近6年内超过了10%，在国际市场上的竞争优势较强，而其他农产品则上下波动，市场占有率表现不佳，甚至出现下降的情况，说明了中国农产品国际竞争力偏弱。

表3-6 中国重点大类农产品的国际市场占有率

单位：%

种类＼年份	2006	2007	2008	2009	2010	2011	2012	2013	2014	2015
水产品	7.5	7.1	7.2	9.7	10.8	11.4	11.8	12	12.5	13.3
果蔬类	5.5	5.4	5.3	6.2	7.7	8	7.2	7.3	7.3	8.5
肉类	1.1	0.9	0.8	0.9	1	0.9	0.8	0.8	0.9	0.9
谷物	2.1	2.7	0.6	0.8	0.6	0.5	0.4	0.4	0.4	0.3

资料来源：根据联合国商品贸易统计数据库和FAO数据库整理并计算得出。

根据表3-7中国主要农产品的显示性比较优势指数（RCA）① 显示，中国农产品总体的比较优势不强，仅有水产品的RCA常年维持在0.8以上，比较优势与竞争力尚可。而果蔬类、肉类和谷物的RCA都保持在0.8以下，也就是说不具有比较优势，即竞争力较弱。

表3-7 中国重点大类农产品RCA指数

种类＼年份	2006	2007	2008	2009	2010	2011	2012	2013	2014	2015
水产品	0.93	0.8	0.8	0.99	1.03	1.09	1.06	1.02	1.01	0.95
果蔬类	0.68	0.61	0.59	0.64	0.73	0.76	0.65	0.62	0.59	0.61
肉类	0.14	0.1	0.09	0.09	0.1	0.09	0.08	0.07	0.07	0.07
谷物	0.26	0.31	0.07	0.08	0.06	0.05	0.03	0.04	0.03	0.02

资料来源：根据联合国商品贸易统计数据库和FAO数据库整理并计算得出。

① 显示性比较优势指数RCA指一国总出口中某类产品所占份额相对于该产品在世界贸易总额中所占比例的大小。其公式为：RCA=(Xe/X)/(We/W)。其中，Xe为一国某类产品的出口额；X为一国所有产品的出口额；We为该类产品的世界出口总额；W为所有产品的世界出口总额。一般认为，若RCA ≥ 2.5，则具有强的竞争力；若1.25 ≤ RCA ＜ 2.5则具有较强的竞争力；若0.8 ≤ RCA ＜ 1.25，则具有一般的竞争力；若RCA ＜ 0.8，则具有弱的竞争力。

2. 制造业贸易竞争力

制造业贸易竞争力在劳动密集型和资本技术密集型行业的反映是不同的。

（1）劳动密集型行业

如表 3-8 所示，劳动密集型行业总体 RCA 指数从 2000 年的 2.18 下降到了 2015 年的 1.49，随着经济的发展中国劳动密集型产业的竞争力处在不断下降，但是该指标都在 1.25 以上，这表明，尽管中国劳动密集型行业的贸易竞争力在逐渐下降，但目前来讲劳动密集型行业仍然具有较好的国际竞争力。具体到各行业来看，纺织业，纺织服装、鞋、帽制造业，皮革、毛皮、羽毛（绒）等，塑料制品业，文教体育用品制造业等行业的国际竞争力呈下降趋势。其中，纺织服装、鞋、帽制造业从 2000 年的 5.96 下降到了 2015 年的 3.72，下降了 2.24，下降幅度非常大；而纺织业从 2000 年的 2.51 下降到了 2015 年的 1.18，下降了 1.33，竞争力水平处于中等，已经不具有较强的竞争力；食品加工行业和饮料制造业也出现了一定程度的下滑，家具、橡胶制造业以及印刷业 RCA 指标略有所上升。

表3-8　劳动密集型行业RCA 指数

行业＼年份	2000	2005	2010	2015
农副食品加工业	0.19	0.13	0.12	0.12
食品制造业	0.15	0.1	0.1	0.1
饮料制造业	0.55	0.26	0.19	0.25
烟草制品业	0.24	0.21	0.16	0.21
纺织业	2.51	2.64	2.84	1.18
纺织服装、鞋、帽制造业	5.96	4.57	4.22	3.72
皮革、毛皮、羽毛（绒）等	4.6	3.47	3.24	2.82
木材加工及木、竹、藤等	1.31	1.43	1.56	1.58
家具制造业	1.94	2.34	2.9	2.67
造纸及纸制品业	0.29	0.33	0.43	0.72
印刷业和记录媒介的复制	0.47	0.45	0.62	0.8
文教体育用品制造业	3.27	2.75	2.53	2.52
橡胶制品业	0.85	0.94	1.14	1.12

续 表

行业 \ 年份	2000	2005	2010	2015
塑料制品业	3.26	2.53	2.2	2.93
劳动密集型行业总体	2.18	1.79	1.67	1.49

资料来源：根据联合国商品贸易统计数据库整理并计算得出。

（2）资本密集型行业

如表 3-9 所示，资本密集型行业 RCA 指数呈现缓慢增长的趋势，从 2000 年的 0.71 上涨到 2015 年的 0.89，其竞争力获得长足的进步，但是该指标还是偏低的，还不是中国优势行业。具体到各行业来看，石油加工、炼焦及核燃料加工业和有色金属冶炼及压延加工业的出口竞争力指数 RCA 有所较小幅度的下降，其他的几个行业的竞争力指数都在上升，黑色金属冶炼及压延加工业行业的 RCA 指数从 2000 年的 0.81 上升到 2015 年的 1.26，从比较弱的竞争地位向较强的竞争力地位增加，通用设备及金属制品业也有增加，但是增加幅度较小，该指标中只有金属制品业是高于 1.25 的，从该指标来看中国的资本密集型的行业的国际竞争力较弱。

表3-9　资本密集型行业RCA 指数

行业 \ 年份	2000	2005	2010	2015
石油加工、炼焦及核燃料加工	0.54	0.35	0.27	0.27
非金属矿物质制品业	1	0.96	1.03	1.32
黑色金属冶炼及压延加工业	0.81	0.85	0.92	1.26
有色金属冶炼及压延加工业	0.77	0.78	0.54	0.59
金属制品业	1.44	1.49	1.49	1.58
通用设备制造业	0.58	0.71	0.98	0.97
专用设备制造业	0.45	0.43	0.6	0.67
资本密集型行业总体	0.71	0.72	0.78	0.89

资料来源：根据联合国商品贸易统计数据库整理并计算得出。

（3）技术密集型行业

如表 3-10 所示，在中国技术密集型行业中，化学原料及化学制品制造业、医药制造业的 RCA 指数从 2000 年到 2015 年是下降的，其他各行业的 RCA 指数是上升的。化学纤维制造业从 2000 年的 0.15 上升到了 2015 年的 1.11，从不具有竞争力的水平上升到了具有较强竞争力的水平，电子、电气、化学纤维以及仪器设备制造业的竞争力水平提高比较迅速，这可能是导致中国这些行业如今在国际市场份额不断扩大的一个重要因素。从整体上看，中国技术密集型行业的贸易竞争力正在不断增强，并且部分行业的贸易竞争力优势已经十分明显。

表3-10 技术密集型行业RCA 指数

行业 / 年份	化学原料及化学制品	医药制造业	化学纤维	交通	电气	电子	仪器设备
2000	0.6	0.41	0.15	0.31	1	0.89	0.99
2001	0.61	0.33	0.2	0.28	1.13	1.03	1.16
2002	0.54	0.27	0.3	0.25	1.17	1.29	1.43
2003	0.5	0.23	0.37	0.28	1.14	1.76	1.51
2004	0.49	0.19	0.38	0.29	1.17	1.82	1.54
2005	0.52	0.18	0.5	0.32	1.2	1.81	1.59
2006	0.52	0.16	0.65	0.34	1.25	1.7	1.53
2007	0.54	0.17	0.86	0.38	1.28	1.8	1.65
2008	0.59	0.19	0.88	0.43	1.39	1.75	1.59
2009	0.53	0.18	0.81	0.49	1.36	1.78	1.53
2010	0.39	0.2	0.89	0.51	1.4	1.79	1.52
2011	0.22	0.21	1.27	0.58	1.49	1.71	1.54
2012	0.21	0.2	1.15	0.53	1.54	1.63	1.56
2013	0.21	0.19	0.98	0.46	1.67	1.51	1.5
2014	0.24	0.19	1.11	0.45	1.55	1.42	1.44
2015	0.26	0.19	1.11	0.45	1.59	1.24	1.14

资料来源：根据联合国商品贸易统计数据库整理并计算得出。

3. 服务产业竞争力

在分析中国服务产业的国际竞争力时，除了用国际市场占有率（IMS）和显示性比较优势指数（RCA）外，还增加了贸易竞争力指数（TC）[①]，以期更为全面地反映中国服务贸易竞争力情况。如表 3–11 所示，中国的服务贸易国际市场占有率在近些年来一直在 4.5% 左右波动，国际市场占有率偏低，这与中国世界贸易大国的地位是极不相称的；从 RCA 指数来看，中国服务贸易 RCA 指数从未超过 0.8，且自 2010 年开始，一直呈现缓慢下滑的趋势；从 TC 指数来看，中国服务贸易的 TC 指数长期处于负值。这些指标都显著表明了中国服务贸易的国际竞争力较弱，急需进一步的提升。

具体到服务业具体行业来看，如表 3–12 所示，TC 指数为正值的有建筑、计算机信息服务等部门，建筑、计算机信息服务的 TC 指数保持在 0.2~0.6 之间，行业竞争优势较为突出。不过最近几年这两个行业的 TC 指数呈下降趋势，这反映了建筑、计算机信息服务的贸易竞争力有所减弱。TC 指数为负值的有运输、旅游、保险、金融、政府商品服务等行业，说明这些部门贸易呈逆差，也印证了中国近年来持续增长的服务贸易逆差的来源，且旅游业是最大来源。需要注意的是，中国金融业的 TC 指数在 2016 年呈现正值，而保险业 TC 指数尽管一直为负值，但贸易逆差不断缩减，这表明中国资本市场的发展有了良好态势。

表3–11　中国服务贸易竞争力指数

年份 指标	2001	2005	2010	2011	2012	2013	2014	2015	2016
IMS（%）	2.19	2.96	4.55	4.56	4.45	4.29	4.25	4.47	4.27
RCA	0.56	0.45	0.46	0.44	0.44	0.43	0.41	0.4	0.4
TC	−0.08	−0.06	−0.09	−0.15	−0.19	−0.23	−0.33	−0.33	−0.37

资料来源：根据联合国商品贸易统计数据库整理并计算得出。

① 贸易竞争力指数（TC）是指一国进出口贸易差额与其进出口总额之比。若 TC>0，表明该国产品具有相对比较优势，且越接近于 1，竞争力越强；反之竞争力越弱。

表3-12　中国服务贸易各行业TC 指数

行业 \ 年份	2011	2012	2013	2014	2015	2016
运输	-0.39	-0.38	-0.43	-0.43	-0.38	-0.41
旅游	-0.2	-0.34	-0.43	-0.68	-0.69	-0.71
建筑	0.6	0.54	0.47	0.52	0.24	0.2
保险	-0.73	-0.72	-0.69	-0.66	-0.28	-0.52
金融	0.06	-0.01	-0.07	-0.04	-0.06	0.22
计算机信息服务	0.47	0.49	0.38	0.3	0.37	0.33
政府商品服务	-0.17	-0.02	-0.02	-0.32	-0.41	-0.45
个人文化和娱乐服务	-0.53	-0.64	-0.68	-0.67	-0.44	-0.48

资料来源：根据联合国商品贸易统计数据库整理并计算得出。

（三）企业国际竞争力

历史经验表明，一个国家崛起为世界经济强国的过程中，都会形成和发展一些具有国际竞争力的产业，而这些产业就会诞生若干具有一批国际一流水平的企业，这些企业反过来又会促进本国相关产业的进一步发展。这一点，由中国各大型企业参与国际投资合作的经历也可以看出来。因此，评价一国参与国际分工的产业竞争力，产业所包含的主要企业的国际竞争力是重要的评价指标。

改革开放以来，随着中国国民经济的持续发展，一部分具有比较优势的产业和企业已经形成，这些行业龙头企业已具备了相当的对外投资合作实力，并且正积极参与到对外投资合作中去。中国未来在对外投资合作的产业选择，仍然要重视这些大型企业的带动作用。总体上看，中国企业所表现出来的国际产业竞争力有如下的特征：

（1）具有较强国际竞争力企业的行业分布日益增多。从 2017 年中国进入全球 500 强的企业分布来看，其主要分布在财富 500 强排序的 59 个行业的 31 个中，比 2006 年增加了 19 个行业。中国进入世界 500 强的企业大多分布在银行、采矿 / 原油生产、贸易、工程与建筑、车辆与零部件、能源、电子 / 电气设备、房地产等行业。

（2）重点企业分布的行业与发达经济体还有所不同。对比 2017 年中美两国入选财富 500 强的企业可以发现，中美两国在金融、能源、科技、贸易等与国家经济密切相关行业的企业个数大致相当；在食品及医药零售、健康医疗、零售业、食品饮料烟草等行业，中国企业入选500强的数量明显落后于美国，有的行业至今还没有入选过；中国在房地产、工程建设、汽车及零部件、材料等行业的入选个数明显比美国多；在以媒体业为代表的文化产业方面，入选的三家均为美国企业，这也反映了中国在全球文化影响力方面与美国有着较大的差距。

（3）中国互联网经济企业逐渐崭露头角。在2017年世界500强企业里仅有6家互联网企业上榜，中国和美国各占3家。美国的是亚马逊、谷歌母公司Alphabet和Facebook，中国的则是京东、腾讯和阿里巴巴，其中腾讯和阿里巴巴是首次入选。

（4）中国企业的平均收益率较低。仍以入选世界2017年500强的企业榜单为例，500家企业中有42家企业亏损，中国企业有11家，基本集中在能源矿产类企业。此外，据测算，中国内地上榜的企业的平均总资产收益率仅为1.65%，而美国企业的平均总资产收益率为4.79%，是中国的2.9倍。

表3-13　2017年中美入选《财富世界500强》行业比较

单位：家，%

行业	总数	公司数量		数量占比	
		美国	中国	美国	中国
金融	118	27	26	23	22
能源	83	14	22	17	27
科技	44	14	13	32	30
汽车及零部件	34	2	7	6	21
贸易	28	8	9	29	32
健康医疗	27	15	2	56	7
食品及医药零售	20	5	0	25	0
运输物流	19	6	3	32	16
电信	18	4	3	22	17
零售	17	11	2	65	12
食品饮料烟草	16	9	0	56	0
材料	16	0	7	0	44
工业品	15	4	6	27	40
航空及国防	14	6	6	43	43

续　表

行业	总数	公司数量		数量占比	
		美国	中国	美国	中国
工程建设	13	0	8	0	62
化工	7	2	1	29	14
商业服务	3	0	0	0	0
家用消费品	3	1	0	33	0
媒体	3	3	0	100	0
服装	2	1	0	50	0
总计	500	132	115	26	23

资料来源：根据财富中文网的数据整理得出。

三、中国对外投资合作的产业需求分析

面对当前全球产业转移的新趋势，我们必须努力提高对外开放的水平，从更高层次上参与对外投资合作。一方面需要继续保持在制造业上的国际比较优势，另一方面又要在关系国民经济命脉和国家经济安全的产业上，加大全球资源调控能力，培育要素的核心竞争能力，实现国际分工地位的提升，保证中国经济长期的又好又快发展。

（一）农业

综合考虑各方面情况，中国农业部门对外投资合作的需求体现在以下方面：

（1）缩小现阶段中国农产品需求缺口。中国的农业资源使用已经达到了环境承载能力的极限，人均耕地资源和耕地质量不断下降，耕地面积不断减少，仅靠国内的农业资源已很难满足中国对农产品的需求。而随着经济发展以及人口增长，中国国内农产品需求却将进一步增长，必然会造成粮食供给压力增加，农产品供给缺口不断增大。相对而言，东南亚、欧洲、非洲、南美等国家的农业资源丰富，地理环境优越，土地与劳动成本更低，开发潜力巨大。因此，实施农业“走出去”战略，推进对外农业合作和境外农业投资，是缓解国内农业资源短缺压力，突破粮食生产约束，提高农业产量，减小农产品需求缺口的有效途径与必然选择。

（2）有助于提高中国农业国际市场竞争力。目前，全球农业的长期过剩的格局

基本形成，全球农产品市场将维持在平衡条件下的低价格水平并“常态化”。中国农产品的国内生产成本过高，导致国内市场价格普遍高于国际市场价格，造成中国农产品缺乏国际竞争力。中国主要农产品过多依赖进口同时也导致国内农产品市场易受到国际市场波动的影响，加剧国内价格水平的不稳定。根据小岛清（1978）提出的“产业选择理论”，当一个国家的某些产业在本国处于或即将处于劣势地位时，会向其他国家正处于优势地位或潜在优势的同一产业展开海外直接投资。通过对海外农业资源的开发与利用，充分利用当地资源优势，建立境外垦区、海外粮食基地，可以有效降低生产成本。此外，推动中国农业企业“走出去”直接投资海外市场，还能够有效地规避当地对中国农产品制定的配额和技术壁垒等问题，既为充分利用境外农业自然资源创造了条件，又可以建立一批具有国际竞争力的跨国农业公司，提升中国农业的国际参与度与主导权。

（3）增强农业国际合作，缓解世界性粮食安全问题。自中华人民共和国成立以来，中国就凭借历史悠久的农业文明成果向第三世界国家提供农业技术援助，帮助这些国家发展水稻、玉米等粮食种植业。在发展农业对外援助的同时，部分农业企业按照市场导向原则，在部分国家租赁购买农业耕地，开展农业投资合作，取得一定成效。近年来，中国政府提出“一带一路”倡议和人类命运共同体构想，更加需要和世界各国密切合作，共同解决粮食安全问题。

（二）矿业

长期以来，采矿业对外投资是中国对外投资的重要方向，截至 2016 年年末，采矿业对外投资存量高达 1 523.7 亿美元，排名第四。尽管 2013 年后中国采矿业对外投资明显下降，2016 年采矿业对外投资流量更是达到近十年来新低，但作为国家安全和经济稳定增长的重要保障，矿业方面的对外投资活动仍需进一步开展。具体来讲，矿业对外投资的需求主要包括：（1）继续扩大矿业对外投资目的国数量，降低由政治风险引发的矿业开发利用波动；（2）目前中国国有企业在矿业对外投资活动中的占比和作用较大，接下来逐步提升民营矿业企业的国际竞争力，降低中国矿业对外投资中的“国家政治色彩”；（3）中国矿业对外投资方式以并购为主，随着全球化的深入和经济一体化的加深，投资方式也需要更加多元化，接下来需要灵活运用独资、合资、合作、非股权的技术转让、委托加工等多种形式，特别是对于敏感区域和矿种的投资，要权衡利弊，选择合适的投资方式，以降低投资风险。

（三）制造业

近些年来，中国制造业对外投资进程明显加快。2016 年制造业对外投资流量为 290.5 亿美元，仅次于租赁和商务服务业，排名第二；存量为 1 081.1 亿美元，排名第五。目前制造业对外投资需求主要体现在以下几个方面：（1）中国传统制造业持续低迷，正面临转型升级时期，为加快技术升级、产业升级和全球价值链升级，重塑国家创新系统创新能力，重构国家竞争优势，需要加大对外投资，特别是对高新技术产业的海外投资。（2）中国的装备制造业优势明显，总体规模达到了世界总量的 1/3，其中，电力装备的制造总量大约占世界总量的六成，造船工业占世界总量的四成，装备制造业走出去有助于中国充分发挥现有优势。（3）作为国民经济的支柱产业和经济增长的发动机，成为制造业各行业技术标准的制定者，对一个国家的经济持续发展有着巨大影响。长期以来，中国的大多数制造业企业都是国际技术标准的接受者，进一步加大制造业对外投资，有助于中国制造业在生产环节中参与更多的技术标准制定，在国际市场中拥有更多的话语权。

（四）服务业

服务业一直是中国对外投资的最大产业，2016 年以租赁和商务服务业、金融业为代表的服务业对外投资流量占总流量的七成以上，存量占比也超过 2/3。服务业对外投资需求主要体现在以下两个方面：（1）中国服务业对外投资收益还不尽如人意，投资的行业主要集中在技术含量相对不高的租赁和商务服务业、金融业，而对科学研究和技术服务业、信息传输 / 软件和信息技术服务业等高技术行业的投资比重较低，为了提高中国服务业企业国际竞争力，有必要加大对高技术行业的海外投资。（2）目前中国的服务业对外投资还是以消费性服务产业为主，生产性服务业仍有巨大的对外投资空间，为了更好地将国内生产型企业与服务业“走出去”结合起来，发挥服务业和制造业协同“走出去”效应，生产性服务业需要进一步加大海外投资。此外，中国近些年来国际服务贸易摩擦不断增加，继续扩大服务业对外投资是避免国际服务贸易摩擦的重要途径。

第三节　中国对外投资合作的发展潜力

根据党的十九大报告关于“推动形成全面开放新格局”的总要求，新一轮对外开放将以“一带一路”为重点，创新对外投资方式，形成面向全球的贸易、投融资、生产、服务网络，加快培育国际经济合作和竞争新优势。开展对外投资合作，是中国推进全面开放新格局、构建人类命运共同体的重要抓手，也是深化供给侧结构性改革、推动地方经济发展、培育国际竞争新优势的重要推动力。

一、国际区域总量预测

根据2007—2016年中国对世界各大洲的对外直接投资流量变化情况，预测中国未来对外投资国际区域变化趋势。从整体上看，2007—2016年间，中国对外直接投资总量增加了7倍，年均增速24.91%。其中增速最快的是对北美洲的投资，年均增速高达37.94%，增长最慢的是对非洲的投资，年均增速4.79%。按照这十年的变化情况，结合现阶段“一带一路”国际合作、长江经济带和京津冀协同发展以及振兴东北老工业基地等重大战略的进一步实施，可以预见：

第一，中国对亚洲的投资在较长时间内仍将保持较高速度增长，并且对亚洲的投资额依然占总投资额60%左右。这是由于与其他大洲相比，许多亚洲国家有着地理距离、文化距离等方面的优势，再加上“一带一路”沿线国家中有众多亚洲国家，中国对亚洲国家或地区的投资必将进一步扩大。

表3-14　2007—2016年中国对外投资区域分布

单位：万美元，%

年份＼区域	世界	亚洲	非洲	欧洲	拉丁美洲	北美洲	大洋洲
2007	2 650 609	1 659 315	157 431	154 043	490 241	112 571	77 008
2008	5 590 717	4 354 750	549 055	87 579	367 725	36 421	195 187
2009	5 652 899	4 040 759	143 887	335 272	732 790	152 193	247 998
2010	6 881 131	4 489 046	211 199	676 019	1 053 827	262 144	188 896
2011	7 465 404	4 549 445	317 314	825 108	1 193 582	248 132	331 823

续　表

年份 \ 区域	世界	亚洲	非洲	欧洲	拉丁美洲	北美洲	大洋洲
2012	8 780 353	6 478 494	251 666	703 509	616 974	488 200	241 510
2013	10 784 371	7 560 426	337 064	594 853	1 435 895	490 101	366 032
2014	12 311 986	8 498 803	320 192	1 083 791	1 054 739	920 766	433 695
2015	14 566 715	10 837 087	297 792	711 843	1 261 036	1 071 848	387 109
2016	19 614 943	13 026 769	239 873	1 069 323	2 722 705	2 035 096	521 177
平均增长率	24.91	25.73	4.79	24.02	20.99	37.94	23.67

资料来源：历年《中国对外直接投资统计公报》

第二，中国对非洲的投资有望稳步增长。截至 2016 年年末，中国企业已经在非洲地区的 52 个国家开展了投资，投资覆盖率为 87%，中国对非洲投资的行业也不断拓宽，为下一步的投资合作打下了基础。此外，2016 年是落实中非“十大合作计划”的开局之年，中非工业化、基础设施、农业现代化、贸易投资便利化等合作计划正在逐步推进，这也有助于中国对非洲的投资合作在未来不断深化。

第三，中国对欧洲的投资增速有望进一步提升。近十年期间中国对欧洲投资年均增速为 24.02%，与中国对全球投资增速基本持平。随着近几年中国与欧洲国家政治互信和合作意向不断增加，为投资合作的深化创造了良好氛围。欧洲相对发达的技术、管理和品牌有利于提升中国企业在全球价值链中的地位，因此，越来越多的中国企业将欧洲作为重点投资目的地，中国对欧洲的投资增速可能会进一步提速。

第四，中国对拉丁美洲的投资总量将保持上升趋势。目前，拉丁美洲是中国对外投资存量第二大洲，这一方面是由于开曼群岛、英属维尔京群岛等“避税天堂”的存在大大吸引了中国企业的海外投资，另一方面，中国和拉美国家外交和经济关系不断深化，加上拉美国家较为落后的基础设施水平和众多矿产资源储蓄量，这为中国对拉美国家下一步的投资合作、互补共赢指明了方向。

第五，中国对北美洲的投资额将保持增长，但增速可能会放缓。如果中国与美国之间增加互信，中国对美投资存在进一步扩大的空间。2016 年中国对北美洲的投资增速高达 89.9%，远高于中国对全球投资增速。但是，自美国总统特朗普上任后，美国政府对中国经贸政策日趋紧张起来，特别是2018年3月开始两国贸易摩擦不断加剧，发展为贸易战，且呈现对中国形成长期遏制态势，对中国企业赴美投资增加限制，使得中国对美国投资前景增加了不确定性，短时间内中国对美国的投资可能会受到较大不利影响。

第六，中国对大洋洲的投资稳定增长。中国在大洋洲的投资主要集中在澳大利亚和新西兰两国，目前中国与两国均签订了双边自由贸易协定，这为双方未来的贸易和投资确定了更加开放便利的制度安排。同时，结合中国“一带一路”倡议、澳大利亚“北部大开发”计划、新西兰基础设施建设计划等国家层面战略的融合，中国对大洋洲的投资预期会稳定持续增长。

二、行业发展预测

根据2007—2016年期间中国对外投资存量排名靠前的几个行业变化情况，对中国对外投资重点行业的未来发展趋势预测如下：

表3-15　2007—2016年中国对外投资流量重点行业分布

单位：万美元，%

行业 年份	制造业	建筑业	信息传输、计算机服务和软件业	批发和零售业	房地产业	租赁和商务服务业
2007	212 650	32 943	30 384	660 418	90 852	560 734
2008	176 603	73 299	29 875	651 413	33 901	2 171 723
2009	224 097	36 022	27 813	613 575	93 814	2 047 378
2010	466 417	162 826	50 612	672 878	161 308	3 028 070
2011	704 118	164 817	77 646	1 032 412	197 442	2 559 726
2012	866 741	324 536	124 014	1 304 854	201 813	2 674 080
2013	719 715	436 430	140 088	1 464 682	395 251	2 705 617
2014	958 360	339 600	316 965	1 829 071	660 457	3 683 059
2015	1 998 629	373 501	682 037	1 921 785	778 656	3 625 788
2016	2 904 872	439 248	1 866 022	2 089 417	1 524 674	6 578 157
平均增长率	33.71	33.35	58.01	13.65	36.80	31.47

资料来源：历年《中国对外直接投资统计公报》

（一）制造业

2007—2016 年间，中国制造业对外投资流量平均增速为 33.71%，特别是最近几年，制造业对外投资步伐明显加快，2016 年，制造业投资流量更是升至第二位。从具体行业分布来看，制造业对外投资主要分布在汽车制造、计算机 / 通信及其电子设备制造、专用设备制造、化学制品制造、医药制造等，其中装备制造业存量高达 470.4 亿美元，占制造业投资存量的 43.5%。随着《中国制造 2025》的实施，一方面，中国将继续发挥以装备制造业为代表的产业优势，积极推动优势产业走出去；另一方面，中国将加大对国外高新技术制造业的投资力度，进一步增强海外投资的技术逆向溢出效应。所以，可以预判，制造业将是中国未来几年对外投资增长最快的行业之一。

（二）建筑业

2007—2016 年间，建筑业对外投资流量平均增速为 33.35%，截至 2016 年年底，建筑业对外投资存量为 324.2 亿美元，主要集中在房屋建筑业、建筑装饰和其他建筑业、建筑安装业等具体行业。预计未来该行业对外直接投资仍将快速增长，主要原因是近些年来中国对外承包工程额在规模增长方面一直在快速扩张。

（三）信息传输/ 计算机服务和软件业

2007—2016 年间，信息传输 / 计算机服务和软件业对外投资流量平均增速为 58.01%，表现出十分强劲的势头。目前，软件和信息技术服务业已经成为资本市场中最为活跃的行业之一，随着中国软件业的资本运用能力不断提升和国际化战略不断推进，中国软件企业的技术能力和专业化服务水平不断提升，特别是在数字经济和“互联网 +”快速发展的背景下，信息传输 / 计算机服务和软件业对外投资步伐在未来一段时间内也必将继续保持强劲增长的趋势。

（四）批发和零售业

2007—2016 年间，批发和零售业对外投资流量平均增速为 13.65%，但近几年增长速度明显放缓。这主要是因为中国批发和零售业企业在海外的经营网络布局已相对成熟，境外销售分支建设也日趋完善。所以，预计在未来几年内，批发和零售业对外投资增长速度仍将保持稳中有升、缓慢增长的趋势。

（五）房地产业

2007—2016年间，房地产业对外投资流量平均增速为36.80%，截至2016年年末，房地产业对外投资存量达到461.1亿美元。但由于房地产的对外投资存在大量大额的非理性交易，2017年8月国务院颁布了《关于进一步引导和规范境外投资方向的指导意见》，将房地产业列入对外投资限制的行业，可以预计，在未来几年里，房地产业对外投资将回归理性投资阶段，对外投资额出现下降的趋势。

（六）租赁和商务服务业

作为中国直接投资的龙头行业，租赁和商务服务业在2007—2016年间保持不断增长，年均增长率为31.47%。目前，租赁和商务服务业投资主要分布在中国香港、英属维尔京群岛、开曼群岛、荷兰、卢森堡等国家（地区），这些地区多为免税地区或低税地区。鉴于这些“避税天堂”的投资吸引力，预计在未来几年内，租赁和商务服务业仍将保持稳中有升的发展趋势。

除了上述六个行业外，预计中国采矿业对外投资在2016年达到触底水平后，可能会在未来几年内有所回暖；农林牧渔业对外投资在未来几年内仍会保持稳步增长的趋势；金融业对外投资整体会呈现继续增长趋势，但鉴于金融业自身属性，可能会出现短期波动起伏现象。

三、国内分地区预测

目前中国绝大多数对外直接投资来自地方，但中西部地区对外直接投资水平不高。如图3–1所示，自2014年起地方企业逐渐代替中央企业成为中国对外直接投资的主力，地方企业对外直接投资流量在2014年以22.5亿美元的微弱差距首次超过中央企业，之后逐渐拉大了这一差距，到2016年地方企业的对外投资流量占总流量的比例达到83%。而在地方对外直接投资来源的区域分布上看，东部地区依然占据主导地位，八成以上的投资都来自东部地区，而中西部地区的对外直接投资无论在总量上还是在增长率上都与东部地区存在差距（图3–1）。中西部地区2016年对外直接投资仅占中国对外直接投资总量的12%，而西部12省的对外投资占比仅为6.4%。

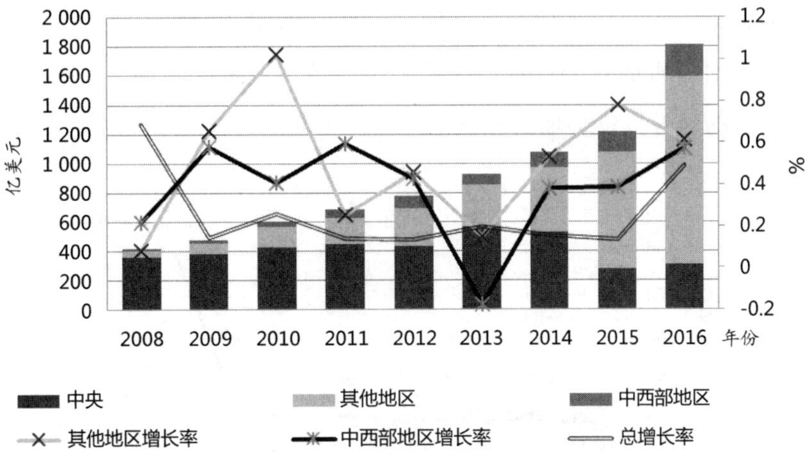

图3-1　地区对外直接投资流量及增长率

注：中部地区包括山西、安徽、江西、河南、湖北、湖南，西部地区包括内蒙古、广西、四川、重庆、贵州、云南、陕西、甘肃、青海、宁夏、新疆和西藏。

资料来源：根据商务部历年对外直接投资统计公报整理。

从对外投资企业数量看，2016年年末，在境内投资者中，中央企业及单位共177家，仅占0.7%，各省市地区的地方企业投资者占99.3%，境内投资者数量前十位的省级行政区依次为：广东、浙江、江苏、上海、北京、山东、辽宁、福建、湖南、黑龙江，共占境内投资者总数的79.7%。从境外非金融类企业的隶属情况看，地方企业占88%，中央企业和单位仅占12%。

根据近些年来地区对外直接投资的变化情况看，东部地区在较长时间内仍然会是中国对外投资的最重要来源，但东部地区的投资额在总投资中的比重会有所降低，中西部地区的比重会逐渐上升。这主要是因为在“一带一路”倡议下，中国中西部地区对外开放程度将会逐渐加大，对外开放程度的不断提升，既有助于外资对中西部地区的投资增加，也有助于中西部地区企业“走出去”进程的加快。

从央企对外投资变化看，央企在未来几年内对外投资额将继续增长，但中央企业的对外投资比重会进一步下降，这主要是由于地方企业近些年来对外投资活动的快速增长，特别是民营企业对外投资活动越来越频繁，挤占了央企在对外投资总额中的比重。

具体到省份来看，中国自贸试验区的建设对各个省份的对外投资影响比较显著，特别是2013年批准的上海自贸区和2014年批准的第二批自贸区（天津、广东、福建自贸区），自贸区的建设明显增加了这些省份的对外投资活动。从图3-2中可以看出，自设立自贸区以来，四个省市地区的对外直接投资流量普遍呈现出大幅上涨的趋势。目前，第三批自贸实验区（辽宁、浙江、河南、湖北、重庆、四川、陕西等七个自贸区）对各省的对外投资影响还暂不显著，但是可以预见，未来几年内，这些自贸区省份的对外投资会取得较快的发展。

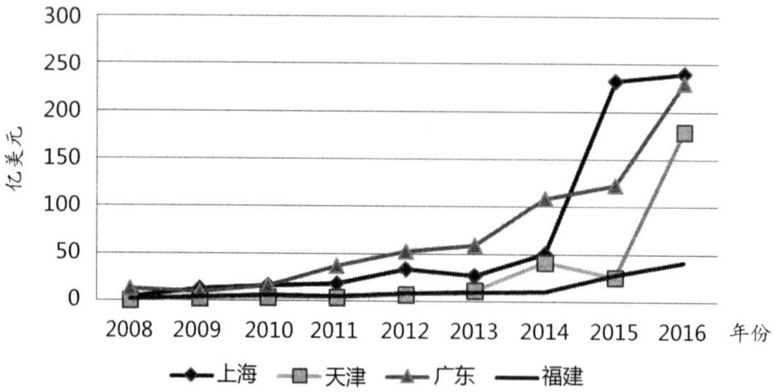

图3-2　前两批自贸试验区所在省市对外直接投资流量

资料来源：商务部、国家统计局《中国对外直接投资统计公报》

四、企业成长预测

最近 20 多年时间里，入选《财富》世界 500 强的中国内地企业数量逐渐增多，2017 年达到了 103 家（如果加上台湾和香港地区达到 115 家）。随着中国企业成长和国有企业改革及中央企业重组的推进，预计在 2020 年中国内地企业入选世界 500 强名单的数量将突破 110 家。

表3-16　1995—2017 年中国企业入选世界500 强数量

单位：个

年份	1995	2000	2005	2010	2011	2012
总入选企业数（含港台地区）	3	10	18	54	69	79
内地入选企业数（不含港台地区）	3	9	15	42	57	69
年份	2013	2014	2015	2016	2017	
总入选企业数（含港台地区）	95	100	106	110	115	
内地入选企业数（不含港台地区）	85	91	94	101	103	

资料来源：根据历年美国《财富》杂志500 榜单整理。

从跨国公司发展情况看，根据中国近些年入选《世界投资报告》的“世界最大的 100 家非金融类跨国公司”榜单的跨国公司个数情况，中国跨国公司的整体实力与欧美发达国家之间仍有不小的差距。入选 2016 年“世界最大 100 家非金融类跨国公司”榜单的中国跨国公司仅有四家，其中来自中国内地的跨国公司有两家：中国海洋石油总公司以 666.73 亿美元海外资产位列第 44 位，跨国化指数为 23.85%；中远集团以 430.76 亿美元海外资产位列第 81 位，跨国化指数为 49.79%。而入选 2014 年和 2015 年“世界最大 100 家非金融类跨国公司”的中国内地企业个数分别为 3 家和 2 家。

按照目前中国跨国公司的发展情况，预计到 2020 年，入选“世界最大 100 家非金融类跨国公司”的中国内地企业有望超过 5 家。根据近些年中国入选《世界投资报告》的“发展中国家和地区最大 100 家非金融类跨国公司”榜单情况，2014—2016 年期间，中国企业入选个数分别为 40 家、41 家、38 家，其中中国内地企业入选个数分别为 12 家、16 家、18 家。这表明，与发展中国家和地区相比，中国内地跨国公司的发展更加迅速，预计到 2020 年，中国内地入选“发展中国家和地区最大 100 家非金融类跨国公司”榜单的企业数将突破 20 家。

第四章 主要经济体对外投资政策比较

随着经济全球化的不断深入，对外投资逐渐成为一些主要经济体开放发展的重要组成部分，产业和企业的比较优势是经济基础，政府和政策的竞争力则是上层建筑。自 2008 年以来，伴随世界政治多极化、经济全球化、文化多样化和社会信息化的发展，尤其是随着国际政治、经济、科技和安全格局的深刻调整，世界主要经济体的对外直接投资政策也在发生巨大的变化，其演变的动向、特点和经验，对于中国对外投资政策体系的完善具有重要的借鉴意义。

第一节　对外投资政策导向比较

对外直接投资作为一项重要的涉外经济活动，必然要服务于总体经济发展战略，或出口市场导向，或海外资源导向，在对外直接投资发展到一定规模和水平的时候，则倾向于提升综合竞争力的导向。

一、对外投资的宗旨和原则

对外投资，是世界主要国家对外经济关系的重要组成部分。在和平时期，它往往以对外援助为起点，以国家资本输出为先导，以企业跨国经营为主要内容和形式，因此在对外投资的宗旨上，体现了政治和经济的双重战略意图。然而，由于政治主张和发展理念的不同，中外对外投资的宗旨和原则也会有根本的差异。

（一）西方发达国家对外投资的宗旨

英国、美国和日本，是人类历史上前三次对外投资浪潮始作俑者和国际产业转移的推动者，也是当代对外投资大国。这些国家开展对外投资的宗旨目标与中国有显著不同。

1. 英国对外投资的宗旨

英国是世界上最早开展海外投资的国家。1767 年，英国议会批准的《东印度公司管理法》，不仅确定了东印度公司在海外从事贸易和投资的垄断权利，而且赋予东印度公司对海外目的地的行政管辖权，表明英国政府企图通过对外投资寻求在东道国资源、商品市场和政治上控制权的根本动机。后来，英国在全球形成的“日不落”殖民统治体系，继续延续着这种做法。第二次世界大战以后，世界各国纷纷实现民族独立，英国政府通过海外投资实现政治控制的目的受到削弱，转而以海外市场、资源开发作为其对外投资的重要目标。2008 年以来，英国海外投资与服务贸易尤其是金融保险服务出口紧密结合，体现了其发挥产业优势的战略目的。

2. 美国对外投资的宗旨

美国早期对外投资的政策目标是以援外开路，获得贸易和对外投资的市场准入和安全；通过国内“反托拉斯法”，促使美国企业在海外进行投资和购并，以控制海外资源和市场。2008 年以来，美国政府对外投资政策的宗旨是服务于“美国领先”这一总体战略目标。一是坚持以市场为导向，支持美国企业进行自主海外扩张、追逐利润行为，对企业对外投资的具体行业、区域布局不进行规划指导；二是通过对外投资制度保障、财政金融支持、税收优惠和信息服务等为企业国际化保驾护航；三是通过双边、区域乃至多边贸易谈判，为本国企业开拓国际市场进行规则制度设计，以实现对外投资和贸易的利益最大化，寻求综合竞争力。

3. 日本对外投资的宗旨

日本在 20 世纪 60 年代中后期至 70 年代初期，确定了其海外投资的宗旨，即谋求国内资源供求的稳定；协调国际物资供求的稳定；出于与发展中国家进行经济合作的目的，增强产业基础，维持经济增长活力。日美广场协议之后，日元大幅升值，日本出口产品竞争力骤降，对外投资在成本低廉的发展中国家建立海外生产基地成为日本改进国际经济关系的重要策略。所以，就日本而言，对外投资历来都是构成其对发展中国家经济合作的一种形态。日本政府认为，虽说存在对日系企业的批评，但是在促进就业、扩大出口、产业多样化、技术转让、推行地区开发等领域，日本企业的活动有利于投资对象国家和地区。[①] 2008 年以来，面对全球性金融危机带来的衰退，日本政府更加注重支持日系企业对外投资，在海外建立起一个比本土经济总量更大的日本。有分析指出，日本企业在海外创造的经济价值是日本国内生产总值的 1.58 倍。

4. 德国对外投资的宗旨

德国积极支持企业拓展海外市场。外贸和对外投资的各类支持政策统称为“对外经济促进”，主要目的是帮助企业开拓或巩固国际市场、规避风险、消除市场准入限制、提高透明度等。促进措施包括法律、法规、政府支持体系、金融支持和信息服务等。

（二）其他发展中国家对外投资的原则

由于资源禀赋差异、国内市场规模不同以及经济发展阶段的特性，经济发展水平较高的新加坡、韩国等其他发展中国家自 20 世纪 70 年代末期开始，纷纷踏上海外投资的征程。2008 年以来，受国际国内因素的影响，这些国家海外投资的宗旨和原则更加清晰。

1. 新加坡对外投资的宗旨

新加坡由于国土面积狭小、市场规模有限、资源短缺等现实条件，新加坡政府非常重视对外投资对本国经济的推动作用。主张本国企业大力开展对外投资，以达到以下目的：为新加坡公司制造新的海外商业投资机会；在新加坡国内制造新的商业活动；在新加坡国内制造附加值更高的工作；向新加坡引进新技术。但是，考虑到近年来贸易和投资保护主义日益强势，因此为了缓解各国对其大肆收购外国企业的批评，新加坡国有投资公司——淡马锡公布了其对外投资三原则：严格控制基于收购对象国“象征性”企业或取得其经营权的投资；寻找可进行协调投资的当地投资家；在向有可能会刺激对象国代表性企业和对象国国民感情的企业进行投资时，只当少数股东。

2. 韩国海外投资的宗旨

20 世纪 70 年代韩国开始了其海外投资的征程。韩国对外投资的宗旨与其国内

---

① 日本通商产业省通商产业政策史编纂委员会：《日本通商产业政策史》第 10 卷（王红军等译），北京：中国青年出版社，1995 年版，第 485 页。

环境和经济发展阶段关系密切。由于韩国国内资源缺乏，市场狭小，因此，缓解国内资源短缺和市场狭小的矛盾，提高韩国企业的国际竞争力，在经济发展的不同时期采取不同的对外投资政策，成为韩国企业对外投资的基本动因，也成为韩国对外投资的宗旨。2008 年以来，韩国为了振兴经济，加快与中国等周边国家政策对接，商签自由贸易和投资协定，保障投资的市场准入，促进产业升级。

（三）中国对外投资合作的原则方针

1980 年，中国政府根据和平共处五项原则和援外八项原则，结合中国开展对外经济合作的实际，确定了对外经济合作的指导方针和基本原则，成为中国开展对外投资合作的基本立场和准则。

1. 对外经济合作的指导方针

中国改革开放初期开展对外经济合作的指导方针是“守约、保质、薄利、重义”，简称“八字方针”。2015 年中国政府发布《推动共建丝绸之路经济带和 21 世纪海上丝绸之路的愿景与行动》中，提出“和平合作、开放包容、互学互鉴、互利共赢”的丝路精神，被视作中国推动包括对外投资在内的国际经济合作的指导方针。

2. 对外投资合作的基本原则

中国开展对外投资合作的基本原则是“平等互利、讲求实效、形式多样、共同发展”。

2006 年 10 月，中国国务院发布《关于鼓励和规范中国企业对外投资合作的意见》，指出要“坚持相互尊重，平等互利，优势互补，合作共赢”。

2013 年 9 月 7 日，国家主席习近平访问哈萨克斯坦期间在纳扎尔巴耶夫大学发表演讲，提出中国愿与相关国家共建“丝绸之路经济带”。同年 10 月 3 日，习主席访问印度尼西亚期间在该国国会发表演讲，提出中国愿与相关国家共建“21 世纪海上丝绸之路”。

为落实习近平主席提出的“一带一路”倡议，2015 年 3 月，国家发展改革委、外交部、商务部代表中国政府发布《推动共建丝绸之路经济带和 21 世纪海上丝绸之路的愿景与行动》，提出“和平合作、开放包容、互学互鉴、互利共赢”的丝绸之路精神，并将“共商、共建、共享”作为“一带一路”建设的原则方针，把政策沟通、设施联通、贸易畅通、资金融通和民心相通，作为“一带一路”建设的核心内容和实施路径。

2017年8月，国务院办公厅转发国家发展改革委、商务部、人民银行、外交部《关于进一步引导和规范境外投资方向的指导意见》中指出，坚持企业主体、坚持深化改革、坚持互利共赢、坚持防范风险，是引导和规范对外投资的原则。

2017年秋，中国共产党第十九次全国代表大会报告指出，推动形成全面开放新格局，要以“一带一路”建设为重点，坚持引进来和走出去并重，遵循共商共建共享原则，加强创新能力开放合作，形成陆海内外联动、东西双向互济的开放格局……创新对外投资方式，促进国际产能合作，形成面向全球的贸易、投融资、生产、服务网络，加快培育国际经济合作和竞争新优势。

综上，共商共建共享，代表了新时代中国对外投资合作的宗旨和目标。

二、对外投资的战略导向比较

在各自对外投资的宗旨和原则指导下，中外政府根据经济发展不同阶段需要，确定了以产业战略和地区战略为核心的对外投资战略导向，引导对外投资为本国的总体经济发展战略服务。根据传统对外直接投资理论和各国的实践，一国对外投资的产业战略导向主要与其对外投资的动机密切相关，通常可以归纳为自然资源导向型投资、市场导向型投资和生产要素导向型三种。而对外投资合作的地区导向，除了市场和产业配套外，还与对外投资母国的地缘政治、外交、军事战略相关。2008年以来，在世界经济进入新常态的背景下，各国对外投资的战略导向中，还增加了技术和品牌导向型的投资，以加快引进国际前沿技术和品牌，促进本国产业的转型升级。

（一）英国政府对外投资战略导向

英国自19世纪后期开始对外投资，迄今已经拥有一个多世纪的对外投资发展历史。在不同的历史发展阶段中，英国对外投资的战略导向都具有其鲜明的特点。

1. 英国对外投资的产业战略导向

20世纪80年代以后，随着经济全球化的逐步发展，跨国公司全球化生产体系逐渐形成，英国国内产业结构由制造业向服务业升级，其海外投资的产业战略导向也随之发生了重大变化，无论制造业还是金融、电信、研发等服务业的对外投资，都从原来的资源导向型和市场导向型战略转向生产要素导向型和市场导向型。英国政府支持企业对外投资的重点是开拓新兴市场，获得更加低廉的劳动力、土地等要素资源，同时占领更广阔的市场空间。

2008 年之前，英国对外投资合作的重点产业是能源、资源、基础设施和能够带动大型成套设备出口的工业项目。2008 年以来，以金融业为代表的现代服务业成为英国对外投资的主导方向，也对实现其国家产业战略发挥了积极的影响。同时，食品、饮料和烟草制品行业，电力、煤气、水和废物处理业，零售和批发贸易、汽车和摩托车修理业，物流运输业及其他服务业，也是英国重要的对外投资领域。

表4-1　英国对外投资的行业分布

单位：亿英镑

行业＼年份	2013	2014	2015	2016
农林渔业	0	1	0	2
采矿业	-9	59	-361	-77
食品、饮料和烟草制品	27	10	-15	31
纺织品与木材	10	2	2	5
石油、化工、医药、橡胶、塑料制品	-121	10	4	-154
金属及机械产品	9	-11	-5	-2
计算机、电子及光学产品	-1	1	3	0
运输设备	-15	11	0	0
其他制造品	40	43	7	-6
电力、煤气、水和废物处理业	-18	-1	2	20
建筑业	1	-14	0	2
零售和批发贸易、汽车和摩托车修理业	-11	-2	-33	22
物流运输业	2	5	13	18
信息通讯	16	-774	-19	-18
金融服务	97	-292	-158	-54
专业技术服务业	118	30	0	8
管理和支持服务	1	6	6	3
其他服务	44	-18	47	20

资料来源：www.ons.gov.uk

2. 英国对外投资的地区战略导向

过去的一百多年以来，随着英国工业化发展和国际政治地位的演变，英国对外投资的地区市场战略导向也发生了巨大变化，归纳起来就是以欧洲为起点，向殖民统治区域扩张，再向欧洲回归。

从18世纪60年代英国工业革命开始到19世纪，英国的工业生产占世界第一位，成为"世界工厂"。而在对外投资的地区战略导向上，英国从周边布局。1830年对外投资的66%投向欧洲，1854年该数字降低为55%。而随着英国工业技术进步和殖民扩张加剧，对外投资向美洲和亚洲推进。到1900年，英国对欧洲的投资仅占其海外投资总额的5%,①在远东地区和北美殖民地投资不断增加。二战后，殖民体系的瓦解，英国对外投资的重点开始转向发达国家。随着欧洲一体化进程的加快，尤其是欧盟政治、经济和军事影响力的提升，英国对外投资地区战略是在保持对美国的投资基础上，倾向于回归欧洲。2001年，英国对外投资的55%流向欧洲，而这其中84%的投资又是在欧盟之内。英国投资有1/4流向美洲，其中绝大部分是投向美国。而亚洲仅占英国对外投资的12%，拉美占5%，澳大利亚和大洋洲占2%，非洲只占1%。②

2008年以来，英国对外投资流量总体收缩的同时，地区结构发生重大调整。受欧元区经济衰退和英国脱欧的影响，在英国的外国直接投资大量抽逃，导致英国对欧洲的投资出现了明显的负增长，只有对亚洲的投资几经波动后有所增加。

表4-2　2007—2016年英国对外直接投资流量地区分布

单位：亿英镑

年份＼区域	欧洲	美洲	亚洲	大洋洲	非洲	全球
2007	911.7	595.1	113.2	18.9	39.7	1 678.7
2008	648.1	203.9	127.4	95.5	3.2	1 078.1
2009	166.4	-38.7	78.4	-34.0	13.9	185.9
2010	244.4	-196.5	114.7	85.3	63.4	311.2
2011	372.1	453.1	-229.9	66.6	-65.2	596.6
2012	-39.6	112.6	12.5	29.0	16.6	131.1

① 克拉潘著:《现代英国经济史》，北京：商务印书馆，1997年8月版

② 英国国家统计署数字

续　表

年份＼区域	欧洲	美洲	亚洲	大洋洲	非洲	全球
2013	-202.4	409.9	-65.0	84.1	32.4	259.0
2014	-1 077.7	84.0	86.7	-25.7	25.2	-907.5
2015	-120.8	-214.2	-97.3	0.9	2.3	-429.1
2016	-257.9	19.7	125.7	9.8	-62.7	-165.3

资料来源：www.ons.gov.uk

3. 英国对外投资的主体战略导向

在英国对外投资发展的历史进程中，英国对外投资的主体战略也曾经发生过一些变化。早期英国对外投资以东印度公司为代表的私人投资为主体的战略导向十分明确，第一次世界大战到 20 世纪 70 年代期间，尽管私人资本在对外投资中一直占据重要地位，但是国家资本输出成为英国对外投资的重要模式，因而此间英国政府成为对外投资的主体。进入 20 世纪 80 年代以后，英国政府以援外开路，跨国公司为代表的私人资本大范围走向国际市场。

2008 年以来，英国跨国公司在《财富》世界 500 强及联合国《世界投资报告》最大 100 家跨国公司排行榜中都占据重要地位。2016 年，进入世界百强跨国公司的英国企业有 15 家，比 2006 年增加了 2 家，同期英国跨国公司占世界百强跨国公司海外资产总额的比重从 2006 年的 13.88% 增长到 16.78%，占世界百强跨国公司海外销售总额的比重从 15.20% 下降到 14.74%，显示出海外销售额增速略低于百强跨国公司的平均增速。

（二）美国政府对外投资的战略导向

回顾美国对外投资发展的历史，可以发现美国对外投资的战略导向特点：其一，与战争关系密切；其二，与占领市场关系密切；其三，与自然资源关系密切；最后，与对外援助关系密切。进入 21 世纪，美国面临新的国际国内环境，对外投资战略方向也随之调整。

1. 美国对外投资的地区战略导向

美国对外投资的地区战略导向经历了从以欧洲为单一核心，向保持欧洲战略地位的同时控制加拿大并辐射亚太地区的转变，形成了以欧洲为重心、美洲其他地区和亚太为两翼的战略布局。

20世纪末期，亚太地区占美国对外投资总额的20%以上，主要集中在日本、中国、中国台湾、中国香港、韩国、新加坡和澳大利亚等国家和地区。进入21世纪，随着“9·11”恐怖袭击事件发生和美国全球战略的调整，美国对外投资更加注重国内战略安全和国际领先地位需要。2008年以后，作为全球经济危机的引爆者和经济危机的旋涡，美国政府重新定位本国的全球战略、产业战略，推进再工业化、贸易倍增计划、再就业计划等。特别是随着美国页岩气开发利用技术取得突破，减少了对中东、非洲和拉美能源的依赖，对外投资的战略导向也发生了重大调整。2008年到2016年，美国不断巩固对欧投资、对亚洲投资，减少了对拉美、中东和非洲的投资。

表4-3　2008—2016年美国对外投资的地区分布

单位：亿美元

区域＼年份	2008	2009	2010	2011	2012	2013	2014	2015	2016
北美洲	122.9	143.4	175.9	486.0	296.1	206.5	271.3	95.3	180.8
欧洲	1 784.2	1 650.6	1 760.0	2 354.1	1 589.6	1 578.9	1 487.9	1 640.4	1 826.4
拉美	632.1	634.2	421.6	708.9	715.7	527.8	561.5	479.8	327.4
非洲	38.4	104.2	74.4	53.4	26.2	15.2	18.0	3.1	-5.5
中东	37.2	40.3	-3.1	7.7	79.4	40.1	71.1	19.3	-1.5
亚太	468.2	306.4	349.0	355.6	474.9	665.9	537.6	387.8	479.3

资料来源：美国经济分析局（www.bea.gov）

2. 美国对外投资的产业战略导向

对外投资产业战略，是美国总体经济发展战略的一个组成部分。美国对外直接投资的行业分布发展趋势是，第一产业的对外投资日益式微，第二产业的投资也逐渐下降，第三产业的投资迅速上升。20世纪80年代到90年代初，美国对外直接投资主要以制造业为主，约占总投资的35%；1993年以后，制造业所占的比重开始下降，2007—2016年期间，制造业比重始终在20%以下。第三产业对外投资中，控股公司（非银行）一直是美国海外投资的龙头行业，2001年对控股公司（非银行）的投资量为451.4亿美元，占总投资的36.1%，而2016年对控股公司（非银行）的投资量为1 418.0亿美元，占总投资的50.5%。

20 世纪 80 年代以来，由于外贸收支逆差不断扩大，美国政府把促进美国经济安全利益、赢得更大国际市场放在其对外经济战略的首位，因而也使得开拓市场成为美国对外投资最重要的导向。为实现这一战略，美国政府从 1985 年开始实施“国家出口战略”，先后颁布实施《国家贸易政策纲要》和《扩大出口法》。实施“国家出口战略”的产业优先次序是环境、信息、能源、交通运输、卫生保健和金融等领域。特别需要指出，两次世界大战使纽约在国际金融市场中的地位显著上升，进而使得美元拥有了国际货币的地位，促进美国对外贸易和投资大量增加，投资范围扩展到世界各地，纽约则汇聚了世界各地的资金，也担负了向国际市场融通美元资金的角色，并以国际货币市场、资本市场等的繁荣积极促进了美国经济。20 世纪 80 年代以后，美国银行业、证券业和保险业在全球的投资和并购愈益活跃，成为金融全球化的推动者，金融业成为美国对外投资新的产业战略导向。

表4-4　2008—2016 年美国对外投资流量的行业分布

单位：亿美元

行业＼年份	2008	2009	2010	2011	2012	2013	2014	2015	2016
采矿业	255.7	127.4	118.8	301.5	256.5	84.8	137.6	-0.6	13.7
制造业	358.7	438.3	333.2	585.2	556.9	588.7	511.4	413.8	504.7
批发贸易	317.2	161.4	154.9	221.3	232.2	183.8	90.1	95.9	189.9
信息产业	79.5	119.7	87.8	94.6	88.7	166.1	197.5	148.8	193.8
金融保险	628.9	404.0	170.8	192.2	241.0	48.9	0.2	79.0	26.4
科学技术服务	94.4	85.0	27.7	93.3	105.8	119.8	122.0	56.1	105.4
控股公司（非银行）	1 186.2	1 301.6	1 697.4	2 112.7	1 423.5	1 645.5	1 671.8	1 601.7	1 418.0
其他行业	162.4	241.6	187.2	365.0	277.4	196.8	217.1	231.0	354.9
所有行业合计	3 083.0	2 879.0	2 777.8	3 965.7	3 182.0	3 034.3	2 947.5	2 625.7	2 806.8

资料来源：美国经济分析局（www.bea.gov）

3. 美国对外投资的主体战略导向

美国对外投资的主体有两类，一是美国政府，二是私人企业，二者在历史上都曾扮演重要的角色，成为美国对外投资主体战略的核心。只是在不同的历史时期、不同地区市场，这两类主体的战略导向有所不同。两次世界大战期间以及战后恢复重建阶段，美国政府成为其对外投资的主体，促使美国私人资本很快占领欧洲市场。20 世纪 50 年代，为了扩大对拉美和亚洲地区市场的控制力，美国政府依然扮演了对外投资主体的角色，为私人资本开路，获取了更多的资源和市场。此后，政府投资在对外投资总额的比重不断下降。1960 年政府投资占对外投资总额的 25.5%，1970 年占 21.6%，1980 年占 10.5%，1986 年占 8.4%。与此同时，私人对外投资却呈不断上升趋势，其中私人对外直接投资表现得最为明显。进入 21 世纪以来，美国跨国公司成为世界经济和贸易的主宰。2016 年，美国跨国公司在《财富》世界 500 强和《世界投资报告》最大 100 家跨国公司排名中，分别占有 134 个和 22 个席位，尽管进入世界 500 强的企业数比 2006 年减少了 37 个，但美国依然是拥有世界百强跨国公司和世界 500 强企业最多的国家。在 2016 年世界百强跨国公司中，美国 22 家跨国公司占据世界百强跨国公司海外资产总额的 20.86%、海外销售收入的 23.76%，分别比 2006 年的 29.98% 和 29.53% 有显著下降。

（三）日本对外投资的战略导向

日本对外投资的战略导向与日本自然环境、资源自给率以及经济发展战略密切相关。

1. 日本对外投资的产业战略导向

在产业战略导向上，日本对外投资承载着三重重任：一是保障经济高速增长中重化工业对原料和矿产资源的供应；二是突破日本劳动力资源供应困难和工资成本上涨压力，在海外设置生产基地的必要性；三是突破贸易壁垒，在国外设厂就地生产就地销售。所以，日本对外投资的产业战略导向包括资源导向型、生产要素导向型和市场导向型三种。1985 年 9 月的“广场协议”导致日元兑美元持续大幅升值，日本企业开始大举进军美国，除大量购买美国国债进行证券投资外，日本对美国的直接投资规模也迅速增加，重点投资发展信息、生物、环境和纳米技术的前沿领域。

进入 21 世纪，日本的经济结构发生了巨大变化，进而导致日本对外投资的产业战略也随之发生变化，尽管对制造业的投资依然占据重要位置，但服务业成为新的对外投资产业战略。2008 年以来，日本对外投资的产业布局中，矿业投资呈下降趋势，制造业对外投资稳中有升，运输业保持稳定，通信、批发零售等服务业快速增长，但金融、保险业呈下行趋势。

表4-5 2008—2016 年日本对外直接投资流量行业分布

单位：亿美元

行业 \ 年份	2008	2009	2010	2011	2012	2013	2014	2015	2016
农林牧渔	1.8	0.5	1.9	2.4	1.4	1.3	16.7	3.0	0.9
矿业	105.2	64.8	90.6	164.8	209.3	130.9	54.1	56.6	57.8
制造业	452.7	329.3	178.0	579.5	492.5	424.7	655.1	509.0	515.3
建筑业	3.9	5.0	3.0	4.4	8.7	5.9	4.1	3.5	14.3
运输业	22.8	28.9	22.9	16.1	8.7	15.3	15.8	79.9	23.5
通信业	16.7	38.7	99.0	-18.0	72.1	234.2	77.5	106.1	138.0
批发零售	133.2	84.2	19.5	124.1	183.7	129.2	186.2	126.6	175.7
金融保险	522.4	154.6	114.0	191.1	142.1	267.0	192.3	344.5	78.5
上述总计	1 258.7	706	528.9	1 064.4	1 118.5	1 208.5	1 201.8	1 229.2	1 004

资料来源：日本贸易振兴机构官网，https://www.jetro.go.jp//world/japan/stats/fdi.html

2. 日本对外投资的地区战略导向

经历 20 世纪 80 年代大规模收购美国和欧洲资产之后，日本对外直接投资的市场战略也发生了一些变化，增加了对拉美和东南亚的投资。进入 21 世纪，日本对外投资在巩固原有的地区市场之余，对南亚的印度和重要的非洲国家投资开始增加。2008 年金融危机爆发以来，日本对外投资的区域市场布局正在经历微妙变化。对北美投资由多变少再回升，呈现一个 U 字形；对拉美的投资比危机前减少，回升乏力；对大洋洲投资没有增加，对欧洲投资显著增长，对亚洲投资稳中有升。

表4-6 2008—2017 年日本对外直接投资流量地区分布

单位：亿美元

年份 \ 区域	北美	中南美	大洋洲	欧洲	亚洲
2008	460.5	296.2	60.6	230.7	233.5
2009	108.9	173.9	76.3	178.3	206.4
2010	90.2	53.5	64.1	150.4	221.3
2011	151.7	112.9	87.7	398.4	394.9
2012	357.7	104.5	110.7	310.2	334.8
2013	465.0	102.0	61.0	322.3	404.7
2014	513.5	62.7	60.3	284.5	434.1

续　表

区域 年份	北美	中南美	大洋洲	欧洲	亚洲
2015	514.5	69.7	66.7	360.8	350.6
2016	533.3	279.7	63.4	721.6	137.5
2017	528.8	109.5	31.9	595.4	382.7

资料来源：日本贸易振兴机构官网，https://www.jetro.go.jp//world/japan/stats/fdi.html

（四）韩国对外投资的战略导向

韩国作为发展中国家，是国际直接投资的后来者。韩国对外投资的战略导向简明、清晰，特点突出，紧紧围绕国民经济发展和国内产业结构升级的需要，选择行业、地区和主体战略导向。

1. 韩国对外投资的产业战略导向

韩国开展对外投资的战略选择带有明显的发展中国家特征，在其经济发展的不同时期选择不同的产业战略导向。

20 世纪 70 年代，韩国总体经济发展实力较弱，但国内建筑力量雄厚，劳动力丰富，于是韩国政府选择了以对外工程承包和劳务输出为突破口的产业战略导向，引导韩国企业参与中东等地工程承包业务，并成建制带动劳务输出，为韩国创造了巨额外汇收入，保证了国际收支平衡。

资源导向型战略时期。在 20 世纪 80 年代中期以前，由于韩国制造业快速发展，国内自然资源贫乏，此间对外投资则以资源产业型为主。1968—1986 年间，韩国对外直接投资 12.36 亿美元，其中以矿业、林业为核心的资源开发投资占 55.4%，制造业仅占 25%。

市场导向型和生产要素导向型战略并举时期。20 世纪 80 年代中后期开始，韩国经济对国际市场依赖程度不断提高，国内劳动力成本、土地成本和其他资源成本上涨，于是韩国产业结构进行重大调整，对外转移制造业产能和开拓国际市场，成为对外投资的主要产业导向。进入 90 年代以后，韩国海外投资总额中，制造业所占比重保持在 50% 以上，批发零售业投资占 20% 以上；而林业、矿业和其他行业的比重下降。

内外联动型战略导向时期。进入 21 世纪，韩国对外投资的产业导向更加倾向于综合竞争力提升。韩国依靠其在海外的组装基地、零部件生产基地，与国内的研发、服务相结合，形成了内外联动的产业战略体系。

表4-7　2008—2017 年韩国对外投资流量的行业分布

单位：亿美元

行业＼年份	2008	2009	2010	2011	2012	2013	2014	2015	2016	2017
制造业	68.8	51.8	76.3	101.7	88.0	94.8	75.2	79.3	81.2	78.4
采矿业	41.6	55.1	75.8	85.3	79.1	73.8	60.5	35.1	27.9	16.0
批发零售	41.2	25.5	15.1	19.4	19.4	21.8	16.8	22.3	58.0	95.6
金融保险	21.6	13.6	28.9	28.7	37.8	30.8	37.7	65.3	86.1	127.0
专业技术	19.4	13.8	13.6	20.0	21.9	11.0	11.4	7.6	13.5	14.7
房地产租赁	17.5	26.0	22.9	10.6	15.8	50.1	41.0	47.9	66.2	37.6
建筑业	9.0	4.5	3.6	3.9	6.2	6.4	11.4	17.6	14.7	8.1
信息与通信	7.1	2.0	4.6	4.8	6.3	4.6	9.1	7.0	13.4	23.1
交通运输业	5.5	6.1	5.1	7.6	4.3	5.1	6.6	2.6	11.5	13.6
住宿餐饮	3.1	1.3	1.6	2.8	2.0	2.5	3.0	7.2	6.2	3.5
文体娱乐业	2.7	1.0	1.6	0.6	0.6	0.3	0.7	0.7	0.3	1.2
商业服务	1.9	0.9	0.5	0.5	0.5	0.4	0.6	0.4	0.3	0.6
农林渔业	1.1	1.0	1.3	1.8	1.5	0.9	1.2	1.3	1.0	1.1
电气水供应	0.9	5.4	3.4	6.5	9.2	4.2	8.9	6.9	9.8	10.3
其他行业	1.0	0.5	0.5	0.6	0.6	1.0	0.7	1.6	0.9	6.1

资料来源：韩国输出入银行直接投资数据库（www.koreaexim.go.kr）

2. 韩国对外投资的地区战略导向

韩国对外投资合作的地区战略也带有明显的阶段性特征。在资源导向型战略阶段，以向资源产地国投资为主；在工程承包带动阶段则集中在中东和北非市场；在市场和要素导向型战略时期，则向东南亚、美国乃至欧洲挺进。总体而言，韩国对外投资的地区战略导向是先周边、后跨洲，先发展中国家、后发达国家。

20 世纪 80 年代，韩国对外投资的区域以东盟为主；90 年代初期对中国和独联体等国的投资占半数以上。进入 21 世纪，随着韩国企业尤其是三星、现代等大型企业的崛起，韩国对外投资的地区导向开始迈向全球化战略阶段。2008 年以来，尽管受全球性金融危机的影响，但韩国通过积极商签自由贸易协定，大力支持韩国企业对外投资，形成以韩国为中心的全球研发、制造和销售网络，支撑了韩国国内经济的发展。统计显示，过去十年韩国对亚洲投资企稳向好，对北美、南美和欧洲投资显著增加，对其他地区投资规模较小。

表4-8　2008—2017 年韩国对外投资流量地区分布

单位：亿美元

区域 年份	亚洲	中东	北美	中南美	欧洲	非洲	大洋洲
2008	120.5	2.7	52.8	21.0	34.4	3.2	7.8
2009	71.6	3.9	60.3	9.9	53.6	3.9	5.5
2010	102.5	3.6	46.9	22.5	62.5	2.9	13.9
2011	111.3	5.1	87.9	26.7	44.5	3.7	15.5
2012	116.7	3.7	67.1	35.1	42.4	3.7	24.5
2013	113.7	4.0	65.0	35.3	54.7	2.3	33.0
2014	91.7	11.8	70.9	44.0	42.8	3.2	20.5
2015	107.0	15.6	76.1	55.4	34.8	1.5	12.5
2016	110.2	10.9	148.0	60.5	44.0	1.6	15.8
2017	122.8	6.5	157.7	70.0	68.5	2.4	9.1

资料来源：韩国输出入银行直接投资数据库（www.koreaexim.go.kr）

（五）新加坡对外投资的战略导向

新加坡政府非常重视对外投资所带来的经济、政治、文化等各方面利益，推动本国经济的发展。为了确保新加坡在 21 世纪的制造业、与制造业密切相关的服务业以及与贸易相关的服务业等优势产业的地位，新加坡政府制定了“产业 21 计划”目标，将新加坡建设成为一个富有活力与稳定的知识性产业枢纽。

1. 海外投资战略是国家总体战略的载体

新加坡“产业 21 计划”概括起来主要有三大战略。这就是“高科技战略”“中国战略”和“扩大腹地战略”。其中的“中国战略”和“扩大腹地战略”就是新加坡扩大对外投资、增强自身经济发展后劲的战略方针政策。目的在于提升产业结构，积极寻求海外市场，拓展对外经贸活动的空间。

所谓“中国战略”是指由于文化和历史的原因，中新两国有着特殊的关系，两国的经贸往来源远流长。中新建交以后，两国之间的各方面关系都得到了迅速的发展，相互成为主要的经贸伙伴。近年来，世界经济不景气，新加坡经济也进入低速增长阶段。但是，中国经济持续健康快速发展，整体经济规模不断扩大，综合国力不断加强，为中新经贸合作提供了广阔的合作空间和机会，新加坡政府制定了“搭上中国经济发展的顺风车”战略。为推动同中国的经贸合作，新加坡政府首脑亲自出面沟通、促进，企业界则跟随寻求商机。名扬中外的苏州工业园就是新加坡“中国战略”实施的重大成果。新加坡贸工部还计划在五年内分期分批地派遣政府官员和政联公司负责人前往中国清华大学等著名学府学习中国经济体系。随着“中国战略”的不断推进，中新两国的经贸关系将进一步密切，新加坡对中国的投资会不断增加。

所谓“扩大腹地战略”，就是新加坡政府和业界认识到，在经济全球化的大环境下，像新加坡这样的岛国，在没有腹地、缺乏自然资源、自身市场有限的情况下，将自身融入世界经济，特别是地区经济是新加坡经济发展的必由之路。为此，政府实施了“扩大腹地战略”，把七小时飞行范围内的国家和地区，视为通商及经济发展腹地。这个腹地包括东盟、中国、印度、澳大利亚、新西兰以及日本和韩国等广大亚太地区。为了实施“腹地战略”，新加坡政府积极推动与这些国家建立更加紧密的贸易关系，签署自由贸易协定，以期为新加坡企业创造有保障的市场机会，为新加坡 21 世纪经济发展扩大腹地。

2. 新加坡海外投资的主体战略

新加坡海外投资的主体战略导向十分清晰，就是打造以大型国有企业为“航空母舰”的远洋（海外投资）编队。新加坡政府有两只国家主权财富基金——新加坡政府投资公司（GIC）和淡马锡。起初这两家公司的市场分工是：淡马锡对内，成立于 1981 年的 GIC 对外。然而，进入 21 世纪后，新加坡经济已经完成了内向发展的历史使命，开始了扩张海外经济腹地的战略，于是，无论“主内”的淡马锡还是原本就“主外”的 GIC，都成为新加坡政府大型国有企业海外扩张战略的核心。到 2008 年 9 月，一向低调的 GIC 在全球设立的八个经营机构及其经营的基金总额超过 1 000 亿美元，而淡马锡则完成了从国内企业向国际企业的转变。

（六）中国对外投资合作的战略导向

适应构建人类命运共同体、推动形成全面开放新格局的要求，中国对外投资的战略导向是以“一带一路”建设为重点，创新对外投资方式，促进国际产能合作，形成面向全球的贸易、投融资、生产、服务网络，加快培育国际经济合作和竞争新优势。

1. 中国对外投资合作的产业战略导向

1982 年，中国政府提出要积极开展对外经济技术合作，充分利用“两个市场、两种资源”。这是中国政府首次就对外经济合作的产业导向进行明确，而且延续至今，成为中国对外投资合作最基本的产业战略导向。近年来，随着中国产业结构调整和参与全球化分工能力水平的提高，中国对外投资的产业格局也随之发生变化。

从流量上看，商务部和国家统计局发布的数据显示，2008—2016 年期间中国对外直接投资涉及行业广泛，但主要集中在投资流量曾分别达到 100 亿美元的七大行业，分别是采矿业、制造业、房地产业、租赁和商务服务业、金融业、信息传输 / 计算机服务和软件业、批发和零售业。其中：信息传输 / 计算机服务和软件业的增速最快，年均增长率达 67.7%；其次是房地产业，年均增长 60.9%；制造业年均增长 41.9%，位居第三位。采矿业是中国对外直接投资唯一负增长的行业，年均增长率为 –12.9%，但事实上，在 2008—2013 年间，采矿业总体上呈现快速增长趋势，2013 年中国在采矿业对外直接投资流量高达 248.1 亿美元，但 2014—2016 年间，采矿业对外直接投资流量持续明显下降，2016 年采矿业对外直接投资流量仅为 19.3 亿美元（图 4–1）。

从存量看，商务部和国家统计局发布数据显示截至 2016 年年末，中国对外直接投资虽然覆盖了国民经济所有行业类别，但也是主要集中于上述七大行业。上述七大行业合计占中国对外直接投资存量的 87.8%。其中，千亿美元以上的行业五个，分别为：租赁和商务服务业、金融业、批发和零售业、采矿业、制造业，合计约占中国对外直接投资存量的八成（79.6%）（图 4–2）。

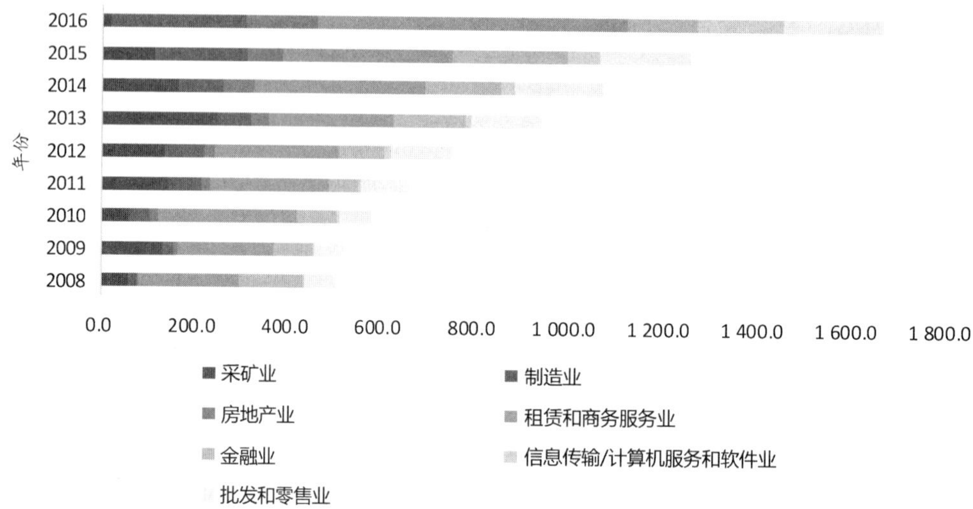

图4-1 2008—2016 年中国对外直接投资流量行业分布（单位：亿美元）
资料来源：《中国对外直接投资统计公报》（2008—2016）

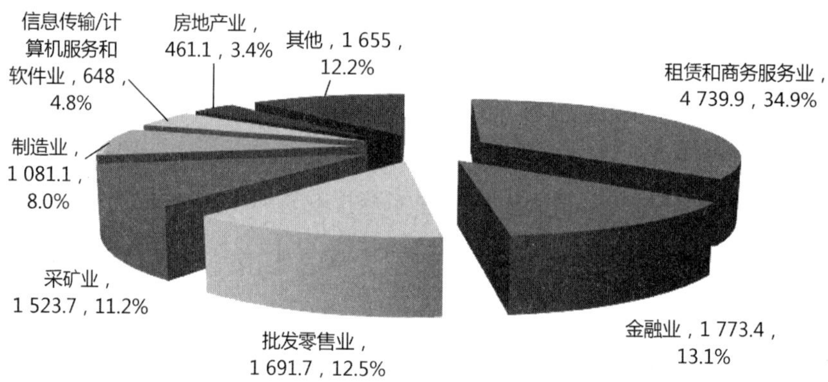

图4-2 截至2016 年年末中国对外直接投资存量的行业分布（单位：亿美元）
资料来源：《2016 年度中国对外直接投资统计公报》

2017 年 8 月，国务院办公厅转发国家发展改革委、商务部、人民银行、外交部《关于进一步引导和规范境外投资方向指导意见》，成为引导中国企业对外投资的新的产业导向。《指导意见》指出，支持境内有能力、有条件的企业积极稳妥开展境外投资活动，推进“一带一路”建设，深化国际产能合作，带动国内优势产能、优质装备、适用技术输出，提升中国技术研发和生产制造能力，弥补中国能源资源短缺，推动中国相关产业提质升级。

鼓励开展以下行业境外投资：

（1）重点推进有利于“一带一路”建设和周边基础设施互联互通的基础设施境外投资。

（2）稳步开展带动优势产能、优质装备和技术标准输出的境外投资。

（3）加强与境外高新技术和先进制造业企业的投资合作，鼓励在境外设立研发中心。

（4）在审慎评估经济效益的基础上稳妥参与境外油气、矿产等能源资源勘探和开发。

（5）着力扩大农业对外合作，开展农林牧副渔等领域互利共赢的投资合作。

（6）有序推进商贸、文化、物流等服务领域境外投资，支持符合条件的金融机构在境外建立分支机构和服务网络，依法合规开展业务。

限制境内企业开展与国家和平发展外交方针、互利共赢开放战略以及宏观调控政策不符的境外投资，包括：

（1）赴未与中国建交、发生战乱或者中国缔结的双多边条约或协议规定需要限制的敏感国家和地区开展境外投资。

（2）房地产、酒店、影城、娱乐业、体育俱乐部等境外投资。

（3）在境外设立无具体实业项目的股权投资基金或投资平台。

（4）使用不符合投资目的国技术标准要求的落后生产设备开展境外投资。

（5）不符合投资目的国环保、能耗、安全标准的境外投资。

其中，前三类须经境外投资主管部门核准。

禁止境内企业参与危害或可能危害国家利益和国家安全等的境外投资，包括：

（1）涉及未经国家批准的军事工业核心技术和产品输出的境外投资。

（2）运用中国禁止出口的技术、工艺、产品的境外投资。

（3）赌博业、色情业等境外投资。

（4）中国缔结或参加的国际条约规定禁止的境外投资。

（5）其他危害或可能危害国家利益和国家安全的境外投资。

党的十九大报告指出，“要创新对外投资方式，促进国际产能合作，形成面向全球的贸易、投融资、生产、服务网络，加快培育国际经济合作和竞争新优势”。用中央文件明确了新时期中国对外投资的产业战略导向。

2. 中国对外投资合作的地区导向

2006 年，中国政府制定的“走出去”战略“十一五”专项规划中，首次就对外投资合作的地区市场导向进行了明确，即“大国是关键，周边是首要，发展中国家是基础”，这与中国外交工作的地区政策导向相一致。

2008 年以来，随着国际形势和国内条件的变化，中国政府提出中非合作“三网一化”、中拉合作“三乘三模式”、与发达国家开展第三方市场合作的 1+1+1>3 模式等。2013 年习主席提出“一带一路”倡议后，明确了对外投资合作的覆盖亚洲和欧洲两大经济圈的趋势市场战略导向。

据商务部统计，亚洲一直是中国对外直接投资的最主要目的地，自 2008 年以来中国对亚洲的投资占全球比重有下降的趋势，但一直占比在 60% 以上。2016 年，中国对亚洲的直接投资流量达到 1 302.7 亿美元，占当年中国对外直接投资流量的 66.4%，相比 2008 年的 77.9%，下降了 11.5 个百分点。2008—2016 年期间，北美洲和欧洲是中国对外直接投资增长最快的两大区域，年均增幅分别为 65.4% 和 36.7%，远高于这期间中国对全球直接投资 17.0% 的年均增幅和对亚洲直接投资 14.7% 的年均增幅。金融危机后，中国对非洲的直接投资流量呈显著下降趋势，投资流量年均降幅为 9.8%，占中国对外直接投资的比重从 2008 年的 9.8% 下降到 2016 年的 1.2%。2008—2016 年，中国对大洋洲的直接投资流量年均增幅为 13.1%，低于中国对外直接投资平均增幅，占中国对外直接投资的比重大体在 3% 上下（图 4–3）。

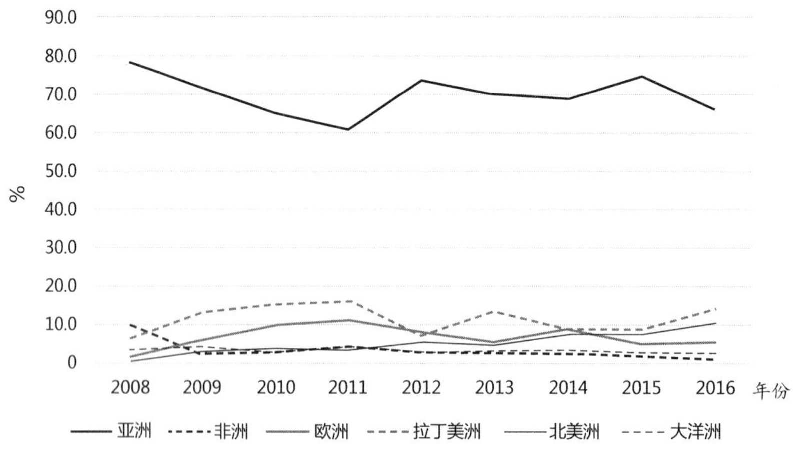

图4-3　2008—2016 年中国对外直接投资流量区域分布

资料来源：《2016 年度中国对外直接投资统计公报》

3. 中国对外投资合作的主体战略导向

中国对外投资合作的发展历史较短，市场主体实力较弱，因此在整个20世纪，中国政府都没有明确对外投资合作的市场主体战略，仅仅根据当时国际国内各种条件，先后批准国有专业外贸公司、对外经济技术合作公司以及工业制造业企业进入对外投资合作业务领域。进入21世纪，随着经济全球化的深化发展及中国参与全球化分工能力的提高，中国政府提出了培育中国跨国公司的对外投资合作主体战略导向。

2002年，党的十六大报告中指出，要适应经济全球化和加入世贸组织的新形势，在更大范围、更广领域和更高层次上参与国际经济技术合作和竞争，充分利用国际国内两个市场，优化资源配置，以开放促改革促发展。鼓励有比较优势的各种所有制企业对外投资，形成一批有实力的跨国企业。

2007年党的十七大报告中进一步提出，要拓展对外开放广度和深度，提高开放型经济水平。坚持对外开放的基本国策，把“引进来”和“走出去”更好结合起来，扩大开放领域，优化开放结构，提高开放质量，完善内外联动、互利共赢、安全高效的开放型经济体系，形成经济全球化条件下参与国际经济合作和竞争新优势。要创新对外投资和合作方式，支持企业在研发、生产、销售等方面开展国际化经营，加快培育中国的跨国公司和国际知名品牌。这是中国政府首次把培育中国的跨国公司和国际知名品牌作为对外投资合作的主体战略导向。

2008年以来，中国对外投资进入快速发展阶段，中资企业国际化经营水平也得到不断提高。2016年，入选世界百强跨国公司的中国企业有4家，占百强跨国公司海外资产总额的3.52%，海外销售总收入的4.05%，比2006年的1.35%和0.70%有明显增加。

第二节　对外投资监管方式比较

处于不同经济发展阶段、不同经济发展模式的世界各国，对海外投资合作所采取的监管方式截然不同。为了确保海外投资对本国经济发展和国际收支平衡有利，一些投资国政府对海外投资采取促进和保护性政策的同时，还根据本国经济发展的需要，对本国资本输出采取了各种管制措施，包括实行海外投资审批制度、外汇管理制度、要求企业公开披露相关信息（防止海外企业偷逃税收）、对部分企业制订经营目标、技术转让管制以及其他方面的限制性政策。

一、对外投资监管体制比较

各国对外投资合作的监管体制差异，主要体现为监管机构设置和各监管机构的职能差异上。投资国通过法律规定一个或几个相关的政府部门和机构，作为海外投资的主管部门，依照一定的程序和标准，对本国企业拟定的海外投资项目进行审查和批准。

（一）英国对外投资的管理机构及职责

英国对外投资的主管部门是英国国际贸易部。国际贸易部根据不同企业的需求，为企业提供境外市场信息、咨询建议、境外访问期间的支持等服务，帮助企业开展全球化经营。

此外，英国对外经济事务的管理因地理区域的不同而各异，全国共划分为包括苏格兰、威尔士和北爱尔兰三个特别行政区在内的 14 个区。苏格兰、威尔士和北爱尔兰三个特定区的对外经济事务分别由英国政府的苏格兰事务部下设的苏格兰教育与工业局、威尔士事务部下设的威尔士工业与培训局和经济发展局及北爱尔兰事务部下设的北爱尔兰经济发展局来管理，在其他 11 个区，对外经济事务由政府员工部派驻的经商事务办公室来管理。

（二）德国对外投资的监管机构及职责

德国联邦经济和能源部（BMWI）是“对外经济促进”（含对外投资）的主管部门。主要负责制定对外经贸政策和政府间经贸磋商机制。包括政府间混委会 / 联委会、经济论坛等双边合作机制，双边投资促进与保护协定，自由贸易协定等。其中，双边投资与保护协定是促进德国企业“走出去”最直接和有效的法律保障。为鼓励中小企业出口，德国政府还制定了具体的扶持政策，如综合性的中小企业市场开拓计划以及针对能源、环境技术、健康经济、民用安全技术和服务等未来重要行业的特定计划。此外，德国企业在“走出去”过程中如遇到问题，可随时向联邦经济和能源部表达诉求，在企业没有足够的法律手段、无损其他德国企业利益以及商业伙伴非私企的情况下，德政府可以出面进行干预。

（三）日本对外投资的监管机构及职责

日本政府历来重视企业境外投资管理和支持工作，多年来其监管机构及其职责清晰稳定。

1. 财务省负责境外投资项目的审批和备案

日本《外汇及对外贸易法》规定，日本企业境外投资项目分为事前审批、事前登记、事后报告和无须报告四类。

（1）事前审批：当投资行为产生可能妨碍日本履行国际条约或危害国际和平，难以维持国际收支平衡，日元外汇市场剧烈震荡，对日本金融市场产生恶劣影响等后果时，投资者须通过日本银行向财务省提出申请，获批后方可投资。

（2）事前登记：当投资者境外投资从事渔业（水产动植物捕捞等作业）、皮革及皮革制品制造业、武器制造业、武器制造相关设备制造业、麻醉剂等制造业时，须在投资前 2 个月通过日本银行向财务省登记。

（3）事后报告：除上述（1）和（2）两种情况外，投资金额超过 1 亿日元，投资者须在投资后 20 天内，通过日本银行向财务省报告。

（4）无须报告：除上述（1）和（2）两种情况外，投资金额在 1 亿日元以下，投资者无须事后报告。

2. 经济产业省负责对外投资项目调查

日本经济产业省是负责企业境外投资的主管部门，每年对日本境外投资项目开展系统性调查，并适时派遣调查团，听取当地日资企业意见，与各国政府部门交换意见，调查当地投资环境。此外，日本政府制定了“海外投资调查补助制度”，即日本境外投资企业可通过“日本海外产业人才育成协会”(HIDA) 对境外管理人员和技术人员提供培训，政府给予补贴；组织企业赴海外调查时，企业可享受海外投资调查补贴，最高比例可达 66.6%。

3. 外务省牵头对外磋商投资保护协定

日本外务省牵头与外国政府磋商投资保护协定，达成双边或多边条约，更好地保护日本企业境外投资权益，促进双边或多边投资。投资协定主要原则是外资企业应享受不低于第三国和当地企业待遇，即最惠国待遇和国民待遇，须公正对待外资财产，保障资金进出自由，明确投资者与东道国纠纷解决途径等。

（四）韩国对外投资的监管机构及职能

根据《外汇交易法》规定，韩国对外直接投资申报制度的主管部门是企划财政部，但仅限于宏观政策的制订和重大事项的决定；对外投资数据的具体统计工作由企划财政部委托韩国进出口银行负责；对外投资的扶持和促进政策（金融保险政策除外）由产业通商资源部负责，其具体执行由产业通商资源部下属的大韩贸易投资振兴公社负责；对外投资的金融和保险政策则由韩国进出口银行（政策性银行）、韩国贸易保险公社（政策性保险公司）等相关单位负责。

（五）新加坡对外投资的监管机构及职能

新加坡经济发展局是对外投资的政府主管部门，主要负责为新加坡企业海外投资提供创造机会，依法对海外投资企业提供财政补贴和税收优惠。新加坡对外投资的整体环境十分宽松，绝大多数的海外投资项目不需要经过本国政府的审批。需要政府批准的海外投资主要包括两种情况：一是投资的行业本身按照法律规定就应该受到管制，如银行在海外建立分支机构就必须要得到金融管理局的批准；二是为了获得政府的财政或非财政的支持，就需要向有关部门进行申报审批。除此之外，新加坡企业对外投资活动是自由的。针对企业的境外投资活动，新加坡政府没有设立审批机构，没有规定对外投资的鼓励或限制的项目种类，也没有划定政府审批项目的范围。企业对外投资的金额、对外投资项目的方式等，都由企业根据本国法律和东道国的法律、法规决定。

（六）中国对外投资合作的监管机构及职能

1983 年以前，对外投资一直由国务院直接管理审批。1983 年，国务院授权原对外经济贸易部为对外直接投资的归口管理机构，承担了全部对外投资合作的监督管理责任。此后，根据国内外形势的变化及政治经济体制改革的要求，尤其是随着实施“走出去”战略和中国加入 WTO，中国对外投资合作的管理机构和职能历经了多次变化，形成了现行的多层次多部门管理体制。

根据国务院分工和国务院《关于投资体制改革的决定》，中国对外投资合作管理体系中，国家发展改革委、商务部、国家外汇管理总局、财政部、国资委、外交部、公安部以及地方政府按照各自职能和权限联合管理对外直接投资。国家发展改革委负责境外投资立项备案核准，商务部负责境外投资企业设立备案核准及监管，国家外汇管理局对企业对外投资合作使用外汇进行管理，财政部进行财政资金和税收优惠政策制定和管理，外交部负责对外投资合作的领事保护，公安部负责对外投资合作的人员出入境管理。内地企业赴港澳地区投资的管理权限划分，主要由商务部和省级人民政府商务部门负责。

二、对外投资监管的内容比较

各主要对外投资国家政府主管部门 / 机构对本国海外投资合作的监管内容不尽相同，但总体上包括外汇管理、境外资产管理和税收管理。部分国家由于国有企业在对外投资合作中占有一定地位，因此对国有资产的管理，也成为这些国家对外投资合作监管的重要内容。

（一）外汇管理

对外投资的外汇管理，通常是对外投资合作监管的首要内容。采用外汇管理手段的前提，并不是政府不鼓励海外投资，而是因为长期的或临时性国际收支困难。因此政府对海外投资合作采取外汇管理的目的，在于正确引导本国外汇流出、海外外汇收入流入本国，以增加本国外汇储备，保证国际收支平衡。因而，在各国外汇资金短缺时期，外汇管理就是对外投资合作监管的核心。对于新兴的海外投资国来说，外汇管理更是比较常用的政策手段，包括对使用外汇到海外投资的管理和对外汇收入汇回的管理。

1. 法国政府对外投资合作的外汇管理

外汇管制是法国政府为改善国际收支状况而对本国境内的外汇买卖、国际结算、资本流动以及外汇汇率实行的一种限制性措施，是法国政府对外投资合作宏观经济管理政策的重要内容。法国拥有长期对外投资的历史，政府对海外投资的外汇管理也随着国家外汇富裕程度不同经历了管制和放松交替变化的过程。第二次世界大战结束后直至 1986 年，法国政府交替实行外汇管制、取消管制或放松管制的措施。第二次世界大战后初期实行外汇管制，60 年代初开始放松外汇管制，1967 年 1 月完全取消外汇管制，1968 年的“5 月风暴”使法国经济遭受沉重打击，政府被迫地又重新实行外汇管制，其间虽有反复，但外汇管制延续到 1980 年 6 月底。20 世纪 80 年代上半期，法国又经历了外汇管理的放松—收紧—再放松的过程，直到 1986 年 3 月政府才逐步放宽并最终取消了外汇管制。

法国政府对外汇进行管制的内容主要有两个方面：一是通过行政手段对外汇业务进行直接管制；二是运用经济手段对外汇业务进行调控，即政府通过法兰西银行设立外汇平准基金，干预外汇市场。法国政府1968年11月24日颁布的外汇管制条例除了对贸易外汇、非贸易外汇、黄金输出入进行管制和对外汇进行管理外，在资本项下的外汇管制措施主要有：限制资本外流，规定法国公民到国外进行直接投资以及清理投资的总额超过100万法郎，须事先向经济和财政部申报并获得批准，其中用外汇支付的部分不得超过75%；在外国建立企业的法国公民具有的侨民资格期限为2年，超过此年限转移资产须经法兰西银行批准；法国公民在外国购买别墅也须经过批准。

2. 日本政府对外投资合作的外汇管理

日本政府对外投资的外汇管理经历了几个阶段。

禁止外汇交易到适度放宽海外投资：为了维持国际收支平衡，日本在第二次世界大战后初期时将外汇交易置于原则禁止之下，随着外汇储备的充实，逐步采取了解禁和减少限制措施，并与此相适应地放宽了海外投资用汇审批。1964年4月日本成为IMF成员，并加入OECD，废止外汇预算制度后,《外汇法》多半是从产业政策，贸易政策，金融、资本市场政策的观点出发规定的。以1971年年末的多国货币调整和1973年3月以后主要国家货币转向浮动汇率制为契机的日元大幅度升值，带来了海外投资成本降低的效果。在1965—1974年期间，日本的贸易顺差结构固定了下来，国际收支出现大幅度顺差，外汇储备急剧增加，因此采取了对外汇管制的松动政策，日本政府对海外投资急速推进自由化，并且采取了海外投资等损失准备金制度、海外投资保险制度、对本国居民外汇贷款制度、降低投资金融利率等各项促进海外投资政策。

临时收紧外汇政策：1974—1977年由于石油危机，国内外经济长期暗淡，日本企业收益下降，流动资金减少，投资余力下降很大，另外，由于国内抑制总需求政策而引起的金融紧缩的影响，企业现款流动不充足。日本政府再度采取了收紧的外汇管理政策，规定不动产业、服务业不适用外汇贷款制度，同时还采取了其他限制对外投资的措施。

外汇管理基本自由化：1976年以后，日本的贸易收支、经常收支持续黑字，避免贸易摩擦为中心的对外经济关系成为重要问题,《外汇法》成为充分表示非关税壁垒的证据。1978 年以后，日元汇率上升，投资环境好转。有鉴于此，1979 年 12 月对《外汇法》进行了划时代的修改。这次修改基于以下的原则：贸易项下的外汇交易自由进行。对于不伴随物或服务的转移，只是资金转移的资本交易，采用原则自由、有事限制的方式。资本交易原则上只要事先申报其交易的内容即可进行。需要大藏大臣批准的资本交易，被限于难以维持日本国际收支均衡的情况、给本国货币在外汇市场带来急剧变动的情况、由于本国和外国之间的大量资金转移给金融市场或资本市场造成不良影响的情况。

1998 年的金融大爆炸与外汇完全自由化：20 世纪 90 年代，日本泡沫经济破灭，金融部门遭受不良贷款的沉重打击，宣告了日本“政府保护”的金融体系破产。此间，世界各地都在加速解除金融管制，日本决定实施“金融大爆炸”，建设像伦敦和纽约那样更加透明的、自由的金融市场，以便赶上美欧先进的金融体系。“金融大爆炸”包括解除不同领域的管制的一揽子措施，如股票市场、外汇管制和不同金融业务领域的准入政策。作为一揽子解除管制政策的前奏，日本于 1998 年修订了《外汇法》，外汇交易实现完全自由化。

2017 年 5 月，日本参院全体会议表决通过了旨在加强防止安保相关技术外泄的新《外汇及外国贸易管理法》，该法案正式生效。新修订的《外汇及外国贸易管理法》有三个方面的重要变化。第一，新增对擅自出口大规模杀伤性武器相关货物与技术的企业给予最高 10 亿日元罚金的制度。新《外汇法》规定，出口飞机机身和离心分离机等使用的碳纤维及大功率新型半导体等高级部件和技术时，必须提前取得国家许可。违反规定者，针对个人的罚款，额度最高提高到 3 000 万日元；针对法人最高处以 10 亿日元罚款。第二，日本政府强化外资向日本企业出资的法规。在原来的法规之下，海外企业之间购买和出售股票时，仅上市企业需要申报，而修订后的外汇法规定，非上市企业也需要申报。如果违反规定，将被日本政府强制命令出售股票。第三，有过违反《外汇法》造成技术外流“前科”的企业董事禁止转职到其他公司负责同样的业务，或者个人独立开展业务。日本政府修改外汇法的目的是防止技术泄露到其他国家，加强安保，同时还有助于维持日本企业的竞争力。

3. 韩国政府对外投资的外汇管理

与其他国家一样，外汇管制是韩国对外投资管制政策的重要内容。韩国外汇法规定，韩国法人对外投资的方式、种类、条件，都不得违背《外汇管理法》。

韩国《外汇管理法》规定，对外投资申报须提供对外直接投资申请表、项目计划书、企业登记证明副本及纳税证明（自然人得提供居民证副本及纳税证明）、法规规定的其他必要材料。对于材料齐备的，即时予以受理并允许进行投资汇款。《外汇交易规定》还就对外投资的事后管理做出规定，要求及时提供各种事后报告，其中，对于购买外汇股票或债券的，要在支付投资后的6个月内提交外汇股票（债券）购买报告；对于汇款的，要在汇款时提交汇款（投资）报告；对于清算或收回投资的，要在得到资金后即时提交清算及收回投资报告；此外，对外投资项目还须在会计年度结束后5个月内提交年度项目业绩报告。对于违反《外汇交易规定》相关申报和事后管理规定的，将视情节轻重处以警告、限制或取消外汇交易、行政罚款等行政处罚或徒刑、罚金、没收、追缴等刑事处罚。此外，金融机关还会将相关违法人列入信用黑名单，为期5年。

4. 中国对外投资的外汇管理

伴随中国综合国力的增强尤其是外汇储备的增加，中国政府对外投资合作的外汇管理政策也经历了由严到宽、由紧到松的演变过程，大致经历了三个发展阶段：

严格控制阶段（1978—1998年）：改革开放初期到90年代中期，由于外汇奇缺，为了保证国际收支平衡，中国政府采取了严格的外汇管理制度，实行境外投资合作用汇一事一批。1989年发布的《境外投资外汇管理办法》及相关实施细则，是现行境外投资外汇管理法规的基础，在中国境外投资尚处于发展初期的历史条件下，这一管理模式对加强境外投资管理、打击非法资本外逃、推进对外投资和其他跨国经营业务、维护国际收支平衡、稳定人民币汇率等方面都发挥了积极而有效的历史作用。1998年亚洲金融危机期间，为加强境外投资管理、打击非法资本外逃、维护国际收支平衡、保证人民币汇率稳定，人民银行和国家外汇管理局联合发布了《关于严禁购汇提前还贷的紧急通知》，规定外汇局不得批准购汇用于境外股权和债权投资。在当时历史条件下，这一管理模式对于有效地遏制境外投资项下的集中购汇和资本外逃，保证人民币汇率稳定、维护国际收支平衡起到了重要、积极的作用。

管制松动阶段（1999—2001年）：1997年召开的党的十五大确定了“鼓励能够发挥中国比较优势的对外投资，更好地利用两个市场、两种资源”的战略方针。1998年中央提出实施“走出去”战略。为推动实施“走出去”战略，中国政府相继出台了一系列的放宽外汇管理的政策。1999年9月国家外汇管理局还发布了《关于部分项目免缴境外投资汇回利润保证金的通知》，规定不涉及购汇及汇出外汇的境外带料加工装配项目、中方全部以实物出资的境外投资项目免缴境外投资汇回利润保证金。2001 年中国人民银行和国家外汇管理局联合发布了《中国人民银行、国家外汇管理局关于调整资本项下部分购汇管理措施的通知》，放宽了对购汇进行境外投资的限制，规定国家对外战略性投资项目、境外带料加工项目及援外项目可以购汇，其他项目的投资以自有外汇为主。上述政策的实施放宽了对购汇进行境外投资的限制，对鼓励国家对外战略性投资项目、境外带料加工项目起到积极作用。

疏堵并举阶段（2002 年至今）：为了深入贯彻实施“走出去”战略，在国家外汇储备大幅增加的情况下，自 2002 年起，国家外汇管理局根据对外投资合作业务发展的需要，探索“疏堵并举”的外汇管理模式，先后出台了一些政策措施，在加大打击非法资本流动力度的同时，对正常合理的境外投资需求，放宽购汇限制，支持对外投资合作业务发展，使实施“走出去”战略的合理用汇需求进一步得到满足，手续也更加便利。

2006 年 7 月，国家外汇管理局发布了《关于调整部分境外投资外汇管理政策的通知》，取消了境外投资购汇额度的限制，充分满足国内企业对外投资的外汇需求。同时，为了解决国内企业对外直接投资过程中前期费用急需外汇问题，《通知》规定允许企业在设立境外企业或正式进行境外收购前，经外汇管理部门核准后可将前期资金如开办费、律师费、保证金等先行汇出。

2008 年 8 月，《中华人民共和国外汇管理条例》修订，进一步简化了对外投资的用汇审批过程，规定“境外机构、境外个人在境内从事有价证券或者衍生产品发行、交易，应当遵守国家关于市场准入的规定，并按照国务院外汇管理部门的规定办理登记”。同时规定，境内机构可保留外汇收入，并取消外汇收入强制调回境内的要求，允许外汇收入存放境外，对企业境外投资的延续性提供了更多保证。

近年来，外汇局大力创新改革，积极发挥外汇政策扶持“一带一路”建设、推进国际产能和装备制造合作等实体经济的功能。一是大力拓宽境内机构融资渠道，营造良好的融资环境。2016 年 4 月底，外汇局配合人民银行发布《中国人民银行关于在全国范围内实施全口径跨境融资宏观审慎管理的通知》（银发〔2016〕132 号），规定将本外币一体化的全口径跨境融资宏观审慎管理试点扩大至全国范围内的金融机构和企业。二是外汇局继续巩固直接投资外汇管理简政放权的改革成果，坚持市场化改革导向，以简政放权为抓手，不断促进贸易投资便利化，为推进国际产能和装备制造合作提供良好的金融外汇环境。三是继续做好东北地区实施境外并购外汇管理改革试点。为支持国际产能和装备制造合作，外汇局积极创新管理方式，按照《国务院关于近期支持东北振兴若干重大政策举措的意见》（国发〔2014〕28 号）及相关工作安排，在东北地区实施境外并购外汇管理改革试点，允许有条件、有能力并符合鼓励方向的境内企业在境外并购投资时“先上车、后买票”，将并购资金按有关规定先行汇出，再向有关境外直接投资主管部门履行审批手续。在外汇局的积极组织协调下，东北地区均已出台相关配套操作细则。四是简化跨境担保管理，支持国际产能合作和装备制造合作。外汇局认真执行《国家外汇管理局关于发布〈跨境担保外汇管理规定〉的通知》（汇发〔2014〕29 号），大幅简化了跨境担保外汇管理，取消了所有事前审批。现行跨境担保外汇管理政策可为装备制造业“走出去”提供重要融资支持，降低境外融资成本。

同时，针对近年来出现的“非理性投资”，国家外汇管理局发出《关于进一步推进外汇管理改革完善真实合规性审核的通知》（汇发〔2017〕3 号），提出加强境外直接投资真实性、合规性审核，规定境内机构在办理境外直接投资登记和资金汇出手续时，除应按规定提交相关审核材料外，还应向银行说明投资资金来源与资金用途（使用计划）情况，提供董事会决议（或合伙人协议）、合同或其他真实性证明材料。在推进“一带一路”、国际产能合作和装备制造合作等境外直接投资的同时，继续采取有效措施防范资本外逃和资本转移等风险。

（二）境外资产管理

海外投资合作形成越来越多的海外资产，而各对外投资合作母国并没有因为这些资产已经成为东道国法人资产而放弃管理。无论发达国家还是发展中国家资本输出国，都根据本国国情建立了海外资产管理制度，以加强对本国企业海外投资合作的境外资产管理。

1. 德国政府对海外投资境外资产的管理

在发达国家中，德国政府对海外投资境外资产的管理措施最具代表性。

德国驻外机构的监管：在德国经济部和德国工商大会的支持下，德国在世界 75 个国家和地区成立了约 110 个国外商会和德国经济代表处。这些机构的主要任务之一就是对所在国家或地区的德资企业进行管理。以调查问卷等形式了解经营情况及时发现问题。此外，德国驻外使馆商务处也设专人负责管理所在国的德资企业的资产监管。这些机构对德资企业的管理属于了解情况和提供服务，企业没有义务报告自己的账户情况或投资收益状况，德国政府也只能从企业公开发表的年度报表中去了解这些情况。

德国联邦财政部对金融资产的监管：德国联邦财政部下属的联邦证券监督局、信贷监督局和保险监督局对德国的跨国公司，特别是银行和保险公司的境外资本运作起着重要的监督和管理作用。证券监督局通过与证券委员会国际组织（IOSCO）和欧洲证券委员会论坛（FESCO）进行合作，按统一的规范和原则对德国企业在境外证券市场的交易进行监管。联邦信贷监督局近年来致力于加强与各国监督机构的合作来监理德国公司在境外的业务。其方法是在双边管理协议的基础上，进行全面的信息交流、定期会晤、制定对德国公司在该国的业务审理法规。联邦保险监督局对德国公司在欧盟范围以外的保险业务有单独立法（共六章），并依法进行管理。

2. 韩国政府对海外投资境外资产的监管

韩国政府为了加强对海外投资合作的境外资产管理，制定了一系列政策和措施，包括韩国银行总裁的管理、驻外使领馆的管理、韩国进出口银行的管理以及境外资产报告制度。

海外投资项目实绩综合分析：韩国银行总裁负责分析、研究海外投资项目实绩，并将对海外投资项目的综合分析建立专项档案。韩国银行总裁在对海外投资项目的成果进行分析后，对于经营亏损的海外投资者，可以采取必要措施，不允许其进行新的投资等。韩国银行总裁为了管理海外投资，可以采取驻在国调查等必要措施。财务部长官为了掌握因经营亏损而出现问题的海外投资企业的实际情况以制定事后对策，在必要时可以派遣职员前去调查。

驻在国使馆馆长的监督：为了使海外投资企业合理经营，驻外大使可以对项目进行必要的监督，并将其结果向韩国银行总裁通报。财务部长官可以委托驻在国使馆馆长调查投资环境，驻在国使馆馆长对于投资环境的变更等可以随时向财务部长官报告。包括确认驻在国企业根据本规定提出的报告书是否恰当；确认关于是否逃避国内财产、未经批准，对其他企业是否有促进之事项；如有未得到批准而进出的企业或进入第三国企业，确认其内容；对于驻在国项目结束，解散驻在国法人和因项目结束而出现之财产、负债等的处理事项，与外汇银行的联合检查。

韩国进出口银行资金管理代表的监管：为了有效地管理韩国进出口银行的融资支援项目，韩国进出口银行行长在认为必要时，可以向东道国派遣驻在国资金管理代表（驻在员），其管辖业务范围由韩国进出口银行行长规定。

海外投资报告制度：根据韩国政府的规定，海外投资者应当向韩国银行总裁提出下列情况报告：

（1）属于证券投资：外汇证券获得报告书（包括设立驻在国法人的驻在国法人设立报告书），年度项目实绩及结算报告书，清算报告书及附属明细书。

（2）属于贷出款项：贷出款项产生之外汇债券获得报告书，本息回收报告书（需要外汇银行行长的确认）。

（3）属于不动产投资：海外不动产获得报告书，海外不动产处理报告书，年度不动产运用现状及不动产登记簿抄本。

（4）属于共同参与项目形式的投资：年度项目实绩及结算报告书，清算报告书及附属报告书。

（5）属经营个人企业：可以证明项目经营事实的公证文件，年度项目实绩报告书（需要驻在国税务师等的确认），清算报告书及附属明细书。

海外投资者应当在韩国银行总裁另行规定的期间内提交外汇证券报告书，并根据规定提交结算书，可在驻在国公认的会计师的监督下提出，或用驻在国公认会计师确认的结算书及驻在国税务机构的税务报告书替换。外汇证券报告书和结算书，须获得驻在国使馆的确认；报告书须获得驻在国使馆大使、外汇银行国外分支机构负责人、驻在国公共会计师或其他驻在国工商管理机构等的确认。韩国银行总裁为了进行海外投资的事后管理，可以要求海外投资者和驻在国法人提供必要的文件。韩国银行总裁应当向财务部长官提出下述情况报告书：

关于海外投资批准及执行实绩的月报，要在每月月初 5 日以内上报；关于投资项目实绩和经营实绩，收益金处理内容和成果汇款实绩、连带经济性附带效果等的投资企业种类、投资地区、投资规模成果分析的年报，要在每年的 8 月以前上报。韩国银行总裁或韩国进出口银行行长在批准海外投资项目（或对海外投资申报的受理）后，应当立即将该批准书（或申报受理书）抄本送达驻在国使馆。

3. 中国对外投资境外资产的监管

为了加强对海外投资合作境外资产的管理，中国政府先后制定了境外投资财务管理制度、对外投资联合年检制度、对外投资综合绩效评价制度和对外投资统计制度，逐步建立了对外投资境外资产管理体系。2015 年，按照市场配置资源的原则，政府主管部门废止了对外投资联合年检制度、对外投资综合绩效评价制度，同时进一步完善了统计制度，包括对外直接投资统计和对外投资台账。

为了准确、及时、全面地反映中国对外直接投资的实际情况，监测宏观运行，制定促进导向政策和实施监督管理，更好地发挥统计咨询、监督作用,2002 年 11 月，原外经贸部联合国家统计局、国家外汇管理局发布了《对外直接投资统计制度》(以下简称《统计制度》)，首次将对外直接投资纳入国民经济统计范围，标志着中国对外直接投资统计制度的建立。2003 年开始实施。2004 年 9 月起，每年对外公开发布上一年度的对外直接投资统计公报。此后，根据宏观管理工作的需要，商务部和国家统计局又几次对原统计制度进行修订和完善。新修改的《统计制度》增加了对外投资协议签订情况季度快报表（FDI J1 表)，对境内投资主体签订对外投资协议、投资备忘录或意向书情况进行统计调查，境内投资主体通过主要避税地再投资情况表，在境外企业基本情况中增加了所有者权益中的“未分配利润”指标，在“企业与个体登记类型与代码”中增加了“个体经营、个体户、个人合伙”代码，同时取消了各省级商务主管部门上报的综合报表表式。现行统计制度针对所有开展对外直接投资活动的企业、团体等，调查境内投资主体的基本情况、境外企业的基本情况、境内投资主体与境外企业间的投资、收益分配情况、通过境外企业实现的货物进出口情况和境外企业通过避税地再投资情况。

自 2015 年起商务部建立了对外投资台账制度，为中国政府更加全面掌握境外投资发展趋势和企业对外投资的路径及最终目的地，提供了客观权威的统计依据。

（三）国有资产管理

无论发达国家还是发展中国家资本输出国，只要存在国有企业的对外投资，政府都会在全面管理境外资产的基础上，加强对国有资产的监管。亚洲政府主导型经济体中，比较常见的国有资产管理方式是，政府不仅任命国有企业主要负责人，而且对公司的经营方向予以具体的指导，甚至规定了企业的盈利指标。

1. 法国海外投资的国有资产管理

20 世纪 80 年代以前，法国政府的海外投资管制政策主要是针对国有企业而言，对国有企业实行审批制度，关键是对国有资产和涉及敏感技术的对外投资实行管制。

法国政府规定，对国有企业限额以上的海外投资实行行政审批。国有企业的对外投资计划必须报送政府主管部门审批。一般在500万法郎以下的小型投资项目，企业有权自行决定，只报送政府主管部门备案；500万法郎以上的对外投资项目必须得到政府主管部门的批准才能实施。

2. 新加坡海外投资的国有资产管理

在新加坡，由于对外投资的大型主体企业都是国有企业，因此，新加坡政府对这些国有企业海外投资的资产管理有具体要求。对于从事海外投资的国有资产不仅要求保值，而且参照同期商业银行利息和国际国内同行业平均利润水平，制定国有资产增值率。

3. 中国政府对国有资产海外投资的管理

为加强境外国有资产的管理、监督，维护国家对境外国有资产的合法权益，根据国务院关于加强海外投资项目登记与管理的规定，原国家国有资产管理局于1992年10月制定了《境外国有资产产权登记管理暂行办法》，规定境外国有资产基础管理的主要内容包括产权界定、产权登记、资产统计和资产评估等，明确境外国有资产的产权界定遵循“谁投资，谁拥有产权”的原则进行，按照分级监管的原则，由各级财政和国有资产管理部门负责组织实施。该办法开启了境外国有资产管理的时代。此后，国家主管部门根据实施“走出去”战略的需要，先后制定实施了新的境外国有资产管理规章。

2017年1月，国务院国有资产监督管理委员会颁布第35号令，实施新的《中央企业境外投资监督管理办法》。根据新规定，国资委按照以管资本为主加强监管的原则，以把握投资方向、优化资本布局、严格决策程序、规范资本运作、提高资本回报、维护资本安全为重点，依法建立信息对称、权责对等、运行规范、风险控制有力的中央企业境外投资监督管理体系，推动中央企业强化境外投资行为的全程全面监管。国资委的职责是指导中央企业建立健全境外投资管理制度，强化战略规划引领、明确投资决策程序、规范境外经营行为、加强境外风险管控、推动“走出去”模式创新，制定中央企业境外投资项目负面清单，对中央企业境外投资项目进行分类监管，监督检查中央企业境外投资管理制度的执行情况、境外重大投资项目的决策和实施情况，组织开展对境外重大投资项目后评价，对境外违规投资造成国有资产损失以及其他严重不良后果的进行责任追究。

近年来，为加强对境外国有资产管理，国家审计署开展了境外国有资产审计工作，便于摸清境外国有资产的家底，了解境外国有资产管理的制度建设情况，及时发现问题，防范风险。

（四）海外避税管理

在纷纷对海外投资给予优惠税收政策的同时，世界各国政府针对法人和个人的海外避税行为，也采取了有针对性的管理措施。

1. 受控外国公司（CFC）法案

为了防止本国跨国公司利用国家给予的延迟海外投资合作应纳所得税的规定，在卢森堡、维尔京群岛、开曼群岛等自由港设立控股基地公司，将在避税港以外的财产和所得汇集在基地公司的账户下避税，躲避企业向本国政府纳税的法律责任，英国、美国、法国和日本等都通过立法阻止和制裁海外特殊目的公司的设立。

以美国为例，为对付纳税人在避税港设立基地公司并利用延迟纳税进行避税，1962 年美国国会通过了其国内收入法典的 F 分部条款，提出了特定意义的受控外国公司（Controlled Foreign Company，CFC）概念，即如果一家外国公司各类有表决权的股票总额中，有 50% 以上属于美国股东，而这些股东每人所拥有的有表决权的股票又在 10% 以上，那么该外国公司即为受控外国公司。F 分部条款规定，凡是受控外国公司，其利润归属于美国股东的部分，即使当年不分配，不汇回美国，也要视同当年分配的股息，分别计入各股东名下，与其他所得一并缴纳美国所得税。此后，此项利润真正作为股息分配时可以不再缴纳所得税，这一部分当年实际未分配的所得，在外国缴纳的所得税可以按规定获得抵免。

为防止在避税港设立的国外子公司将所得全部留存，不向国内母公司支付股息，造成在本国的实际上的税收逃避，日本于 1978 年实施了受控外国公司法则，规定对于一定条件的国外子公司，将其留存金按国内股东的持股比例计算，与该股东的所得合并征税。这部分股息适用外国税收抵免，从国内股东的法人税中抵扣。

2. FATCA 法案

为防止纳税人通过信托和海外投资将财产转移到避税港和海外低税负国家，2010 年美国颁布了《外国账户税收遵从法案》（FATCA），并于 2010 年 3 月 8 日生效。

法案主要包括三个方面的内容：一是要求外国金融机构与美国国内收入局签署协议，披露美国公民和“绿卡”持有人在外国金融机构拥有账户的持有人姓名、个人账户名称、地址、账户余额、收入明细、提款明细、对美国支付者向不遵从该法案的外国金融机构支付额的30%扣缴预提税。外国金融机构作为支付款项的受益人（收款人），由于不遵从该法案，征收的预提税不得享受税收协定的抵免、退还等。二是美国居民拥有外国账户或特定金融资产的，要在8938号申报表中报告其账户是否超过5万美元。若账户持有人不报告其外国金融资产信息，则按不报告所得的40%处以罚金。若不报告金额超过总所得的25%，受诉讼时效延长至6年的约束。同时要求纳税人报告其非监管类账户的金融资产，如股权、债券证书等。三是堵住了外国投资者利用掉期互换合约取得相当于来自美国的股利避税的漏洞。

为便于金融机构有效执行FATCA，美国国内收入局于2013年8月19日在其官方网站上发布了“在线注册系统”，介绍了与FATCA相关的一些基本情况和申报表格。除美国外，目前世界上已经有20多个国家制定并实施了避税港法规，如加拿大、德国、日本、法国、英国等。

3. 避税港立法的主要内容

国际经济组织和主要经济体关于避税港的立法规定，包括以下内容：

第一，避税港的范围确定。在认定哪些国家和地区为避税港上，各国差异非常大。有些是下定义，同时列举避税港国家或地区名单，如经济合作与发展组织（OECD）等；有些是下定义，但不列举避税港国家和地区名单，如挪威；有些国家不下定义，但在国内法规中描述避税港特征，只要符合某些或多个特征的国家和地区就是避税港，如美国；有些国家则通过将外国实际税负与本国税负相比较，如果外国税负低于本国税负超过一定水平，则认定其为避税港。如法国规定，无所得税或税率低于法国同类所得适用税率2/3的国家和地区属于避税港；日本规定所得适用实际税负低于日本50%以上的即为避税港。还有一些国家既不下定义也不列举名单，但有受控外国公司的法律，如英国、荷兰等。

第二，避税港立法的法规措施。主要包括五个方面：一是根据所得归属基础明确设在避税港公司或信托取得的所得或利得（利得主要是资本品转让取得的所得）应归属于高税国纳税人应税所得。受控外国公司立法就是最好的例子。二是制定转让定价法规。OECD颁布的《跨国企业和税务机关转让定价指南》为该方面法规的制定明确了规则标准。三是向离岸业务的受益人支付款项时明确严格进行税前扣除限制或征收预提税。四是对从避税港经济实体取得款项的税收，提高其推算的利息，以真实反映由于递延支付带来的影响。欧盟的预提税是最好的示例。五是征收迁移费，或对进行海外迁移的个人、公司未实现的资本利得征税。近年来，最流行的是税收迁移的“强制披露”计划。税务机关要求税收顾问们详细披露需要进行税收迁移的纳税人具体信息。

三、对外投资监管的方式比较

根据前述分析可以发现，世界主要的资本输出对外投资合作的监管机构、监管内容差异较大，事实上各国政府对海外投资合作的监管也大相径庭。按照对外投资合作程序和时间顺序划分，监管方式可分为事前监管、事中监管和事后监管。

（一）事前监管

多数国家政府都比较注重对外投资合作的事前监管，即前置性审批。尤其是在本国经济实力较弱、外汇储备较少或者外汇短缺的对外投资初始发展阶段，各国政府基本上选择按照谨慎原则审批对外投资合作。只是由于各国对外投资的国际国内环境差异，事前监管的内容略有不同。进入21世纪以来，英国、法国、美国等老牌资本输出国政府对海外投资的事前监管相对较松，监管的内容主要针对国有企业海外投资，而对私人企业的海外投资基本上没有限制；在事前监管的内容上，主要是外汇管理和对外投资的产业导向。日本、韩国和中国等国家对外投资事前监管特点是：管制严格、内容繁多、不分国有企业还是私人企业，一视同仁，只是在对外投资发展的初始阶段更为严格，而随着外汇储备的增多和海外投资的快速发展，事前监管逐步松动。

1. 法国政府对外投资的事前监管

法国政府对海外投资的事前监管经历了前置性审批和基本自由化两个阶段。

自由化之前海外投资的前置性审批：20世纪80年代以前，法国政府对海外投资的事前监管主要针对国有企业，对国有企业的对外直接投资实行审批制度，关键是对国有资产和涉及第三技术的对外投资实行管制。而对于广大的私营企业的对外直接投资持鼓励态度，对海外投资基本上实行自由化的原则，限制很少，主要是尊重东道国的法律、法规。

（1）对国有企业限额以上的海外投资实行行政审批

1986年以前，国有企业的对外投资计划必须报送政府主管部门审批。一般在

500 万法郎以下的小型投资项目，企业有权自行决定，只报送政府主管部门备案；500 万法郎以上的对外投资项目必须得到政府主管部门的批准方可实施。

（2）对限额以上私人企业对外投资采取备案制度

私人企业对外投资一般不需事先得到政府批准，企业有权自行决定。对外投资金额超过 500 万法郎的私人投资项目，需报送经济和财政部备案，作为政府进行经济统计和经济分析的资料依据。

（3）对敏感领域海外投资实行审批制度

无论私营企业还是民营企业涉及国防和国家安全的敏感领域的对外投资，需得到政府批准。

自由化以后的海外投资事前监管：1986 年放松外汇管制后至今，法国政府废除了以前规定的审批制度。对限额以上的对外直接投资需向经济和财政部国库司申报，自申报之日起的两周内行政部门不提异议即自动获准生效。政府仅对涉及敏感领域和敏感国家的投资实行前置性审批。

2. 德国政府对海外投资的事前监管

德国企业开展对外投资无须事先审批或备案，但在资金跨境流动时有义务向德国联邦银行（Deutsche Bundesbank，德国中央银行）申报。根据德国《对外经济法》（AWG）第 11 条及《对外经济条例》（AWV）有关规定，超过 12 500 欧元的跨境资金往来必须向德国联邦银行申报，因故意或者过失没有履行资金申报义务的，最高可处以 3 万欧元的罚款。从 2013 年 9 月起，申报一律以电子形式通过德国联邦银行的外网系统（ExtraNet）中的统计申报总网（AMS, Allgemeine Meldeportal Statistik）页面提交。

针对涉外直接投资情况，德国境内主体在境外企业持股，或德国境外主体在境内持有企业股份，直接持股超过 10% 或间接持股合计超过 50% 的，均须分别填写 K3（Vermögen von Inländern im Ausland，本国人在外国的财产）或者 K4（Vermögen von Ausländern im Inland，外国人在本国的财产）申报表，每年度申报一次。持股比例低于 10%，或投资主体资产总额在 300 万欧元以下的，可免除申报义务。德国境内主体与境外金融机构发生借贷关系的，需填写 Z5 申报表，按月申报；债权或债务关系低于 500 万欧元，可免除申报义务。

德国联邦银行按月发布包含企业对外直接投资数据在内的国际收支表。每年 4

月发布根据 K3 表格汇总形成的德国对外直接投资存量数据。

3. 日本政府对海外投资的事前监管

在对外投资自由化之前，日本政府十分注重对外投资合作的事前监管，重点是外汇管理，因此事前监管主要表现为一定限额的对外投资的审批上面。而且在 20 世纪 80 年代之前日本海外投资的数次自由化措施，基本上都是围绕对外投资审批限额的提高展开的。

根据现行政策，日本对外投资合作的事前监管，涉及外汇使用的情形，由财务（大藏）大臣负责；涉及国别地区导向的，由外务省和财务省共同负责；涉及产业政策和对外贸易的情况，由通商产业省负责，包括与进出口贸易相关的对外投资、与矿业权、工业所有权转移有关的对外投资。

4. 韩国政府对海外投资的事前监管

自 20 世纪 60 年代开展对外投资开始，韩国政府就实行了严格的海外投资合作事前监管制度。由于外汇资金短缺，韩国政府决定由财政部负责海外投资的前置性审批，经财政部长委托、由韩国银行行长执行审批，具体审批事务由海外投资事业审议委员会负责。审批的内容繁多，包括对外投资合作的主体资格、对外投资合作的项目金额、前往投资的国别地区、产业等。20 世纪 70 年代，韩国的建筑业、运输业、制造业等海外投资活动日趋活跃，与海外投资的逐步增长相适应，韩国政府开始对有关的海外投资政策进行调整。

随着韩国经济发展水平的提升和现代经济体系的建立，政府逐渐退出了对具体企业经营和经济活动的直接干预，更多转向政策引导和提供服务，这一原则同样适用于对外投资。 自 20 世纪八九十年代开始，韩国为扩大出口而积极推动企业对外投资，政府也逐渐取消了各种对外投资限制。1998 年，韩国政府把对外投资的审批制改为申报制（类似于中国的备案制度），实行更为开放的对外投资政策。韩国对外投资自由化程度较高，基本遵循自主市场原则，除对朝投资和少数特殊情况外，政府一般不干预企业或个人对外投资行为。因此，目前韩国并没有专门的对外投资管理法规，而仅仅是在《外汇交易法》及其实施细则（管理外汇业务的基本法律）、《外汇交易规定》（企划财政部的部门规定）等法规中的个别章节及其他个别相关法律对境外投资申报制度做了一些规定。

根据《外汇交易规定》等相关法规规定，对外直接投资的申报包括收购股票或债券（达到国外企业股份 10% 以上的；不足 10% 的属于间接投资，由韩国央行进行管理），新设投资（企业、办事处、分支机构等），增资，变更，投资回收，清算等。金融机构对外进行金融、保险投资的向韩国金融委员会申报，金融机构对外进行除金融保险外其他金融领域投资的向韩国金融监督院申报，非金融机构或个人投资境外金融机构的向韩国央行申报，其他对外投资向经营外汇业务的银行进行申报。但对部分敏感领域的境外投资仍须依法事先报经相关主管部门核准。其中，涉及境外资源开发、产业技术投资的，须分别依据《海外资源开发事业法》和《产业技术防止流出及保护法》向产业通商资源部申报；涉及农、畜产领域的，须向农林畜产食品部申报；涉及林业领域的，须向山林厅申报；涉及境外工程项目的，须依据《海外建设促进法》向国土交通部申报。

5. 中国政府对海外投资的前置性审批

伴随改革开放 40 年的发展，中国对外投资经历了逐步简化手续到实现便利化的事前监管过程，逐步形成了现行的对外直接投资管理体制。现行体制从根本上解决了政府和企业在对外直接投资活动中的角色定位问题，从制度上授予企业更大的自主权，更加符合市场规律要求，为加快实施“走出去”战略、推进“一带一路”国际合作提供了制度保障。

简化手续，下放审批权限。为加快实施“走出去”战略，商务部率先进行对外投资合作的审批制度改革，简化前置性审批手续，下放审批权限。2003 年，商务部发布《关于做好境外投资审批试点工作有关问题的通知》，在 12 个省市进行了下放部分对外投资审批权限、简化境外投资审批手续的试点，会同国家外汇管理局在全国范围内简化了境外加工贸易项目审批程序，并下放审批权限。规定中方投资额在 300 万美元以下（含 300 万美元）的境外加工贸易项目，由投资主体所在地省级商务主管部门核准；中方投资额在 300 万美元以上的，由省级商务主管部门报商务部核准。

政企分开，企业自主决策。2004 年 7 月，国务院颁布《关于投资体制改革的决定》，指出企业在投资活动中享有主体地位，强调企业对外投资的自主决策权，政府不再实行投资审批制度，代之以规范的核准制度，企业投资建设实行核准制的项目，仅需向政府提交项目申请报告，不再经过批准项目建议书、可行性研究报告和开工报告的程序。根据国务院《关于投资体制改革的决定》，2004 年 10 月，商务部发布

《关于境外投资开办企业核准事项的规定》，大大简化了对外投资核准的手续，并不分投资限额将国内企业对世界135个国家和地区投资开办企业的核准权限下放到地方商务主管部门，商务部仅对少数大国、敏感国别地区以及未建交国家的海外投资进行核准。获得各级商务主管核准的海外投资企业，由商务部发给中国企业境外投资批准证书。随后，国家发展改革委公布的《境外投资项目核准暂行管理办法》规定，国家对境外投资资源开发类和大额用汇项目实行核准管理。

境外并购事前报告。2005年5月，根据中国企业跨国并购不断增加的新情况，商务部和国家外汇管理局发布了《企业境外并购事项前期报告制度》，要求企业在确定境外并购意向后，须及时向商务部及地方省级商务主管部门和国家外汇管理局及地方省级外汇管理部门报告。国务院国有资产管理委员会管理的企业直接向商务部和国家外汇管理局报告；其他企业向地方省级商务主管部门和外汇管理部门报告，地方省级商务主管部门和外汇管理部门分别向商务部和国家外汇管理局转报。

深化改革，引入负面清单管理模式。根据《国务院关于投资体制改革的决定》《国务院对确需保留的行政审批项目设定行政许可的决定》及相关法律规定，2014年商务部颁布年第3号部令，实施新版《境外投资管理办法》。该办法将对外投资分为禁止类、核准类和备案类三种。

（1）禁止企业开展以下情形的境外投资：危害中华人民共和国国家主权、安全和社会公共利益，或违反中华人民共和国法律、法规；损害中华人民共和国与有关国家（地区）关系；违反中华人民共和国缔结或者参加的国际条约、协定；出口中华人民共和国禁止出口的产品和技术。

（2）须经商务部和省级商务主管部门实行核准管理的境外投资：企业境外投资涉及敏感国家和地区、敏感行业的，实行核准管理。实行核准管理的国家是指与中华人民共和国未建交的国家、受联合国制裁的国家。必要时，商务部可另行公布其他实行核准管理的国家和地区的名单。实行核准管理的行业是指涉及出口中华人民共和国限制出口的产品和技术的行业、影响一国（地区）以上利益的行业。核准境外投资应当征求中国驻外使（领）馆（经商处室）意见。涉及中央企业的，由商务部征求意见；涉及地方企业的，由省级商务主管部门征求意见。征求意见时，商务部和省级商务主管部门应当提供投资事项基本情况等相关信息。获得核准的境外投资企业，商务部出具书面核准决定并颁发《中华人民共和国境外投资批准证书》（以下简称《证书》)。

（3）实行备案管理的境外投资：企业进行除上述禁止类和需核准类的境外投资之外的其他情形的境外投资，实行备案管理。

为便利企业对外投资，提高办事效率，新管理办法缩短了各个相关流程的完结时间。

优化结构，审慎监管。2016 年开始，随着国内民间投资减少和对外投资的激增尤其是与国内经济发展关联度不高、作用不大的对外投资猛增，暴露出对外投资管理制度的部分缺陷。为有效防范风险，引导对外投资健康有序发展，中央全面深化改革领导小组第三十五次会议审议通过了《关于规范企业海外经营行为的若干意见》，要求补足制度短板，逐步形成放管结合、风险控制有力的监管体制机制；国务院进一步明确要求加强对外投资备案（核准）报告管理工作，建立健全部门间信息统一归集和共享机制。2018 年 1 月 25 日，商务部、人民银行、国资委、银监会、证监会、保监会、外汇局共同发布了《对外投资备案（核准）报告暂行办法》(商合发〔2018〕24 号，以下简称《暂行办法》)。

《暂行办法》共 6 章 26 条，主要包括总则、备案和核准、报告、监管、事后举措、附则。在事前监管方面，主要内容为：在第一章总则明确了商务、金融、国资等主管部门依各自职能依法开展境内投资主体对外投资备案（核准）报告等工作，按照“横向协作、纵向联动”的原则，形成监管合力。在第二章“备案和核准”中，规定了人民银行、国务院国资委、银监会、证监会、保监会将每个月度办理的对外投资备案（核准）事项情况，于次月 15 个工作日内通报商务部汇总。商务部定期将汇总信息反馈给上述部门和机构。在第三章“报告”中，规定了人民银行、国务院国资委、银监会、证监会、保监会对负责的境内投资主体报送的对外投资信息，每半年后 1 个月内通报商务部统一汇总。商务部定期将汇总信息反馈给上述部门和机构。同时相关主管部门应按照本部门职责和分工，充分利用商务部汇总收集的信息，开展对外投资管理工作。

（二）事中监管

事中监管，即对海外投资合作的过程进行监管。随着世界各国把对外投资合作当作参与国际竞争越来越重要的方式，对外投资前置性审批逐渐被削弱甚至完全取消，取而代之的是，许多国家政府对海外投资合作的事中监管不断加强。通常，对外投资合作事中监管主要表现为对外投资母国驻外使领馆的现场监督和管理，也有少部分国家通过派遣调查人员等方式加强监管。

1. 德国政府对海外投资的事中监管

德国政府对海外投资的事中监管主要表现为德国驻外机构的监管和国际多边机构联络处的监管，监管的目标除了本国企业资产安全以外，还包括德国跨国公司遵守国际公约、跨国公司行为准则、反垄断等社会责任问题。

德国驻外机构的现场监管：前已述及，为了加强对德国企业海外资产的监管，德国经济部、商会和驻外使领馆都负有对所在国德资企业的监管责任。

德国驻国际多边机构联络处的监管：根据国际劳工组织（ILO）的劳动标准和OECD 2000 年 6 月通过的对跨国公司的指导原则，德国政府重点加强了对本国企业跨国经营活动中的雇工、环保、竞争手段和纳税问题的监督和管理。

OECD 设有国际投资和跨国公司管理委员会（CIME），定期召开会议研究执行指导原则的情况，解决出现的问题，并做出书面报告。每个成员国设有一个联络处，与该委员会进行联系，对在本国的经合组织成员国的跨国公司执行经合组织的指导原则的情况进行监督。德国的联络处设在经济部经济合作与融资司二处。各国的联络处每年召开一次碰头会，交流情况并审议 CIME 的工作报告。德国政府可以通过各国的联络处了解德国跨国公司在境外的各种情况，对于比较突出的雇工、环保、竞争手段以及纳税问题，依据国内法律进行必要的干预。

监控德国跨国公司的技术扩散：根据德国对外经济法规，联邦经济部对外经济政策司下属的 B 司，负责监控德国跨国公司的境外业务，以防止向北约以外的国家输出军民两用产品、装备和高科技的扩散。

监督跨国并购：德国联邦卡特尔局与欧盟卡特尔局合作，对德国企业超过一定限度的跨国并购进行评估，以防止产生市场垄断，包括区域性的垄断。

2. 韩国政府对海外投资的事中监管

韩国政府近年来也逐步加强了对海外投资合作业务的事中监管。

韩国驻外机构的监管：财务部长官可以委托韩国企业驻在国使馆馆长调查韩国企业在当地投资的环境，驻在国使馆馆长对于投资环境的变更等可以随时向财务部长官报告，确认驻在国韩资企业向财政部提交的投资情况报告书是否恰当；确认是否存在未经韩国政府批准的企业以及是否存在资本外逃；确认那些未得到韩国政府批准而进出的企业或进出第三国企业的具体情况；对于驻在国韩资企业投资项目结业，解散驻在国法人和因项目结束而出现之财产、负债等的处理事项，与外汇银行的联合检查。

派遣临时人员前往海外调查：财务部长官为了掌握韩国企业在海外投资出现亏损的实际情况，必要时可以派遣职员前往项目所在国进行现场调查，以制定事后对策。

3. 中国政府对海外投资的事中监管

为加强对海外投资合作业务的过程管理，中国政府制定了境外投资企业变更管理制度、驻外使馆监管制度、成立境外中资企业商会的制度、境外国有资产审计制度等。

变更和失效管理：《境外投资管理办法》规定，企业境外投资经备案或核准后，原《证书》载明的境外投资事项发生变更的，企业应当按照本章程序向原备案或核准的商务部或省级商务主管部门办理变更手续。自领取《证书》之日起 2 年内，企业未在境外开展投资的，《证书》自动失效。如需再开展境外投资，应当按照本章程序重新办理备案或申请核准。

“双随机、一公开”监管：商务部认真贯彻落实国务院“放管服”改革要求，深入推进对外投资监管方式改革，加强对外投资合作事中事后监管，制定了《对外投资合作“双随机、一公开”监管工作细则（试行）》，细化“一单、两库、一细则”，并完成了首次对外投资合作抽查。商务部是首个在对外投资领域开展“双随机、一公开”监管工作的部门。在 2018 年 1 月颁布实施的《对外投资备案（核准）报告暂行办法》第四章“监管”中规定，相关主管部门每半年将重点督查和随机抽查的情况通报商务部汇总。

境外中资企业（机构）报到登记制度：为规范对境外中资企业（机构）（以下简称中资企业）的管理，加强对中资企业的协调指导并提供各项公共服务，维护中资企业及其外派人员的合法权益，2005 年 9 月，商务部发布了《境外中资企业（机构）报到登记制度》，要求经商务部或省级商务主管部门核准、持有《中华人民共和国境外投资批准证书》（含境外加工贸易、境外机构）的中资企业，须向所在国我使（领）馆经商处（室）报到登记。各驻外使（领）馆经商处（室）应认真做好登记工作，建立中资企业档案，并妥善保管；在日常工作中应注意加强与中资企业的联系，做好协调指导服务，为中资企业的正常经营提供便利；驻在国或中资企业发生突发事件时，各经商处（室）应确保与企业联络通畅，及时将情况通知国内主管部门及境内投资主体，并做出周密安排与处置，保护好中资企业及人员的各项权益。

成立境外中资企业商会（协会）的暂行规定：随着“走出去”战略的逐步实施，中国企业对外投资、设立境外企业的数量逐年增加，在一些境外中资企业比较集中的地区陆续成立了境外中资企业商会、协会等驻外中资企业自律性组织。为促进境外中资企业健康发展，维护中国境外中资企业的合法权益，明确成立此类商会、协会等机构的原则，规范设立此类机构的程序，原外经贸部在2002年制定了《关于成立境外中资企业商（协）会的暂行规定》（以下简称《规定》)。《规定》要求境外中资企业商会（协会）的宗旨是：推动中资企业之间相互联系和交流；增进中资企业和当地工商界的了解和沟通；扩大与所在国的经贸合作与维护中资企业的合法权益；指导和协调中资企业合法经营、公平竞争，协商解决重大经营问题，代表会员对外交涉。《规定》指出，境外中资企业商会（协会）的职责包括：为会员提供驻在国有关政策、法规和市场信息等各种信息、咨询服务，组织会员与驻在国开展交流与合作，帮助会员拓展业务；在中国驻外使（领）馆经商参处（室）指导下，代表会员与驻在国有关方面交涉经济商务事宜，维护会员的合法权益；加强会员之间的联系，定期组织有关活动，为会员间的信息沟通和经验交流提供便利；协调会员之间的经营行为，对会员共同关心的市场、客户、价格、质量等问题进行内部协商；及时向中国驻外使（领）馆经商参处（室）和外经贸部反映工作中遇到的问题，并提出意见和建议；督促未经国内主管部门批准、擅自在外设立的企业和机构补办国内手续；督促会员企业遵守所在国法律。近年来，境外中资企业协会在推进“一带一路”建设、促进东道国经济社会发展方面，正在发挥越来越重要的作用。

（三）事后监管

各国政府对外投资合作的事后监管，通常包括对海外投资合作的统计制度、海外企业清算的外汇资产汇回等内容。总体而言，各国政府更加注重事前和事中监管，有关事后监管的政策比较薄弱，更无系统可言。

1. 韩国政府对海外投资的事后监管

韩国政府对海外投资合作的事后监管比较完善，包括海外投资的回收、清算和违规处罚制度。

海外投资的回收：韩国《外汇管理法》规定，海外投资应当根据其批准条件，在国内以现金或实物回收该投资本息、分红、投资回收金等。

海外企业的清算：海外投资者欲清算得到批准的海外投资项目，或减少其海外投资的金额，须预先向韩国银行总裁申报。在得到批准项目被清算、残余财产被分配，海外投资者应当将其立即回收国内。

对海外投资者的制裁：韩国《外汇管理法》规定，对海外投资者的制裁按相关制裁条款规定办理。韩国政府关于海外资源开发的规定对违反法律的海外投资者依法进行处罚：①未经批准而擅自开发海外资源者，得到批准而擅自从事其目的以外的项目者，用弄虚作假或其他不正当方法获得批准者，判处三年以下徒刑或 300 万韩元以下的罚款。②拒绝提交规定的报告或提交弄虚作假的报告者，拒绝提交政府规定的文件或提出弄虚作假的文件者，拒绝、妨碍或逃避法律规定的调查或检查者，判处 50 万韩元以下的罚款。③并罚规定。法人的代表者、法人或个人的代理人、使用人及其他从业员，在从事其法人或个人的业务中，出现上述违法行为时，除处罚行为者外，对其法人或个人也处以同条的罚款。

2. 法国政府对海外投资的事后监管

法国政府规定，公民在国外进行直接投资或结束并清理公司，每年每户不超过 100 万法郎时，无须申请或批准，1989 年最终取消了外汇管制，也不再进行对外投资项目审批。但涉及持股公司、投资公司、投资信托公司和共同基金的资金交易项目，还是需要向政府主管部门申请获准。

3. 中国政府对海外投资合作的事后监管

中国政府对海外投资合作的监管主要集中在事前和事中监管方面，近年来事后监管得到不断加强。商务部《境外投资管理办法》第十七条和第十八条规定，企业终止已备案或核准的境外投资，应当在依投资目的地法律办理注销等手续后，向原备案或核准的商务部或省级商务主管部门报告。原备案或核准的商务部或省级商务主管部门根据报告出具注销确认函。终止是指原经备案或核准的境外企业不再存续或企业不再拥有原经备案或核准的境外企业的股权等任何权益。《证书》不得伪造、涂改、出租、出借或以任何其他形式转让。已变更、失效或注销的《证书》应当交回原备案或核准的商务部或省级商务主管部门。自 2003 年以来，国家实行了对外投资统计制度，但这只是事后监管的部分内容，对于海外企业的资产清算和利润汇回，主要散见于外汇管理规章之中。在2018年1月发布的《对外投资备案（核准）报告暂行办法》第五章“事后举措”中，规定了相关主管部门对境内投资主体对外投资违规违法行为应实施的惩戒措施。

第三节 对外投资支持性政策体系比较

在明确的对外投资合作战略指引下，世界主要的对外投资国家政府都逐步建立起完整的支持性政策体系，引导和支持对外投资合作业务的发展。这个支持性政策体系框架包括对外投资合作的财政政策、税收政策、金融政策等。

一、对外投资的财政政策比较

世界主要对外投资国家政府支持对外投资合作的财政政策包括两个部分：其一是用财政预算资金作为援外经费，以带有附加条件的国家资本输出为私营资本开路，获取战略性资源和市场准入机会；其二是以财政预算资金补贴本国企业在海外的投资合作活动，以引导和支持本国企业开拓海外市场。

（一）英国支持对外投资的财政政策

作为老牌的资本输出国家，英国不仅对外投资合作遍及世界各个角落，投资合作的领域十分宽广，而且政府支持对外投资合作的财政支持性政策也很具有代表性，成为资本输出后来者借鉴的标杆。英国支持对外投资合作的财政政策包括两个大的部分，即对外援助经费和对外投资合作资助经费。

1. 英国官方发展援助对企业开拓市场的支持

英国政府的对外援助由来已久。它既是英国对外投资的一个重要组成部分，也是英国政府支持私人企业对外投资合作的重要方式，对英国企业占领海外市场和资源，发挥着积极的影响。英国政府对外援助的对象以英联邦发展中国家为主，传统上这些国家都是英国殖民统治的领地，主要包括印度、肯尼亚、坦桑尼亚、赞比亚、斯里兰卡、巴基斯坦、孟加拉国、印度尼西亚、马来西亚、苏丹等亚非国家。援助领域主要用于发展当地的农业、矿产资源勘探开发、道路和港口等基础设施建设，以便为英国企业提供更多的原料和产品市场。20 世纪 80 年代以来，尽管英国对外援助的领域逐渐向教育、卫生、环保等方面扩展，但是对于传统领域的援助依然占有重要比例。

英国政府对外援助的方式有三种，即政府对外贷款、援助与贸易基金（英文缩写 ATP）、政府赠款。这三种对外援助方式及其资金用途，也反映了英国对外援助对于其企业拓展海外市场的支持功能。

2. 英国政府对企业海外投资的财政支持

除了官方发展援助以外，英国政府还通过直接的财政资助，支持企业开展对外投资合作。英国政府以财政资金支持企业从事海外投资项目的可行性研究和投资前调查，这些项目的前期费用列入国家预算。

英国政府还设立了贸工部部长专项资金，用于对英国企业开拓新兴市场提供必要的资助。1996 年，英国克瓦纳集团承建中国江阴长江大桥工程，从英国贸工部获得 100 万英镑的资助。

（二）美国支持对外投资的财政政策

美国支持对外投资合作的财政政策主要体现在三个方面：其一是对关系美国全球战略的国家及产业，政府对外提供援助；其二是在国内建立支持对外投资的专项资金，如通过美国国际开发署（AID）和美国私人海外投资公司（OPIC）建立了一些海外投资基金；其三是通过国际金融机构的专项资金，如向国际金融公司（IFC）提供资金，支持海外投资业务发展。

1. 美国政府支持海外投资的对外援助

第二次世界大战以后，为了使发展援助有利于美国的国家利益，美国政府开始把官方发展援助作为国家安全政策的一个工具，同时又将援外当作经济发展过程而进行投入，例如为了减少发展中国家对美国产品进入市场的障碍，贸易政策对援外资金使用发挥越来越大的作用，而且促进私人投资，也成为对外援助的重要政策目标。这样，美国政府援外资金的使用方向，就与对外贸易和海外投资关系更加紧密。到 20 世纪 80 年代，美国的许多外援机构都将促进地方和外国的私营部门发展当作衡量发展合作成功与否的关键条件。在对受援国的具体援助条件中，甚至有每年至少援助两个私有化项目的规定。自 20 世纪 90 年代初开始，由于世界格局骤然变化，苏联解体，使得与苏联对峙的一切战略关系和对外援助政策都需要重新调整。于是美国政府转向根据美国国家的经济利益和军事利益选择对外援助目标，因而能够影响受援国与美国资源、能源、市场关系的对外援助成为核心，具体体现为美国的经济外交政策。2008 年金融危机以后，美国重返亚太、非洲和印度洋地区，对这三个区域的援助增加，以期带动美国企业对这些地区的投资。

2. 美国政府支持海外投资的专项资金

美国政府设立的直接支持海外投资合作的专项资金有两个大类，一是海外私人投资公司提供的专项资助，二是 AID 的企业投资基金。

（1）海外私人投资公司专项资金

美国海外私人投资公司（OPIC）成立于 1969 年，资金来源为美国联邦财政预算。海外私人投资公司运行的直接投资基金有 20 多个，主要是在那些私人资本不适合投资的市场进行直接投资，或协助私人企业开辟海外投资市场，因而它是执行美国对外政策，扩大商品、资金、技术、劳务输出的有效工具。美国海外投资基金大多数是以不同地区作为目标市场的，例如，非洲增长基金和亚太增长基金，只有 4 个 OPIC 基金是以特定的部门和经营领域来划分的，其中 3 个集中在环保领域，1 个涉及美国小企业投资。

向海外投资项目提供资助是 OPIC 的主要业务之一，具体支持措施是对符合条件的中小企业发放贷款，协助它们向发展中国家投资。

（2）美国国际开发署企业投资基金

美国国际开发署（AID）于 20 世纪 90 年代设立企业投资基金，目的是为美国的私营企业在那些私人资本不足的国家进行投资提供资金支持。企业投资基金从美国联邦政府得到资金，通过贷款和产权投资以获取金融回报或产生投资效益。

AID 目前有 9 个基金，为美国企业在阿尔巴尼亚、保加利亚、捷克、斯洛伐克、匈牙利、波兰、罗马尼亚、中亚、俄罗斯以及部分非洲国家投资提供资金。根据不同国家经济条件和商业机会的不同，每个基金的投资方式也有所不同。

（三）日本支持对外投资的财政政策

日本政府支持海外投资合作的财政政策措施多种多样，方式和途径之多甚至超过了老牌资本输出国英国和美国。日本政府通过对发展中国家提供援助、培养研修生制度、对本国企业贷款贴息、市场调查补助等政策措施，有力地支持了海外投资合作业务的发展。

1. 海外经济协力基金的赠款和贴息支持

海外经济协力基金是日本政府设立的有助于发展中国家的产业开发或经济稳定，并且为促进日本同发展中国家的经济交流，开展经济合作事业而进行必要的投融资的经济合作金融机构。通过 1975 年的基金和进出口银行的业务范围调整，海外经济协力基金的主要任务就是对发展中国家政府提供优惠贷款，贷款条件为赠款部分不足 25% 者除外。该基金贷款为日元贷款，贷款对象主要是资源丰富、市场广袤的发展中国家，尤其是日本企业急于进入的发展中国家市场。日本政府的用意十分清楚，就是要通过政府的优惠贷款，为日本企业开拓海外市场、获取自然资源发挥开路先锋的作用。无论在东南亚还是在非洲，日元贷款的条件就是要求资助项目由日本企业承建实施。中国改革开放以后，日本政府曾经提供了较大规模的日元贷款，为日本企业进入中国市场营造了政治和经济两个方面的有利氛围。

2. 海外贸易开发协会的贴息支持

海外贸易开发协会是日本政府以谋求促进发展中国家的产业开发、振兴日本贸易以及促进技术合作为目的设立的政策性金融机构。该协会从事初级产品开发事业的合理化设施建设资金的无息贷款（需要手续费）及比较贵重的初级产品的进口资金抵息融资（经由银行）。

从 1973 年度开始，海外贸易开发协会也开展中小企业海外投资合作事业。在推进日本对发展中国家的经济合作的同时，谋求促进日本中小企业的海外投资。海外贸易开发协会对于与发展中国家要求有关的合营事业，在进行必要的事前调查的同时，对参加合营事业的日本中小企业者，就其出资提供部分长期优惠贷款，免除利息，手续费 0.75%，期限 20 年以内，递延期 7 年内。

3. 海外投资调查补助制度的支持

日本政府为了支持企业到海外投资，减少企业的投资成本，降低企业风险，创设了海外投资调查补助制度。该补助金支持的对象是企业赴海外考察投资环境发生的机票费、旅居费、出国杂费、现场调查费、制作报告书费等。补贴支持率较高，政府出资部分为调查开支的 75%。补贴的条件是：原则上调查团成员不少于 3 名，方式是通过行业协会进行申请，有义务提出调查报告，调查期间为 1~2 个月。

4. 海外矿产调查补助制度的支持

为了支持企业到海外进行矿产资源投资，缓解日本国内资源紧张的状况，日本政府还制定了对海外矿产勘探业务补贴的制度。补贴的规则是，海外矿山的探矿调查费用的 75%，钻探费用补助 50%。

（四）韩国支持对外投资的财政政策

作为发展中国家对外投资合作的先行者之一，韩国政府借鉴了日本政府支持海外投资合作的做法，设立对外援助的专项基金以获得东道国市场的准入机会，同时还通过政策性金融机构对本国企业开展海外投资合作业务，提供各种补贴。

1. 对外经济基金的支持

韩国政府设立对外经济合作基金的宗旨是支援发展中国家的产业发展和经济安全，加强韩国与这些国家之间的经济交流与合作，以得到对外经济合作所必需的资金。

对外经济合作基金由下列财源形成：政府财政捐款、政府投资机构或经济团体的捐款、来自其他基金的捐款、按有关规定长期借入资金、按有关规定发行债券所筹措的基金和基金的运用收益金。为了筹措必要的基金的财源，财务部长官可以从财政投融资特别会计、其他基金、金融机构等，或外国政府、外国金融机构、国际金融机构等方面长期借入资金。如基金的运用上需要，财务部长官可以从韩国银行或其他金融机构暂借入资金。但暂借入资金，必须在该会计年度偿还。为了筹措基金的财源，必要时，财务部长官可以向国内外发行对外经济合作债券。如果基金在结算上出现盈利，应当将其全部积累之。如果基金在结算上出现亏损，应当用以前的积累金填补；若其积累金不足，政府可以在预算范围内进行补充。

韩国对外经济合作基金的设立和运行，极大地支持了韩国与其他发展中国家的经济合作，尤其是为韩国企业进入发展中国家市场提供了直接的支持。

2. 韩国进出口银行的资助

为了促进对外技术转让和海外承包工程建设，向韩国企业提供所需资金贷款，或对因此而发行期票的其他金融机构实行贴现；向韩国企业提供为了新建或扩充在外国营业项目的设备（包括船舶和车辆）及其运营的必要资金贷款；向韩国海外投资项目以及对外国政府或外国企业提供必要的贷款；对韩国国民出资（包括获得股份）的外国法人，对外国政府或外国人直接出资或贷款的该外国政府或外国人的贷款；对韩国国民出资的外国法人在外国从事项目而需要长期资金的该外国法人的贷款；从韩国进口制品或引进技术，由此而产生对韩国国民的债务履行，但其居住国在国际收支上处于显著困难境地，为使其债务得以顺利履行，而对该外国政府及外国金融机构贷予必要的资金；可按上述情况得到资金信贷的韩国国民，从其他金融机构得到这种资金的贷款，对其债务给予保证。进出口银行根据委员会的议决，为在外国顺利开发主要资源和有助于增进对外经济合作的相关业务提供融资或担保。

3. 海外资源开发项目的财政支持

韩国政府为了支持企业开发海外资源，确保顺利进行海外资源开发项目所必需的财源，设置海外资源开发基金。

海外资源开发基金的来源。海外资源开发基金由下列财源形成：政府财政拨款，基金运用、管理机构的捐款，海外资源开发项目者的捐款，由基金的运用产生的收益金，其他捐款。海外资源开发基金运用、管理机构除按规定筹措财源外，还可以在国内借入资金或在外国获得借款，将其资金贷给基金。基金的运用、管理机构由总统令决定。

海外资源开发基金的资助范围。海外资源开发基金对属于下列情况之一的费用予以补助：为了开发海外资源的调查所需要的费用；伴随海外资源开发与外国的技术交流费；其他为了促进海外资源开发所必需的、由总统令决定的费用。

（五）新加坡支持对外投资的财政政策

新加坡政府支持对外投资的财政政策和税收政策是融为一体的。主要包括：

1. 双重减税计划

海外投资双重减税计划（Double Tax Deduction Scheme for Internationalisation, DTDi）。新加坡企业开展海外市场渗透、海外市场开拓、海外市场推广、设立海外代表处、参加展会、外派人员等与海外投资有关行为产生的支出，可以申请每年不超过 10 万新币的税收减免。

2. 国际拓展津贴

国际拓展津贴（International Expansion Grant），包括市场准备援助金、国际企业合作计划津贴。

（1）市场准备援助金（Market Readiness Assistance Grant,MRA），年营业额在 1 亿新币以下的新加坡企业或在新加坡设立区域总部的企业，可以就建立海外市场、寻求海外合作伙伴以及海外市场推广等商业活动支出申请 70% 的资助金，每个财年资助金额最高不超过 2 万元新币。每家企业每年可递交 2 份申请，每份申请须只用于一项商业活动。

（2）国际企业合作计划津贴（Global Company Partnership Grant, GCP），年营业额在 50 万元新币以上，公司注册实收资本 5 万元新币以上，总部位于新加坡的企业可以就企业能力建设（如品牌拓展、电子商务、金融管理等），提升市场表现（如聘请专业第三方进行项目可行性研究、并购尽职调查等），进入新的海外市场（如开设海外代表处等），人力资源开发，海外参展等方面的支出申请资金补助 。

（六）中国支持对外投资合作的财政政策

中国政府支持对外投资合作的财政政策与援外政策是独立分割的，基本上不发生关系。其一，中国政府对外援助的原则之一是严格遵守受援国的主权，绝不附带任何条件和要求任何特权；提供援助目的不是造成受援国对中国的依赖，而是帮助受援国逐步走上自力更生、经济上独立发展的道路。中国政府用于支持企业对外投资合作的财政资金目标明确，专款专用。其二，中国政府对外援助和对外投资合作的行政管理体制也截然不同，管理部门和管理方式都相互独立。

为加快实施“走出去”战略，中国政府出台了支持对外投资合作的财政性政策措施，包括：对对外工程承包、对外投资以及资源合作业务提供的各类专项补贴。

1. 支持对外承包工程的政策

中国政府支持对外工程承包的财政政策措施包括对外承包工程保函风险专项资金。

保函风险专项资金：为支持企业开展对外工程承包业务，根据国务院 2000 年第 32 号文件的精神，财政部和原外经贸部共同建立了对外承包工程保函风险专项资金。创立初期保函风险专项资金的总规模为 4 500 万美元，按照保函金额占对外工程承包合同额 20% 计算，可开立 9 亿美元的各类对外承包工程保函。显然，随着中国对外工程承包规模的不断扩大，对保函风险专项资金的规模要求也随之提高，尽管 2005 年该专项资金的总规模增至 5 600 万美元，但依然远远不能满足业务发展的需要。该项财政政策的实施，对于对外工程承包企业尤其是中小企业拓展海外市场，发挥了积极的作用，不仅减轻了企业开具保函所需的资金负担，而且承办机构能够协助企业评估对外工程承包的风险。

2. 境外资源开发的支持性财政政策

中国政府对外资源投资合作的支持性财政政策包括对资源类境外投资合作项目前期费用扶持和俄罗斯森林资源开发项目贷款贴息。

资源类境外投资合作项目前期费用扶持：为支持企业开发利用境外资源，2004年，中国政府决定对企业自2003年起在境外进行资源合作的前期考察、调研、勘探发生的相关费用予以补贴。

中俄森林采伐与木材加工合作项目贷款贴息：为贯彻落实2000年中、俄两国政府关于双边森林资源合作的框架协议，中国政府决定自2002年开始，从中央外贸发展基金中列支4亿元人民币，对企业在俄罗斯开展森林资源采伐、育林和木材加工项目的贷款予以全额贴息。

3. 境外经贸合作区前期费用补贴

为支持国内成熟产业对外转移，鼓励中小企业在海外集群式发展，拉动东道国经济发展，扩大就业，增加税收和出口收入，中国政府自2006年开始启动境外经济贸易合作区项目，对符合条件并通过专家组评估验收的合作区提供一定规模的资金支持，以补贴开发商用于市场调研、实地考察、园区规划、征购土地以及相关的基础设施建设支出。

二、 对外投资的税收政策比较

税收政策是各国对外投资政策的重要组成部分。总体而言，世界主要对外投资国家和地区对于对外投资企业实行比较宽松的税收政策，普遍对企业海外收入给予避免双重征税待遇，对海外投资带动的资本货物出口给予出口退税，部分国家还给予所得税优惠。

（一）法国对海外投资的税收政策

法国政府为鼓励本国企业海外投资，采取了一系列税收优惠政策。

1. 对外投资风险准备金制度

法国税法第39条规定，进行海外投资的企业在开业的5年内每年可在应税收入中免税提取风险准备金，金额原则上不超过企业在此期间对外投资的总额。如果发生风险，则将准备金摊入亏损，如果不发生风险亏损，企业以后可把准备金按比例逐年纳入应税收入。

2. 海外子公司股息免税制度

1965 年法国政府颁布的一项法律规定，海外子公司的股息不计入母公司征税范围。任何一家法国公司在外国公司持有 10% 以上的资本，即视为母公司，其持股的公司即为子公司，在国外的子公司交纳给母公司的股息不计入母公司应缴纳的所得税范围。

3. 海外子公司按综合利润纳税

1967 年法国政府颁布的一项法律规定，在得到法国政府允许之后，法国海外子公司按综合利润纳税。综合利润是指由法国公司控股 50% 以上的合资公司实现的利润。法国公司控股在 50% 以下的合资公司实现的利润则不属于纳税范围。

4. 海外税收扣减制度

法国政府规定，在法国和东道国签有避免双重征税协议情况下，法国政府按照避免双重征税协议执行，不再对已经在东道国交纳公司所得税的企业海外收入进行征税。法国企业在没有与法国政府签订避免双重征税协定的国家投资取得收入，在得到法国政府允许后，也可扣除所欠税款及其海外子公司已向东道国政府缴纳的税款。

5. 海外子公司所得税减免制度

随着欧洲统一大市场的建立，为增强本国企业的竞争能力，从 20 世纪 80 年代末起，法国政府积极鼓励本国企业到海外投资，并明确规定了一些鼓励措施，包括新设企业头两年免征所得税，其后 3 年，每年免征比例递减 25%；企业的利润如果用于再投资，利润税率可从通常的 42% 降到 39% 等所得税减免措施。

6. 总部优惠政策

为鼓励跨国公司将欧洲地区总部设在法国，法国政府对于总部设在法国的公司提供特殊的税收优惠待遇，提供税收便利，即总部型企业可以与法国税务当局谈判，共同拟订应税基数，该应税基数一般为总部日常支出总额的 8%。

7. 受控外国公司规则

为了防止法国企业出于避税目的而到境外投资或将工业制造业务外迁到其他国家，法国政府采取财务合并制，规定对于境外子公司在国外的所得税低于法国所得税 1/2 的情况，必须将其子公司的财务纳入法国母公司之中，即受控外国公司（CFC）规则。

具体规定是，符合以下两个条件在低税地区的境外受控外国公司的利润需并入法国母公司应税所得缴纳公司税：一是法国母公司直接或间接持有子公司 50% 以上股份；二是不能证明子公司主要从事工商业经营活动，也不能证明子公司主要与非关联方进行交易。

为了与其他规则不发生冲突，法国 CFC 规则还有两条安全港条款：一是设立在欧盟的子公司不适用，除非其组织架构目的在于绕开法国税法；二是法国公司证明 CFC 的经营目的和结果均非出于税收目的，CFC 从事实际经营活动即满足此条安全港规定。

8. 投资地黑名单制度

从 2010 年开始，法国政府根据双边税收信息透明度，每年列出一份避税港黑名单。被列为黑名单中的“不合作辖区”会有两个后果：一是与黑名单地区开展业务的法国企业必须证明其交易是真实的交易，否则该企业就不能在税前扣减任何利息、欠款、特许权使用费、租金或其他付款。二是税务机关重点关注该企业，根据对该公司的付款按照交易额的 75% 扣税。

（二）美国对外投资的税收政策

美国政府促进海外私人投资的一个重要措施就是提供税收优惠，这种优惠政策可以分为赋税抵免、延迟纳税、结转亏损等。

1. 赋税抵免

赋税抵免主要是为了避免在海外投资的企业双重纳税，美国法律规定在国外的美国投资公司在国内纳税时扣除在国外已纳的税额。

2. 延迟纳税

延迟纳税即只对企业汇回国内的所得进行征税，对公司尚未汇回的国外投资收入不予征税，这样在国外的投资公司实际上等于从政府那里得到了一笔无息贷款，能在一定期限内减少公司占款。

3. 结转亏损

美国税法规定，当海外企业在一个年度出现正常的经营亏损时，便可用前三年的利润抵消该亏损，同时把冲销掉的那部分利润对应于以前年度所缴纳的税收退还给企业；也可向此后五年结转，抵消以后五年的收入，少缴税款，以弥补企业在海外投资所遭受的损失。

4. 进口关税优惠

美国海关税则规定，凡是飞机部件、内燃机部件、办公设备、无线电装备及零部件、照相器材等，如果使用美国产品运往国外加工制造或装配的，再重新进口时可享受减免关税的待遇。具体做法是：只按照这些产品在国外增加的价值征进口税，即只征产品增值部分的进口税。

5. CFC 法案和 FATCA 法案

美国自 1962 年开创了全球对受控外国公司（CFC）采取特殊税收政策的先河。法律规定，凡是受控外国公司，其利润归属于美国股东的部分，即使当年不分配，不汇回美国，也要视同当年分配的股息，分别计入各股东名下，与其他所得一并缴纳美国所得税。

2010 年，为防止纳税人通过信托和海外投资将财产转移到避税港和海外低税负国家，2010 年美国颁布了《外国账户税收遵从法案》（FATCA），规定外国金融机构须与美国税收机关合作，披露美国居民和企业在境外的资产信息，便于足额纳税，同时规定美国法人和自然人也需主动向税务机关申报海外资产，依法纳税。

此外，为提高本国投资环境的国际竞争力，特朗普政府推动的《减税与就业法案》，于 2017 年 12 月获得美国国会参众两院通过，于 2018 年 1 月 1 日起颁布实施，成为 30 多年来最为重大的一次税法改革。美国实施新的减税计划，大幅降低国内公司所得税和个人所得税率。个人税种方面，方案将个人所得税级数从七个减少至三个，分别为 35%、25%、10%，但尚未明确每个层级的收入范围，同时向有孩子和家属照顾支出的家庭提供税务减免，并废止基于房地产的遗产税 。公司税方面，将公司税率从 35% 削减至 15%；推出属地税收制度，针对在海外持有数万亿美元资产的美国公司，推出“一次性税”（one-time tax），但税率尚未明确。此外，方案还提出取消 3.8% 的奥巴马医保税（Obamacare tax），及替代性最低税（alternative minimum tax, AMT）等。

（三）德国对外投资的税收政策

德国政府对于在境外投资设立企业的德国居民企业的税收原则是，避免让它们的总体税负超过没有对外投资企业的税负。在这一原则的基础上，德国设置了一系列对外投资企业税收管理规定。

1. 境外股息和资本利得税

对境外股息、资本利得等收入，根据国内法予以免税，不考虑其来源地。从2013年3月1日起，居民企业来源于其“投资股权”（持股比例小于10%）的股息（即所谓的“组合投资股息”），要计入应税收入在德国纳税。这一规定对来自德国国内和国外的股息同样适用。银行、金融服务机构和金融企业为交易目的而持有的股票所获得的股息不能免税。对出售境外资产的资本利得应作为德国企业的常规营业收入进行纳税，但外国常设机构实现的资本利得一般在德国免税；出售不动产的资本利得在德国免税；非居民企业股权的资本利得全额免除所得税和营业税。与资本利得直接相关的实际费用可以扣除。

2. 境外投资税

德国政府对本国国民（包括自然人和企业）向境外投资，原则上一视同仁，不论投资者类型、投资方式、投资类型和投资国别，国外收入在德国免于征税。如果所在国没有税收协定，国外分支机构的应付税款可以在德国国内进行税收抵免。境外所得免税是德国税制中对于对外投资企业最直接的鼓励性规定，激发了企业对外投资的积极性。

3. 签署税收协定

德国签订了大量的税收协定，至2015年在执行的有94个。其中大部分都包含国外收入在德国免于征税的规定。如果所在国的税率低于德国的税负，那这项免税规定就带来了税收利益。在双边协定签署中，德国采用了税收豁免政策，即承认东道国对德国投资者的征税权，放弃本国征税权。

（四）日本对外投资的税收政策

日本海外投资合作的税收制度颇具特色，不仅借鉴了英美税制的经验，而且切合日本的国情，在支持日本企业拓展海外市场中发挥了积极的作用。

1. 海外投资合作亏损准备金制度

日本政府制定实施的对外投资合作亏损准备金制度，包括海外投资亏损准备金制度、资源开发投资亏损准备金制度、基于特定海外工程合同的亏损准备金制度、与大规模经济合作事业有关的海外投资等损失准备金制度。

海外投资亏损准备金制度：自1964年开始，日本政府对于海外投资制定并实施亏损准备金制度，实则是一种税制优惠安排。对于向政治、经济方面不稳定的新发展地区及其以外的海外地区进行投资的企业，首先考虑通过在税制方面弥补投资风险，降低税赋，支持海外投资。日本《租税特别措施法》第 55 条规定，在海外投资的日方出资 10% 以上者，在海外投资的日方出资者合计有出资 10% 以上者，将向发展中国家投融资额的 50%、向发达国家投融资额的 10% 以下的金额转入海外投资亏损准备金，决算时允许计入该金额的亏空。该准备金积累后 5 年不动，其后 5 年均等地减除，算入各事业年度的利润。1975 年后几次修改税制，对向发达国家投融资的这种亏损准备金计入规定废止，对向发展中国家投融资，允许投融资额转入亏空准备金的比例逐步降低，降至 10%。

基于特定海外工程合同的亏损准备金制度：鉴于发展中国家的大规模基础设施开发计划会给日本企业带来巨大商机，日本政府规定，根据对方国家的协定、交换公文及其他国际规定的事业计划，对于金额 1 000 亿日元以上，具备 3 年以上工期等必要条件的大型工程承包合同，允许积累准备金算入亏空。准备金的积金率为经营管理费用额的 7%。对准备金的减除，在 5 年不动后，决定在 5 年间均等减除或在合同目的物提交时进行全额取消。对特定海外经济合作事业法人或该事业法人，对进行投融资的特定经济合作投资法人进行出资的本国法人，在以该出资的 25% 作为准备金进行积累时，允许其累积金额算入亏空。这种准备金在 5 年没有使用之后，均等计入后 5 年的利润。

与大规模经济合作合营事业有关的海外投资等损失准备金制度：随着日本对外关系的发展和调整，发展中国家提出同日本企业以合营方式举办大规模事业的要求增多，日本不仅从经济合作的角度，而且从确保资源稳定等的角度，决定努力满足这些要求。但是，这些计划在其实施过程中，发生不能预料的事态等引起政治、经济风险很大，有可能对实施企业的经营带来极大的打击，因此，同意为这种损失设置准备金的积金，以谋求顺利推进经济合作。于是，1980 年日本政府设立了关于大规模经济合作合营事业的损失准备金制度。

“与大规模经济合作事业有关的海外投资等损失准备金制度”对特定海外经济合作事业法人或该事业法人，对进行投融资的特定经济合作投资法人进行出资等的本国法人，在以该出资的 25% 作为准备金进行积累时，允许其以累积金额计入亏空。这种准备金在 5 年没有使用之后，均等计入后 5 年的利润。

2. 扣除外国税额制度

根据《法人税法》第69条，为避免国际间的双重征税，1953年日本政府开始实行海外投资所得税抵免制度，并逐步扩大所得税抵免的种类。日本企业的海外分公司（包括合营公司）、海外分店及代表处的事业活动而产生的事业收入，可在一定限额（日本法人税额 × 国外收入 / 总收入）内从日本法人税额中扣除，超过扣除额余额可在5年内分期转入。

3. 税收饶让制度

根据日本税法，对于发展中国家为吸引外资给予日本企业的税收减免优惠，日本政府视为已缴税额，允许从国内法人税中抵扣。根据税收协定和协定对方国的国内法，日本政府通常把针对利息、股息和特许权使用费等投资所得的减免优惠，作为饶让抵免对象。

4. 延迟纳税制度

日本国内税法规定，日本的征税权不涉及外国子公司的所得，而对本国股东取得的股息征税。对在境外已按当地法律注册的子公司采取不分红不纳税、分红纳税的原则。

（五）新加坡支持海外投资的税收政策

根据《所得税法》，新加坡政府对海外投资企业实行海外所得免税的优惠。1988年开始实行的税收优惠包括海外投资亏损注销和免除某些海外投资收入、红利和管理金的税收，1993年又规定企业在海外发展业务可以享受10年免交所得税的优惠，如果是在发展中国家进行投资，则可以享受双重减税。

在避免双重征税方面，新加坡已经与其主要海外投资东道国签订了避免双重征税协定，通过条约对税收管辖权进行分配，而且新加坡对本国企业采取了十分优惠的做法。根据一般的避免双重征税协定，对外投资母国只对本国公司在东道国已经交纳的税收予以抵免，但是新加坡却更进一步，其在与外国缔结的所有避免双重征税的协定中都增加了一个税收优惠条款，根据这一条款，如果东道国的税收优惠政策允许新加坡的投资企业一定的减免，那么新加坡也将同样对本国企业进行减免，不会因为本国企业实际在外国没有交税而回国后进一步征税，保证了新加坡的海外投资企业能够从东道国的税收鼓励措施中切实受益。

对于有些还没有签订有关双重征税协定的国家（如美国），新加坡政府一方面积极与这些国家进行协商谈判，另一方面已经在所得税法中做出了一些制度安排，根据具体情况，可以单方面豁免本国企业在这些国家投资产生的所得税。这样新加坡企业在海外投资过程中能否享受到税收优惠，就不受两国是否签署了有关协定的制约。

（六）中国对外投资合作的税收政策

随着中国“走出去”战略的实施和“一带一路”倡议的逐步推进，中国企业境外投资日益增多，境外投资涉税问题也成为中国政府和“走出去”企业关注的重点内容。近年来，中国相继出台了多项境外投资税收优惠政策。2017 年 12 月 28 日，财政部、税务总局联合发布了《关于完善企业境外所得税收抵免政策问题的通知》，进一步给予境外投资企业所得税税收优惠。通知就最新实行的“境外投资所得税抵免政策”进行解读，对其与原政策的三大变化进行对比分析，同时介绍新旧抵免政策的衔接。在现行条件下，对外投资合作企业需要缴纳的主要税种是企业所得税和关税。

1. 所得税优惠政策

为了支持企业开展对外投资合作业务，中国政府和立法机构对境外企业所得税政策体系不断完善。目前，中国的企业所得税包括对企业的全球所得进行征税，对境外中资企业所得实行税收抵免政策。现行的境外税收抵免政策主要有以下 6 项：

（1）《企业所得税法》中第 23 条和第 24 条明确规定了境外税收直接抵免和间接抵免的范畴。

（2）《关于境外注册中资控股企业依据实际管理机构标准认定为居民企业有关问题的通知》（国税发〔2009〕82 号），明确了境外居民企业及其相关税收管理规定。

（3）《关于企业境外所得税收抵免有关问题的通知》（财税〔2009〕125 号），详尽地明确了境外所得税税额和抵免限额的计算方法、公式，规定了抵免层级、抵免范畴以及可以简易计税的方法和范围。新发布的财税〔2017〕84 号通知中，两次提到该项文件，可见新“境外投资所得税抵免政策”是在财税〔2009〕125 号通知的基础上的创新与完善。

（4）《企业境外所得税收抵免操作指南》（国家税务总局公告 2010 年第 1 号），对财税〔2009〕125 号通知中境外所得税收抵免的具体计算过程进行了细化解释和举例演示说明。

（5）《关于企业境外所得适用简易征收和饶让抵免的核准事项取消后有关后续管理问题的公告》（国家税务总局公告 2015 年第 70 号），将境外所得适用简易征收和饶让抵免由税务行政审批调整为事后备案管理，简化了审批复核手续。

（6）《关于企业境外承包工程税收抵免凭证有关问题的公告》（国家税务总局公告 2017 年第 41 号），针对企业在境外采取总分包或联合体形式所承包的工程项目，由于取得境外所得主体与境外纳税主体不一致，导致其在境外缴纳的企业所得税无法抵免的问题，按照“实质重于形式”的原则，明确了对外承包工程来源于境外所得税收抵免凭证有关问题。

2. 对外投资合作相关的关税优惠政策

中国政府对于企业开展对外投资合作发生的进口关税不予减免，出口关税视同对外贸易出口，实行出口退税政策。对外投资合作企业允许出口退税的项目范围包括经有关部门批准的境外带料加工装配业务，对外承包工程项目，以实物投资出境项目、境外独资或与外方合资开发项目等。对外投资合作企业允许出口退税的货物包括设备（含二手设备）、原材料、零部件、散件等。

3. 商签避免双重征税协定

截至 2017 年 8 月，中国已对外签署 105 个税收协定（含与香港、澳门的税收安排及与台湾的税收协议），税收协定网络已覆盖主要投资来源地和对外投资目的地，有力配合了“走出去”战略的实施，有效保护了中国对外投资者的利益。“一带一路”沿线国家中，中国已与 54 个国家签署税收协定。

近年，中国税收协定谈判工作主要侧重与未签署税收协定的国家加快谈签进程，同时积极推动对已签署协定的全面或部分修订，为中国企业境外投资经营保驾护航、清障搭桥。“一带一路”倡议提出以来，中国与俄罗斯、印度尼西亚、爱沙尼亚、罗马尼亚、巴林、巴基斯坦、印度、马来西亚、柬埔寨、波兰等十个“一带一路”国家达成了税收协定、协议、议定书、备忘录或换函。

（七）中外对外投资税收政策差异

分析世界主要资本输出国的对外投资税收政策，可以总结出以下结论：

第一，各国都建立了较为完备的外国税收抵免制度。跨国公司的对外投资活动引起投资国和东道国的税收管辖权相互冲突，导致对跨国公司在国际间重复征收公司所得税，这显然不利于境外投资。因此，建立外国税收抵免制度，消除国际重复征税，实现跨国经济活动中的税负公平目标，是各国对外投资税收政策的首要内容。以美国为例，通过其完善的所得税体系，详细规定了跨国所得的纳税对象、分类综合限额抵免、间接抵免、亏损结转等内容，既维护了本国的税收管辖权，又保证了税收在对外投资活动中的中性原则，保护了本国企业的利益。

第二，主要国家政府采取了导向明确、形式多样的税收鼓励措施。税收抵免或优惠政策，主要是服从于各自的产业战略导向，为了实现不同的政策目标，因而采取了多种方式的税收优惠措施。例如，为了鼓励国内企业在劳动力廉价的发展中国家建立生产基地，美国采取的对本国产品国外加工的重新进口免征关税；为了激励企业的海外再投资，美、日等国实施延迟纳税制度；为了帮助对外投资企业防范海外投资风险，日本、韩国等建立了海外投资亏损准备金制度等。日本政府在 20 世纪 70 年代实行的一系列的海外投资亏损准备金制度有力地推动了其海外直接投资，其对外直接投资的 32% 集中于制造业，其中 67.8% 集中在发展中国家。

第三，针对跨国公司的避税策略，严格税收管理，防范国际避税，维护国家税收权益。各国的政策实践表明，鼓励对外投资合作并不是无原则的，各国在鼓励对外投资的同时，对利用国家税收优惠政策进行国际避税的现象及时做出相应的防范措施，以维护国家税收权益。例如，英国、美国、日本等国都针对跨国公司利用延迟纳税制度进行的避税，制定实施了 CFC 法规。严格的税收管理，既维护了国家的税收权益，也保证了税收的公平性，提高了税收优惠政策的效率。

三、对外投资的金融政策比较

为增强本国企业开展海外投资合作的竞争力，许多国家都通过各种途径为本国企业提供融资便利。在国际资本缺口增大、各国竞相吸收外资的情况下，各国政府对外投资合作的金融支持成为政策竞争的核心，也为本国企业拓展国际市场赢得了商机。

（一）德国对外投资合作的金融政策

德国政府支持企业开展海外投资合作，其金融政策主要体现为德国投资发展公司、德国复兴信贷银行对海外投资合作提供的金融支持。

1. 德国投资发展公司提供的长期贷款和股本金

德国投资发展公司是直属于德国政府的一家金融、咨询机构，主要为德国中小企业向发展中国家投资提供支持和服务，包括对投资与合作的咨询、以长期贷款和股本金为主的两种基本形式的项目融资以及其他形式的项目支持。

2. 德国复兴信贷银行提供的基础设施项目融资

德国复兴信贷银行是德国国有银行。根据德国法律规定，德国复兴信贷银行的作用是促进本国经济和发展中国家的经济发展。它在支持本国企业对外投资合作方面的具体业务是为德国的中小企业到国外投资进行融资，也给德国在国外的大型项目，尤其是电力、通讯、交通等基础设施项目提供贷款。此外，它还受政府的委托向发展中国家投资建设公共设施、发展商业经济、环境资源保护以及健全金融体制。

（二）美国对外投资的金融政策

美国政府支持对外投资的金融政策主要表现为美国进出口银行和海外私人投资公司提供的信贷支持。

1. 美国进出口银行提供的对外长期贷款

美国政府的资本输出，除对外援助外，主要是通过美国进出口银行办理对外贷款。美国进出口银行是美国政府直属的一个金融机构，成立于 1934 年。它既办理对外短期贷款，也办理对外长期贷款，最长的期限可达 30 年，远远超过商业银行的贷款。它提供的对外贷款平均每笔金额均高于商业银行，而对外贷款的利率则通常比商业银行的低。

美国进出口银行对于对外贷款的审核，除与一般商业银行同样重视借方信用和偿还能力外，还着重考虑下面的一些因素：作为一个政府机构，必须贯彻美国的对外政策，因此在审核对外贷款时，要考虑政治因素，只有符合美国国家利益的情况下，才能提供贷款；对外贷款不得妨碍私营银行的业务；对外贷款主要是为了基础设施建设项目的需要，如公路、铁路、电力、水利、工矿企业、港口等的建设，凡是社会福利性建设项目一般不予贷款；贷款要对美国出口贸易起到促进作用。

2. 美国海外私人投资公司的融资和担保

美国海外私人投资公司（OPIC）成立于 1971 年，它是联邦政府中一个独立机构，不隶属于其他任何行政部门，在帮助美国企业拓展海外市场及实现美国对外政策目标中扮演着重要角色。它通过提供一般商业银行涉及不到的金融服务来帮助美国私人企业扩大在发展中国家和新兴市场国家的投资。它以美国政府的名誉和信用作担保，从几个方面帮助美国私人投资者进行融资，扩大海外投资合作：该公司为世界 140 多个国家和地区的新、扩建项目提供融资和担保，涉及农业、能源、自然资源、建筑、电信、交通、银行等各个经济领域。

美国私人海外投资公司的支持目标包括：①美国海外私人投资公司只对美国公民投资的新项目、私有化项目、现有工厂改扩建项目提供融资和担保。其客户只能是美国公司，或是完全由美国投资者拥有或控制的外国企业；属于外国拥有、美国也有投资的合资企业，该公司只对其中属于美国投资部分提供担保。②美国海外私人投资公司的重要目的是通过海外投资，促进美国自身经济发展，加强美国在全球的竞争力，并将“美国标准”推广到世界各地。对那些可能增加美国潜在出口和就业机会的新的基础设施项目，该公司会设法为美国公司在与外国同行的竞争中提供帮助，使其处于有利的竞争地位。此外，该公司还为美国中小企业在新市场的投资方面提供服务，有针对性地逐个帮助其向海外推销产品和服务。

美国私人海外投资公司所提供融资和担保的项目具有一定的前提条件，必须能对美国经济和就业有着潜在的正面影响，自身财务状况良好，且对东道国的社会和经济发展会带来明显好处。OPIC 决定是否对美国企业海外投资项目提供支持，需要考虑以下因素：①美国私人海外投资公司要权衡该项目对美国国际收支平衡所造成的影响，并考虑美国政府采购、净资产流动以及项目造成向美国出口增加等方面的因素。对那些可能会造成美国经济发展或环保产生负面影响的，或违反国际公认的劳工权利的项目，该公司不会提供支持。对那些以美国市场或美国企业的出口市场为目的的，试图取代现有美国企业的外国企业，该公司也不予支持。美国法律及美国政府要求美国海外私人公司不得参与可能大幅削减美国潜在贸易利益的投资项目。该公司还鼓励其支持的海外项目从美国采购，尤其是从中小企业采购。②按照美国有关法律，该公司有责任帮助东道国发展经济，引进竞争机制，推动和简化进程。其衡量的标准是：是否增加了更多的高质量的产品和服务，或产品和服务的成本是否进一步得到降低；通过培训是否增加了开发技术的能力；技术和管理经验是否得到转移；外汇收入或外汇储备是否得到改善；就业是否增加；税收是否增加；对东道国其他企业发展是否起到促进作用。

（三）日本对外投资的金融政策

以日本国际协力银行、日本贸易保险公司等为代表的金融保险机构为境外投资项目提供强有力的金融与保险服务并深入了解境外投资项目情况，及时排查潜在风险。

1. 政策性金融机构为境外投资项目提供融资服务

日本政府通过政府系统的金融机构，如日本国际协力银行、海外贸易开发协会、中小企业金融公库等，为境外投资企业提供长期低息贷款，特别是日本国际协力银行作为政策性金融机构，在日本境外投资项目融资中发挥主导作用。

2. 日本贸易保险公司为境外投资项目提供保险服务

日本贸易保险公司是依据《独立行政法人通则》和《贸易保险法》设立的独立法人机构，其目的是针对海外贸易、投资过程中普通商业保险不能涉及的风险，提供保险服务。该机构为日本企业提供保险服务包括，出口信用保险、预付进口保险、海外投资保险、买家信用保险等。

3. 海外经济协力基金贷款

海外经济协力基金通过向发展中国家提供优惠贷款促进日本同发展中国家的经济交流，为开展指定的投资合作、资源开发或工程建设而进行必要的投融资。通常，这种贷款都会为日本企业赢得在东道国的投资合作机会。

4. 海外贸易开发协会的融资

鉴于日本长期依赖外部资源，为了促进发展中国家的资源开发，振兴日本贸易，促进日本对外技术合作，海外贸易开发协会对东道国初级产品开发设施的建设提供无息贷款，并对日本企业进口贵重初级产品提供低息融资。同时，海外贸易开发协会还对中小企业海外投资提供必要的贷款。

（四）韩国对外投资的金融政策

韩国进出口银行、韩国出口保险公司，都是韩国政策性金融机构，分别承担对外投资合作的信贷、担保和保险业务。

韩国进出口银行作为政府的政策性银行，从 20 世纪 70 年代起依据《进出口银行法》的规定向有意开拓海外市场的企业，特别对投资收益性较好的海外项目的中小企业及为大企业海外投资配套在海外设厂的中小企业给予积极的融资支持。

目前，韩国进出口银行提供的金融支持主要包括海外投资资金贷款、海外项目资金贷款、海外分支机构资金贷款、海外资源开发金融支持等，对赴境外投资的企业给予投资所需资金的 80% 以下的贷款，中小企业、优待支援产业（服务业、新能源产业、ICT 融合产业、未来运输设备及原料产业等）、高新技术获取企业则放宽到

90% 以下，对资源开发型企业更放宽到 100% 以下。该贷款系长期贷款，最长 30 年。根据企业的信用程度和项目的可行性及回收风险等商业因素以及国家的政策性因素，适用的优惠利率各有差别。该行还主动向企业提供海外投资环境、市场情况等方面的咨询。

拟进行对外投资的企业还可向所有的可经营外汇业务的银行申请外汇贷款用作对外投资的资金，各银行根据一般的贷款管理模式决定是否给予贷款。各商业银行没有特别的政策性支持，不过根据政府金融监管部门的相关规定可自行调整融资限度、方式、期限等。

此外，韩国政府还设有对特殊行业海外投资的金融支持。如，海外资源开发项目（勘查、开发、生产）可向韩国海外资源开发协会申请优惠贷款；农产品食品产业对外投资可向韩国农渔村公社申请优惠贷款；对外山林资源开发项目可向韩国山林厅申请低息贷款等。

（五）新加坡对外投资的金融政策

政府参股海外投资项目制度，是新加坡政府支持海外投资的重要特色。新加坡政府通过直接参与海外投资企业的股权份额，来实现对于海外投资企业经营的直接干预和支持，从而在促进海外投资的健康发展方面发挥着更大的作用。一种方式是政府的全资公司与东道国的企业进行合资合作，另一种方式是政府的公司参股本国企业的海外投资项目。如新加坡政府所有的淡马锡公司，就在新加坡两家海外投资规模最大的公司——新加坡航空公司和凯珀尔公司中都拥有股份。政府参股海外投资项目的目的不只是为了盈利，更是为了能够在融资上提供支持，为新加坡企业建立海外商业联络网络，更方便地拓展新加坡经济发展的外层空间，带有一定的经济社会发展战略意图。

目前，新加坡政府参股海外投资项目主要包括三种：一是以土地为基础的产业，如林业和采掘业；二是已经开始实现国际化但是仍希望建立更好的海外商业联系渠道的投资；三是涉及收购国外企业的投资。

（六）中国对外投资合作的金融政策

按照中央的政策精神，根据对外投资合作业务发展的需要，中国进出口银行和出口信用保险公司作为支持“走出去”的政策性金融机构，为对外工程承包和对外投资等业务提供了出口信贷、优惠贷款、担保和保险等政策性金融支持。此外，国家开发银行近年来也对“走出去”的企业提供了越来越多的融资支持。

1. 卖方信贷政策

随着中国对外工程承包业务的发展，中国进出口银行向中国企业开展的对外承包工程项目提供了卖方信贷支持，涉及电信、电力、交通设施、石油化工、制造加工等多个行业。

2. 资源开发类投资合作贷款

为重点支持国家大型企业集团在境外投资和并购能源、原材料和基础设施项目，包括油气资源和国家紧缺的金属和非金属矿产资源项目，关系到与周边及重要国家外交关系的重大基础设施、农林业开发等项目，以及与资源项目配套的基础设施项目，国家开发银行向中石油、中石化、中海油、中化、五矿等大型企业提供了资源开发类投资合作业务的法人贷款。

3. 境外投资贷款

境外投资贷款是指中国进出口银行对中国企业在境外投资的各类项目所需资金发放的本、外币贷款。贷款对象是：经中国工商行政管理部门登记注册、具有独立法人资格的中资企业或中资控股企业。境外投资贷款支持的项目主要包括：境外资源开发项目，带动国内设备、技术、产品等出口的境外加工贸易项目、境外投资建厂项目和基础设施项目，提高国内企业产品研发能力和出口竞争能力的境外研发中心、产品销售中心和服务中心项目，开拓国际市场、提高企业国际竞争能力的境外企业收购、并购或参股项目等。

4. 境外经贸合作区贷款

2013 年，商务部和国家开发银行联合发布《关于支持境外经济贸易合作区建设发展有关问题的通知》，指出商务部和国家开发银行共同建立合作区项目协调和信息共享等联合工作机制，为符合条件的合作区实施企业、入区企业提供投融资等方面的政策支持。具体措施包括：

（1）商务部对企业投资建设的合作区进行宏观指导，在国别和产业指引、资本投资便利化、境外投资保障等方面提供支持；国家开发银行根据国家对外发展战略的需要，支持国内产业集群“走出去”，为合作区建设提供投融资等服务；商务部和国家开发银行将支持或共同开展合作区布局和发展规划等研究工作；商务部与国家开发银行将建立有关合作区信息共享机制，加强信息交流，相互通报关于合作区确认考核、年度考核及投融资进展情况，引导企业有序进入合作区投资经营；根据合作区推动工作的需要，商务部、国家开发银行将不定期对合作区项目融资中存在的重要问题进行协调。

（2）国家开发银行将依据商务部、财政部《境外经济贸易合作区确认考核和年度考核管理办法》（商合发〔2013〕210号）的要求，明确合作区优先融资的基本条件，针对合作区的特点和需求，对合作区提供融资服务。具体工作包括：国家开发银行将在市场化运作、有效防范风险的前提下，重点优先支持已通过确认考核的合作区项目；有选择地支持我方与合作区东道国政府共同关注的在建合作区项目；积极跟踪规划中的其他合作区项目；在信用结构上，除依托境内股东信用提供贷款模式外，积极探讨依托境外金融机构信用、项目自身及其他资产抵质押、土地出让应收账款质押等模式，为合作区实施企业提供融资支持；通过与东道国有实力的金融机构合作，以转贷款、银团贷款等方式，为入园企业提供融资服务。国家开发银行及其下属的中非发展基金可通过投贷结合方式为非洲地区合作区提供投融资服务，并为入园企业提供非洲中小企业专项贷款服务。

5. 区域合作专项基金

为推动与发展中国家和新兴经济体的投资合作，自2006年开始，中国政府先后设立多个区域合作专项基金，包括中非合作基金、中国东盟合作基金、中拉合作基金、中国中东欧合作基金等。这些基金都是经中国国务院批准成立、并已通过国家发展改革委核准的离岸股权投资基金，由中国进出口银行作为主发行人、连同国内外多家投资机构共同出资成立。基金主要投资于相关地区的基础设施、能源和自然资源等领域，具体包括：交通运输，电力，可再生资源，公共事业，电信基础设施，管道储运，公益设施，矿产，石油、天然气和林木等。截至2018年5月，中非合作基金和中国东盟投资合作基金首期投融资参与的项目，按照合同锁定的期限已陆续进入退出期，清算结果显示基金取得较好的经济和社会效益。

6.“一带一路”建设金融支持

为推动“一带一路”建设，中国政府、政策性金融机构和商业银行不断创新方式，为基础设施互联互通和国际产能合作提供支持。主要的金融工具包括：

（1）中国政府倡导发起的亚洲基础设施投资银行。资本金1 000亿美元，重点为亚洲国家的基础设施建设进行投资和融资。截至2018年5月，亚投行已拥有88

个正式成员。

（2）丝路基金。2014 年 12 月丝路基金有限责任公司在北京注册成立，由中国外汇储备、中国投资有限责任公司、中国进出口银行、国家开发银行共同出资，按照市场化、国际化、专业化原则设立的中长期开发投资基金，重点是在“一带一路”发展进程中寻找投资机会并提供相应的投融资服务。首期资本金 100 亿美元，2017 年 5 月“一带一路”国际合作北京峰会期间，中国国家主席习近平在“一带一路”国际合作高峰论坛开幕式上宣布，中国将加大对“一带一路”建设资金支持，向丝路基金新增资金 1 000 亿元人民币。2015 年 12 月 14 日，丝路基金宣布已与哈萨克斯坦出口投资署签署框架协议，并出资 20 亿美元，建立中国—哈萨克斯坦产能合作专项基金，这是丝路基金成立以来设立的首个专项基金。

（3）专项贷款。2017 年 5 月“一带一路”国际合作北京峰会期间，国家开发银行宣布设立“一带一路”基础设施专项贷款 1 000 亿元等值人民币、“一带一路”产能合作专项贷款 1 000 亿元等值人民币、“一带一路”金融合作专项贷款 500 亿元等值人民币；中国进出口银行宣布设立“一带一路”专项贷款 1 000 亿元等值人民币、“一带一路”基础设施专项贷款额度 300 亿元等值人民币。

（4）其他金融支持。2017 年 5 月“一带一路”国际合作北京峰会期间，习近平主席宣布设立中俄地区合作发展投资基金，总规模 1 000 亿元人民币，首期 100 亿元人民币，推动中国东北地区与俄罗斯远东开发合作。此外，中国政府鼓励金融机构开展人民币海外基金业务，规模预计 3 000 亿元人民币。

7. 对外投资合作担保

中国进出口银行以保函（含备用信用证）形式向境外债权人或受益人承诺，当债务人（被担保人）未按有关合同偿付债务或履行义务时，由中国进出口银行履行保函所规定的义务。

中国进出口银行对外担保业务为国际担保，支持范围包括：机电产品、成套设备和高新技术产品出口，对外承包工程、境外加工贸易、海外投资等项目，以及视同出口的境内国际金融组织和外国政府贷款国际招标项目。中国进出口银行总行自 1996 年开办对外担保业务，2003 年以后，对外担保业务全部交由营业性分支机构办理，无营业性分支机构地区的对外担保业务由总行营业部办理。总行国际业务部为对外担保业务的管理部门。

具有法人资格，有外经、外贸经营权，符合《境内机构对外担保管理办法》要求的企业和机构，均可向中国进出口银行申请办理对外担保业务。

8. 信用保险和担保服务

为贯彻实施“走出去”战略，支持企业开展对外投资合作，自 2000 年开始，中国出口信用保险公司根据企业对外投资合作业务发展的需要，积极为中国对外工程承包和海外投资企业提供信用保险和担保支持，并联合国内外商业银行开展信用保险项下的融资服务。

第四节 对外投资保障体系比较

对外投资不同于在本土开展投资经营，投资环境复杂，许多情况是对外投资母国所不能掌控的，因而使企业面临系统性风险和非系统性风险。系统性风险是指在海外投资过程中遇到的来自投资主体以外的涉及政府、主权、宏观政治经济环境和法律制度等宏观层面的不确定因素给其投资经营造成损失的可能性。海外投资系统性风险主要包括：主权风险、政治风险、战争风险、经济风险、外汇风险、政策和法律风险、环保风险等。海外投资的非系统性风险是指海外投资经营活动中遇到的与投资主体自身生产经营行为有关的个体层面的不确定性因素给其造成损失的可能性。非系统性风险主要包括：投资决策风险、完工风险、融资风险、经营风险、劳工风险等。

由于对外投资不仅涉及企业自身行为，而且关系到国家利益，因此，为了支持企业通过对外投资合作开拓国际市场，获取海外资源，提高国际竞争力，由政府制定对外投资保护政策，设立专业的政策性机构帮助企业规避，成为各主要资本输出国政府管理和支持本国企业对外投资合作的重要组成部分。

一、对外投资保障的法律基础

为对海外投资进行专门立法，依法促进和保护本国对外投资合作业务，是许多国家政府采取的基本措施。无论作为传统对外投资大国的发达国家，还是对外投资合作的后起之秀韩国、新加坡等发展中国家，都颁布实施了各自的海外投资合作法律、法规，对保护和促进对外投资合作发挥了积极的作用。

（一）美国对外投资合作的法律基础

美国是世界上最早对海外投资进行法律保护的国家，在国内法规、双边和多边法律层面建立了完善的法律体系，支持和保护美国企业对外投资合作事业的发展。

1. 美国保护对外投资的法律体系

第二次世界大战以来，美国国会在对外投资合作方面先后通过了《经济合作法》《对外援助法》《共同安全法》等有关法律，不断扩大对本国海外投资安全和利益的保护。

美国国内对海外投资的保护法律也进行了从无到有、由弱到强的演变过程。战后初期，欧洲各国满目疮痍，百废待兴，资金短缺，美国资本大举进入欧洲市场。1948 年国会通过的《经济合作法案》确立了对于海外投资者给予“安全保证”的基本原则。作为原始规定，《经济合作法案》的特点是：第一，投资保证制度使用的地区仅限于欧洲；第二，投资保证的内容仅限于货币兑换风险，即只保证投资者可按契约规定将其他国家的货币兑换成美元；第三，投资保证业务的主办机构只有经济合作署，是直属于美国国务院的一个行政部门。此后，美国政府适应形势的变化和投资人的需求，频繁地修订法案，更新立法，在投资保证制度覆盖的地区范围上，从欧洲扩展到其他地区。

20 世纪 50 年代初，欧洲经济逐步复苏，当地的各国资本图谋尽多地享有本国的投资市场开始致力竞争以排挤美国资本，而发展中国家资源丰富、劳动力便宜，在欧洲地盘狭小、亚非拉利益风险多的情况下，1951 年国会通过的《共同安全法》则扩大了保险种类，使保险涉及东道国的征用、没收等风险，保险的范围也开始包括除发达国家外的少数发展中国家。1959 年以后，又进一步规定，仅限于在发展中国家投资的美资，才能使用美国的投资保证制度。

1995 年《共同安全法》修订后，保险种类和地区进一步扩大，保险涵盖了战争、内乱等风险，覆盖的地区扩展到了更多的发展中国家和地区。

美国甚至还通过立法设立对外投资促进机构。1948 年制定实施的《经济合作法》指定“经济合作署”为促进机构；1952 年根据《共同安全法》成立“共同安全署”，1953 年的“国外事务管理署”、1955 年根据《对外援助法》成立“国际合作署”，到

1966 年演变为“国际开发署”(AID)，均为美国政府的一个行政部门。直到 1969 年，适应国际形势的新变化，美国国会第 8 次修改《对外援助法案》，成立“海外私人投资公司”(OPIC)，并赋予其主办海外投资保证保险业务的权力。

2. 美国对外签署的多、双边投资保护协定

缔结多、双边投资和贸易协定，是美国构建广泛的对外经济贸易关系的桥梁和纽带，也是其保护美国对外投资法律体系的重要组成部分。

美国是多边投资和贸易机制的倡导者和主宰。美国是自由贸易的倡导者，也是多边投资和贸易体制的主宰。自第二次世界大战以后的半个世纪里，美国一直致力于多边贸易和投资体制的构建和发展，并始终在《关贸总协定》和世界贸易组织中居于主导地位。在多边框架中业已达成的所有与国际投资相关的协定，都是由美国主导达成的。

FTAs 成为美国驱动投资和贸易自由化的第二只轮子。2000 年以前，美国致力于多边机制的建设，对缔结区域性自由贸易协定（FTA）并没有给予足够重视，除北美自由贸易协定（NAFTA）外，美国仅与以色列签署了 FTA。然而，由于 WTO 新一轮谈判受阻，美国只好将对外签署自由贸易区协定作为推动他国开放市场的第二只轮子。乔治・W. 布什政府上台以来，美推进双边自贸安排的力度明显加大，与许多国家相继达成相关协定。截至 2007 年 6 月底，布什任内与美签署并经美国会批准生效的 FTA 国别有：约旦，新加坡，智利，摩洛哥，澳大利亚，中美洲五国（哥斯达黎加、萨尔瓦多、洪都拉斯、危地马拉、尼加拉瓜），多米尼加，巴林，阿曼，秘鲁，哥伦比亚，巴拿马，韩国。与此同时，美国还启动了与马来西亚、泰国、阿联酋、南部非洲关税同盟、印度、巴西等 20 多个国家的自贸区谈判，目前谈判尚在进行之中。

显然，自由贸易协定是美国对外经济贸易战略的重要组成部分。在美国 FTA 战略计划的伙伴名单中的国家，经济总量多数不排在世界前 10 位，但美国已经缔结的 FTA 及正在谈判的 20 多个国家，作为一个整体已经成为美国第三大出口市场，经济购买力达到 2.5 万亿美元。美国积极追求 WTO 多边体制之外的 FTA，利用杠杆作用分化 WTO 成员。美国 FTA 伙伴(例如英、加、韩、澳等国)是其 WTO 谈判中的盟友。同时，美国对有战略意义的发展中国家，如印度、泰国、巴西等，通过给予单边优惠谈判“贸易投资框架协定”，并在此基础将单边优惠转变为互惠性的双边自由贸易协定，以维护美国持久战略利益。

对外签订双边投资保护协定和避免双重征税协定。为了保障美国跨国公司进入他国市场中的利益，美国对主要投资目的地签署了双边投资保护协定和避免双重征税协定。美国是世界上与其他国家签署双边投资保护协定较多的国家之一。据美国贸易代表处公布的资料显示，截至2007年年底，美国对外签署的双边投资保护协定已多达114个。为鼓励本国企业对外投资，美国广泛对外签署避免双重征税协定。据美国财政部公布的数据，截至2007年2月，美国与世界66个国家签署了58个避免双重征税协定，其中包括OECD的29个成员。

2012年4月，美国贸易谈判代表办公室正式发布了美国2012年双边投资协定范本，取代2004年双边投资协定范本，成为美国对外进行双边投资协定谈判的基础。《2012年双边投资协定范本》内容变化主要体现在条款的具体规定和解释上，包括：定义、范围、国民待遇、最惠国待遇、最低待遇标准、征收和补偿、转移、业绩要求、高层管理与董事会、透明度、投资与环境、投资与劳工、信息披露、金融服务、税收、磋商与谈判、提交仲裁请求、仲裁员的选择、仲裁程序的透明性等。《2012年双边投资协定范本》反映的美国核心利益诉求包括：东道国如何实行准入前国民待遇；如何在面临金融危机情况下对金融业实施审慎监管措施；进一步强调透明度和公共参与；强化关于劳工与环境的保护；针对国有企业的特殊待遇和自主创新政策带来的竞争扭曲等制定了更加严格的规定，包括协议方的政府采购政策不得与本国技术含量要求挂钩、允许外国投资者在非歧视的基础上参加标准制定、对"国有企业被授予政府职能"予以限制等。美国新修订的BIT范本，反映了投资者、东道国政府与母国政府等不同投资相关方对投资自由化、投资促进和投资保护的法律要求，能够为投资者提供稳定、透明、可预期和开放的法律环境。① 因此，在经济全球化进一步深入发展的新形势下，新范本不仅成为美国对外谈判签署BIT的主要依据，也将对其他国家产生示范效应。

（二）德国对外投资的法律体系

依法规范和保障对外投资，是德国政府制定相关政策的重要依据，也是企业开展国际化经营的行为准则。

① 张晓涛：《当前国际投资协定发展趋势及中国应对》，载《人民论坛·学术前沿》2017年3月。

1. 制定法律促进对外投资便利化

德国管理对外经济贸易活动最重要的法律依据是 1961 年 9 月 1 日颁布的《对外经济法》(AWG)及同时生效的《对外经济条例》(AWV)。作为欧盟成员国，德国还需遵守欧盟相关法律，并定期修订《对外经济法》和《对外经济条例》。依据上述法律，除军民两用品、武器、监控设备和技术出口等特定领域受到法律限制或官方监管外，德国企业原则上可与外国自由进行商品、服务和资金往来。除军工等少数敏感企业外，德国公民和企业在境外投资也无须事前审批和登记，但大额资金的转移须符合银行法等有关规定。

2. 对外签订投资促进和保护协定

德国通过签订双边投资保护协定来保障德国企业在海外的经济利益。协议的主要内容是投资者可以享受国民待遇和最惠国待遇，保证资本和盈利自由汇出，保护私有财产，投资者与所在国发生争议时可提交国际仲裁法庭解决等。德国已与超过 130 个国家和地区签订了双边投资和保护协议。

3. 遵循有关国际规则

德国政府根据对国际劳工组织的劳动标准和经合组织制定的跨国公司的指导原则，对跨国经营活动进行监督管理，重点是雇工、环保、竞争手段和纳税。德国金融监督局对德国的跨国公司，特别是银行和保险公司的境外资本运作起着重要的监督和管理作用，并定期向联邦财政部提交报告；联邦卡特尔局与欧盟卡特尔局合作对德国公司超过一定限度的跨国并购进行评估，以防止产生市场垄断。

（三）韩国对外投资的法律基础

韩国是发展中国家对外投资的先行者，也是对外投资合作法制建设的先行者。韩国海外投资法律制度从放松外汇管制、完善海外投资审批与监管制度、建立海外投资促进与保险制度、建立海外投资服务机制等四个方面极大地促进了韩国海外投资发展和韩国跨国公司的形成。

1. 韩国国内保护对外投资的法律

韩国国内保护对外投资合作的法规主要包括海外投资、海外建设的法律、法规。

海外投资法律、法规：随着韩国出口导向型经济战略的实施，对外部市场依赖程度迅速提高，为了促进和保护韩国企业海外投资，韩国制定了《海外投资开发促进法》《海外资源开发促进法令》《搞活海外投资方案》。还有《海外资源开发促进法》《海外资源开发促进法施行令》《海外投资许可审批标准》《扩大投资方案》《海外投资损失费规定》《税额控制条例》和《关于海外资源开发项目的分配所得免税的规定》等。

韩国财政部颁发的《外汇管理规程》第十五章“海外投资”专门对韩国企业对外投资明确了产业导向。按照韩国《外汇管理规程》的规定，韩国政府鼓励下列各项对外直接投资：（1）为开发进口韩国国内必需的原材料的投资；（2）为克服出口障碍的投资；（3）为确保渔场的投资；（4）为对国内产业结构而言对外竞争力已经减弱而在国外尚有竞争力的投资；（5）向对确保国民打入国际市场奠定基础且有明显效益的项目的投资；（6）致力于海外尖端技术向国内引进的投资；（7）为经济协作参与投资对象国开发事业的投资。而下列性质的海外投资则被韩国政府禁止：（1）向对韩国对外关系起重大不利影响的项目的投资；（2）有损于国威的投资；（3）对有损于公德风尚项目的投资；（4）向对韩国经济起重大不利影响的项目的投资。

1992年韩国又颁布了《海外直接投资制度改善方案》和《外汇管理规定修正案》等涉及海外投资的相关法律，支持企业的海外投资；1994年韩国又依法实行了“限制目录单”（否定列表）制度，除少数政府规定的业务范围外，放开了对外直接投资的行业控制。

海外建设促进和保护的法律、法规：为了促进和保护韩国企业对外开展工程承包业务，韩国政府于20世纪70年代后期颁布实施了《海外建设法》。该法是韩国开展对外承包工程工作的一部基本法，除电机、信息通信领域有专门立法规定外（电机领域适用《电机工程业法》，信息通信领域适用于《信息通信工程业法》），其他所有对外承包工程工作均遵循《海外建设法》。《海外建设法》共9章41条，对韩国对外承包工程工作的主管部门、执行机构、申请及承揽工程程序、监督及奖惩办法做了具体规定。 根据《海外建设促进法》，韩国建设交通部负责制定并出台相关法律规定，同时对海外工程承包工作进行统一管理、指导、监督。在韩国《海外建设法》的保护和促进之下，韩国涌现出一批颇具实力的国际工程承包商，包括现代建设、现代重工、大宇建设、SK建设等，使韩国在20世纪70年代至90年代长达近30年的时间里，成为继欧美日发达国家之后，最大的发展中国家对外工程承包输出国。

韩国对外投资合作法规的特点是，立法目标明确，规制内容详尽，紧密配合当时韩国国家经济发展的战略导向，对政府和企业从事对外投资合作具有直接的引导作用。例如，为了促进韩国企业对外资源开发，韩国于 1977 年 2 月制定了《加强资源外交方案》，1978 年颁布了《海外资源开发促进法》，1979 年发布了《海外资源开发促进施行令》，使韩国对外资源开发一直占据重要地位。自 1968 年至 1990 年，韩国海外资源开发投资占其对外投资总额的 25.95%。

2. 韩国对外签署多、双边投资保护协定

韩国政府通过对外签订投资保护协定、避免双重税协定、加入国际保险机构以及签署 FTA 等，确保韩国海外投资者减轻或免受因各种风险可能遭受的损失，减轻税收负担。

韩国已与包括中国在内的 16 个国家（地区）签订了投资保护协定，同 32 个国家（地 区）签订了避免双重征税协定。

韩国还积极与其他国家和地区商谈自由贸易协定。2003 年，韩国与智利正式签署了首个双边自由贸易协定。此后，韩国分别与美国、墨西哥、日本、东盟、中国等国家和地区开展自由贸易谈判，其中与美国的自由贸易协定已经签署。

此外，韩国是 WTO 成员，也是国际多边担保机构的成员。

（四）中国对外投资合作的法制建设

迄今为止，中国还没有一部关于对外投资合作的法律，政府管理和保护对外投资合作的依据主要体现在国务院和各有关部委发布的相关行政规章之中。其中主要的行政规章包括：

1. 国务院发布的行政规章和规范性文件

国务院颁布的有关对外投资合作的条例、决定、意见等，是目前中国对外投资合作的最高级别的行政规章和规范性文件。主要包括：国家关于对外投资合作的外汇管理、投资体制、对外投资合作企业的行为规范以及人员安全保护等规定。

2. 各部门制定对外投资合作的规章

商务部、国家发展改革委、财政部、国资委、国家外汇管理局、外交部、公安部、中国人民银行等政府部门对于海外投资合作制定的部门规章，是目前中国对外投资合作的次级行政规章，发挥着重要的保护和促进作用。

3. 中国政府对外签署的双边投资保护协定

目前中国对外签署的国际双边投资协定主要是指《双边投资保护协定》。自 1982 年中国与瑞典签订了第一个投资保护协定后，截至 2017 年年末，中国与 130

多个国家签署了双边投资保护协定。目前还在继续与其他国家进行双边投资保护协定的谈判，成为双边贸易投资自由化和便利化的积极参与者。

中国对外签订的双边投资保护协定的重要条款包括：定义条款，投资待遇，资本和收益的汇回，征收和国有化，代位权，争端解决等。主要包括：受保护的投资财产种类，对中国投资者的投资及与投资有关的业务活动给予公平合理的待遇，对中国投资财产的征收、国有化措施及其补偿，投资及其收益的回收，投资争议的解决等。

中外双边投资保护协定鼓励和保护中外资本的双向流动，为中国企业“走出去”提供了重要的法律保证：根据双边投资保护协定的内容，中国投资者对其海外投资享受相应的投资待遇和权利；同时，当外国政府违反协定规定时，中国投资者能够依据协定提起包括国际仲裁在内的争端解决机制，维护自己的合法权益；中国政府也可以就协定的解释和适用等争议与对方政府进行磋商或提请国际仲裁。

4. 中国对外签署的避免双重征税协定

截至 2017 年年末，中国与 103 个国家（不含中国港澳台地区）签署了避免双重征税协定，其中 99 个已经生效。中国对外避免双重征税协定的主要内容包括：对中国公司和个人在对方国家从事生产经营的税务处理；国际海运和空运、国家间科技文化教育交流、文体表演以及退休金、养老金等问题税务处理的规定等。

5. 自由贸易协定（FTA）

进入 21 世纪以后，适应经济全球化和区域经济一体化的发展趋势，中国政府加快了实施自由贸易区战略的步伐，先后与香港特区和澳门特区签署了更紧密贸易关系安排协议（CEPA），与巴基斯坦、东盟、智利、新西兰、新加坡、澳大利亚、韩国、格鲁吉亚等国家签署了自由贸易区协议，而且正在与更多的国家和地区商谈自由贸易协议。这些双边和区域性自由贸易协定的签署，为保障中国企业在这些国家和地区的投资便利化和自由化提供了法律依据。

此外，中国还是《多边投资担保机构条约》《解决国家与他国国民间投资争议公约》和世界贸易组织的成员。在 WTO 的相关协议中，与对外投资直接相关的多边协定是《与贸易有关的投资措施协定》。

二、对外投资保障制度

对外投资合作保险制度，是各主要资本输出国保护本国对外投资的利益安全的重要制度，它与资本输出国的海外投资支持政策共同构成海外投资促进政策体系。第二次世界大战后，美国就率先实施了马歇尔援助欧洲计划中所规定的投资保障方案。后来随着国际投资日益发展，日本、法国、德国、丹麦、澳大利亚、荷兰、加拿大、英国等先后仿效美国的做法，实行海外投资保险制度。目前这种制度已经成为国际投资的共同制度，但其中以美国的海外投资保险制度最为完善和发达，其有关制度规定已成为各国实行海外投资保险制度的范本。

（一）美国海外投资合作保险制度内涵

美国在第二次世界大战后初期的20世纪40年代末期就建立了其海外投资保险制度，经过保险市场范围和承保险种的不断增加之后，形成了先行的、比较完备的对外投资合作保险制度。

1. 美国对外投资保险机构

美国政策性投资保险业务的主办机构是法定的。根据不同时期美国对外关系战略导向的需要，美国法律规定的对外投资保险机构进行过调整。1948年是“经济合作署”，1952年调整为“共同安全署”、1953年为“国外事务管理署”、1955年为“国际合作署”，到1966年定为“国际开发署”（AID），此间美国对外投资保险机构一直是美国政府的一个行政部门。直到1969年，才成立了“海外私人投资公司”（OPIC），并赋予其主办海外投资保证保险业务的职能。

OPIC为经济法人，完全按照公司的体制和章程经营管理，但是它的资金来源仍然是联邦财政，而且是“在美国国务院政策指导下的一个机构”。这种经济法人外壳下的政策性金融机构，使得美国对外投资风险保障机构在运作上进退有余、左右逢源。海外私人投资公司既充当外国政府和美国公司之间的桥梁，在解决纠纷中起到了建设性的作用，从而避免了双边政府之间的直接对抗，使政治性问题用商业方式加以解决；另一方面，即使身为公司，也必须按照政策性的财政预算方式经营，因为海外投资保险风险过大，私人商业性保险机构无法承担。

2. 美国海外投资保险和担保的产品

美国海外投资保险和担保的种类在历史上发生过很大变化，从战后初期仅限于承保货币兑换风险，逐步扩大到承保国家征用风险、战争风险、革命和动乱风险，以及骚动风险。目前，OPIC提供的海外投资保险服务包括海外投资政治风险、信贷担保政治风险以及保险和再保险等。

（1）海外投资政治保险

按海外私人投资公司所规定的条件，对具备一定规模的海外私人投资承保各种政治性风险，但并不承保企业经营中可能遇到的一般商业性风险。政治险包括外汇险、征用险、战争险、革命和动乱险以及骚动风险。

（2）海外投资风险担保

按 OPIC 所定条件，对符合条件的海外投资私人贷款、跨国租赁、石油和天然气项目等提供政治风险担保。美国海外私人投资公司还为海外投资者的特殊需要提供专项风险担保。按照 1981 年的法案规定，OPIC 在同一时期内就投资保险项目的可能风险事故赔偿金债务总额，不得超过 75 亿美元，而在海外投资担保业务中承保的事故债务总额，则限于 7.5 亿美元，仅为前者的 1/10。

（3）保险和再保险

海外私人投资公司同其他保险公司或融资机构订立保险或再保险契约，让渡或承担再保险业务等。此外，OPIC 还按公司所定条件专门对中小企业提供优惠的保险和再保险服务，协助它们向发展中国家尤其是不发达国家和地区投资。

3. 美国海外投资保险的条件

根据美国海外私人投资公司的规定，该公司只对符合担保资格和条件的海外投资提供保险和担保。

（1）符合投保资格的机构和个人

美国海外投资保险的保险对象包括：①美国公民；②依据美国联邦、州或地区法律成立的有限公司、合作公司或其他联合公司，其利益所有人是美国公民；③至少有 95% 的股份为符合上述条件的美国公民所拥有的外国公司；④股份 100% 为美国公民所拥有的外国公司。

（2）适合的投保业务范围

美国海外投资保险机构承保的业务包括：①美国投资者对新建企业或现有企业改扩建的投资；②母公司和第三方贷款和贷款担保；③技术援助协议；④跨国租赁；⑤库存或设备的转让；⑥其他形式的投资等。

（3）禁止投保的海外投资

1981 年《美国海外私人投资公司修订法案》第 234 条第 1 款规定：投资下述业务的海外美国企业不能获得投保资格：①投资人看来打算这笔海外投资所出的产品，

取代原在美国生产的同类产品，并且销往原属美国同类产品的同一市场，从而大量削减该投资人在美国雇用职工人数；②这笔投资看来会大量削减美国其他企业单位雇用职工的人数；③这笔投资用于海外制造业或加工业的项目之后，看来会削减美国的贸易利益，大大不利于美国的国际收支平衡；④ 这笔投资采购商品或劳务的重点不在美国，却在另一个发达国家。

4. 美国海外投资保险的申请程序

根据 OPIC 的规定，为了获得风险保障，投资者必须在做出不可撤回项目的承诺之后，再向美国海外私人投资公司提交一份政治风险担保申请表。获准后公司必须按照标准缴纳保费。

美国海外私人投资公司担保项目的申请程序是：投资者在申请担保前，须先将其项目在该公司登记，提交政治风险投资担保申请登记表，登记是免费的。该公司收到登记申请后，将向申请人寄去确认函及有关申请表。一次登记有效期为两年，可续延一年，登记并不构成承诺担保，也不表示符合其担保条件。一旦投资终成定局，投资者须再提交政治风险投资担保申请表，这是要求申请者向其提交确定项目是否符合担保条件的详细资料。收到正式申请及有关资料后，为了对项目进行审核，该公司还要收取一定的律师审查费。

5. 美国海外投资保险的理赔

美国海外投资保险机构对理赔案件的处理具有相当丰富的经验，它（们）曾经受理和解决过的索赔案件解决办法大体上可分为以下几类：

（1）由承保人——OPIC 或其前身机构以现款向投保人支付风险事故赔偿金，然后根据双边投资保护协定条款代位求偿，从东道国收回相应的款项。

（2）由 OPIC 对有关东道国发行的赔偿金债券（期票）加以担保，尽快在证券市场上出售这些债券，从而使投保人迅速获得赔偿金现款，然后要求东道国如期还债，使债券本息如期如数兑现。

（3）以东道国做出承诺、OPIC 加以保证的方式，或以现金付赔与保证付赔两者兼用的方式，予以解决。

（4）以“赔款协议”的方式，予以解决。

（5）对不符合条件的索赔，由承保人——OPIC 或其前身机构驳回投保人的索赔要求。

（6）对不符合保险条款的索赔，规劝投保人自动撤销索赔要求。

（7）对投保人和承保人双方争执较大的索赔，提交国际仲裁。

6. 美国海外投资保险公司的商业化运作

美国对海外投资保护的运作模式是政府通过国际开发署和海外私人投资公司建立了一些海外投资基金，这些基金虽然都是由私人公司运营，但是其资金来源是美国政府。

此外，近年来由美国政府资助的多边保险机构出资成立的投资基金增加很快。美国政府通过这些基金为美国私营企业在那些私人资本不足并具有一定风险的国家进行投资提供资金上的支持和风险保证，这些国家和地区包括阿尔巴尼亚、保加利亚、捷克、斯洛伐克、匈牙利、波兰、罗马尼亚、中亚、西方新独立国家和俄罗斯。通过这种商业化的运作，投资基金充当了美国公司与东道国之间的桥梁，在解决纠纷中起到了建设性的作用，从而避免了美国政府与东道国政府之间的直接对抗，使某些政治性问题，用商业方式加以解决，一方面促进了美国企业在这些地区的投资，另一方面也有助于在一定程度上改变美国经济霸权的形象。

（二）英国对外投资的保障制度

英国对外投资保险制度包括两个方面：其一是英国政府设立的政策性投资保险机构对于符合条件的英国企业海外投资发生的相关风险提供保障服务；其二是英国政府落实对外签署的双边投资保护协定项下发生的风险所提供的保障。

1. 英国海外投资政治险保险

英国政府通过英国出口信贷担保机构的海外投资保险体系，向投资者提供针对战争征用和汇款限制类主要政治事件的保险。这个体系的目标是通过促进英国的海外投资来增进驻在国的国家利益，并为发展中国家的经济增长做贡献。

英国出口信贷担保机构的政策性担保：英国出口信贷担保局（ECGD）既不是商业性保险公司，也不是普通的政策性金融机构，而是一个名副其实的政府机关，代表英国政府承担英国企业海外投资的保障职责。在英国出口信贷担保局所签发的保险单或担保协议上，开宗明义、毫不含糊地写着：本合同是由“英国女王的国务秘书”与××公司（或银行）所签订，ECGD只是“代为执行”。

ECGD承担的海外投资风险：英国政府的对外投资保险体系向以现金或者以股份方式进行的海外投资提供贷款担保。英国出口信贷担保局旨在向投资者提供有价值的帮助，让投资者集中精力关注他们投资的商业风险，而政治风险由该机构承保。英国海外投资政治风险保障体系是低成本、高效率的，并且在不断地改进，以期保证充分适应投资者的需求。

2. 双边投资保护协定项下的风险保障

英国政府为保护和促进其海外投资与相关国家政府签订的双边国际协定。与驻在国利用外资的地方法律不同，双边政府均无权改变双边保护协定的任何条款。在订有双边投资保护协定的两国间，投资保护协定具有长期性，通常是 10 年，此外在投资保护协定有效的情况下，投资在此协定结束之后延续 20 年，这有助于消除不确定性，并鼓励投资者制定设立重大投资项目和合资项目的长期规划。在经合组织内部法律框架下，投资保护通常是有效的，但在其他国家特别是在发展中国家进行投资，需建立双边投资保护措施，以保证英国投资者的利益。英国对外签署的投资保护协定主要包括五个主要方面的内容：对征用事件及时充分和有效的补偿，利润的转移以及资本的汇回，代位求偿，投资争议的独立解决，就投资者和驻在国政府间的争议的国际仲裁。

英国企业在进行海外投资决策时，通常要考虑目标市场国家是否与英国政府签有双边投资保护协定。而英国出口信贷担保机构在决定承保海外投资政治险时，更是以双边投资保护促进协定的存在为前提。在没有签署双边投资保护协定的国家，英国出口信用保险机构不承保任何投资风险。可见，英国通过广泛的投资保护协定网络，提高了相互信任度，更重要的是落实双边投资保护协定项下的风险保障条款，一旦本国企业在相关国家发生规定的风险，则由出口信用担保机构在赔付投保企业的同时取得代位求偿权，从东道国政府处获取赔偿，进而有效地保护了英国海外投资者的利益。

（三）日本海外投资保险制度的内涵

日本的海外投资，一般说来是以面向发展中国家的投资为主，因此对投资者来说，基于战争、内乱、革命、东道国政府行使不正当的权力等因素，造成的不能收回贷款、投资和收益等交易上的危险及设备等的物质损失，就是海外投资合作风险。由这些危险造成的损失往往非常巨大，并且要求对方赔偿损害极其困难。这种情况影响了海外投资者的投资积极性。因此，站在国家的立场上，作为振兴出口实施政策之一，日本政府继美国之后于 1956 年在世界上第二个创设了海外投资保险制度，又于1957年追加了海外投资利润保险。前者是以海外投资的资本为目的，后者是以利润为目的的保险。

1. 日本海外投资保险制度的演变

日本海外投资保险的发展经历了从无到有、从小到大、由弱到强的发展过程。从第二次世界大战后的50年代中期到60年代中期，由于日本海外投资保险制度自身还存在不正规化问题，同时对该制度本身的宣传不足，导致海外投资保险的实际利用率极低。从1956年创设到1969年度末，海外投资资本保险案件仅有395件，保险金额229亿日元，海外投资利润保险，仅6件，保险金额仅有0.12亿日元。这只不过覆盖了日本海外投资约4%。[①]

进入1965—1974年期间，适应政府促进海外投资的需要和民间强烈的要求，日本政府终于采取了强化海外投资合作保险的政策，决定扩充海外投资保险的制度，将此前的资本、利润保险一体化，重新创设海外投资保险制度。

2. 日本海外投资保险制度的内容

日本对外投资合作保险的执行机构一直是由政府主管部门直接承办。早期由通产省贸易振兴局输出保险业务管理官附属投资保险班负责，1973年7月通产省机构改革后，由贸易局长期出口保险课负责，对于海外投资保险内与建设工程有关的事务，曾由输出保险课处理，机构改革后由长期输出保险课负责。

（1）海外投资保险对象

日本海外投资保险业务的对象分两个部分：一部分是海外投资资本保险，另一部分是海外投资利润保险。早期对于海外投资资本保险的基本要求是，被认定为明显有助于改善日本的国际收支的海外投资。70年代后期，随着日本贸易顺差的急剧增加，日本政府取消了关于改善国际收支的保险条款，扩大了海外投资保险的对象。关于保险覆盖的投资资本的类别，早期日本政策性保险只承保为取得股份等的投资，70年代后期则增加了为取得对经营管辖企业的长期贷款及公司债券，对合并企业的伙伴出资贷款，对取得供海外直接投资使用的不动产等都成为保险对象。对于海外投资利润的保险，从早期只对海外企业利润承保，到70年代后期扩大到包括贷款等的利息，增加了承担利润以外的汇款风险的保险。

①《日本通商产业政策史》，第12卷，北京：中国青年出版社，1995年11月出版。

（2）海外投资保险的险种

为了贯彻落实日本政府海外投资合作的产业战略导向，日本海外投资合作保险的种类有三种，即一般性海外投资保险、海外资源开发保险和海外承包工程险，保障了日本海外资源开发和海外承保工程事业的发展，凸显了日本政府海外投资政策体系的协调性和一致性。

（四）韩国海外投资合作保险制度内涵

韩国海外投资合作保险包括海外投资保险和海外建设工程保险。

1. 韩国海外投资保险

韩国贸易保险公社 (K–sure) 为隶属韩国产业通商资源部的政策性保险公司，依据《贸易保险法》及其实施细则，主要为韩国企业及金融机构提供各类风险担保服务，推动进出口发展及海外投资。

目前韩国贸易保险公社主要为企业对外投资提供海外投资保险、海外项目金融保险、出口担保保险等服务，具体承保投资东道国战争、政府征用、外汇管制、不可抗力、东道国政府违约等非商业风险以及合作方破产、不履行合同等信用违约风险，保费根据投保金额及期限、投资东道国等级及投资企业信用等级的差别而各不相同。此外，韩国贸易保险公社还可以为企业对外投资提供国外企业信用调查、海外债券托收代理服务等。

韩国政策性保险机构对海外投资者因在东道国遭遇没收、战争、内乱以及汇出困难等原因可能造成的损失，提供保险。海外投资保险的保险期限，根据总统令决定。保险产品主要有：

海外投资权益被征收保险：对于韩国企业在海外投资的权益被东道国政府剥夺造成的损失，韩国政策性保险机构给予赔付。这些权益包括股份、贷款债权或公司债等的本金，对股份等的红利分配请求权或贷款债权、公司债等的利息分给请求权或有关不动产的权利。

设备、产权损害保险：对于韩国企业在海外投资因战争、内乱或政变而受到损害，或项目上特别重要的有关不动产、设备、原材料及其他物资的管理、矿业权、工业所有权及其他权利或利益受到外国政府等侵害，从而因受损害而使该海外投资项目无法继续进行或出现其他总统令决定的事由。

项目计划受阻保险：对因战争、内乱或政变使对有关不动产的权利等受到损害，从而无法行使有关该不动产之权利等的项目计划，也列在保险范围。

本金或利益汇出保险：以本金的变现所获得的金额、股份等的红利、贷款的债权或公司债等的利息、红利等或以有关不动产之权利等的转让所获得的资金，因东道国政治原因而无法在总统令规定期间内给国内汇出所造成的损失。这些政治原因包括：（1）外国实行的外汇往来的限制或禁止；（2）因国外的战争、内乱或政变而断绝外汇往来；（3）外国政府等管制该获得金额等；（4）取消该获得金的汇款批准，或在外国政府事先约好给予其批准的情形下拒绝其批准；（5）属于（1）至（4）之一的事由出现后，外国政府等没收获得金等。

2. 海外工程建设保险

依据韩国《出口保险法》，韩国出口保险公社对海外工程建设和建设业劳务出口提供出口保证保险、海外建设工程保险、一般出口保险、出口金融保险和出口贷款金融保险。

出口保证保险的主要功能是对韩国外汇银行向韩国工程公司在海外投标的工程建设项目所提供的各种担保或保证进行保险，以保障外汇银行的利益。

海外建设工程保险是为了赔偿韩国公司在海外工程建设相关业务中因东道国政治和经济原因造成的损失而提供的风险保障。

一般出口保险，是针对由东道国政治或经济原因使出口合同难以执行而导致韩国贸易和工程公司出口受阻并形成经济损失的保险。

出口金融保险，是向支持韩国出口提供贷款的韩国银行提供的保障其贷款回收的保险。

出口贷款金融保险，是为了赔偿韩国金融机构依据出口贷款金融合同提供资金的情况下因东道国外汇冻结、战争和内乱、无法控制的原因、当事人破产等事由而无法收回本金和利息时所造成的损失，出口保险公社对金融机关提供的保险。

3. 保险金的支付

韩国出口保险公社用于承保海外投资和工程建设风险的出口保证基金，由韩国政府财政预算拨款和根据总统令规定的其他财源组成。对于符合条件的投保企业发生损失，韩国政策性保险机构要根据总统令的指令，支付不同水平的保险金。海外投资保险属于实际损失赔偿制，保险人给付保险金的比率定为损失额的90%，即保险人给付保险金等于上述损失额乘以90%所得出的金额，但保险金不得超过保险金额。

4. 回收金的缴纳

收到付给保险金者须努力回收有关获得事故本金或事故权利等的代价或获得金等的无法汇款额，或行使有关事故红利请求权等的权利。到付给保险金者在其提出支付请求后有回收金额，须向公司缴纳其在每个回收期收回的金额乘以从公司得到分给的保险金额对保险金条款规定的余额的比率所得出的金额。

（五）新加坡对外投资保障制度

新加坡政府对本国企业开展国际化经营提供的保障支持力度较大。主要包括贷款担保和保险两类。

1. 贷款担保

实施“国际化融资方案”(Internationalisation Finance Scheme，IFS)，新加坡企发局与特定的金融机构合作，为企业的海外投资提供担保，包括固定资产投资、结构性融资、银行保函、并购融资等。符合条件的企业可最多申请到最高 7 000 万新币的信贷便利。

实施“贷款保险计划”（Loan Insurance Scheme，LIS）。企发局和标新局同时为符合条件的企业背书，为企业的短期贸易融资提供保障。

2. 政策性保险

实施“政治风险保险计划”（Political Risk Insurance Scheme，PRIS），旨在帮助在海外投资的企业应对可能产生的政治风险（如征收、国有化、货币禁兑、东道国违约等）而产生的险种。企发局最高可为符合条件的企业分担前三年保险费用的 50%，且最高不超过 50 万新币。

实施“贸易信用保险计划”（Trade Credit Insurance Scheme，TCIS）。为保护企业现金流、针对买家不付款等违约行为服务的险种。新加坡企发局最高可为符合条件的企业承担最低保费的 50%，且最高金额不超过 10 万新币。

（六）中国对外投资合作保险制度

中国于 2002 年年底建立了对外投资合作保险制度，中央财政出资设立政策性保险机构——中国出口信用保险公司，代表政府承担中国企业海外投资合作的政治风险。由于中国对外投资合作保险政策起步较晚，政府提供的资本金规模有限，保险产品少，保险机构的运行机制还处于摸索阶段。中国出口信用保险公司提供的对外投资合作保险包括海外投资保险和中长期出口信用保险。

1. 海外投资保险

根据中国出口信用保险公司《投保指南》，具有国家规定的境外投资资格的下列投资者，可以投保海外投资保险：在中华人民共和国境内（香港、澳门、台湾除外）注册成立的金融机构和企业，但由在香港、澳门、台湾的企业、机构、公民或外国的企业、机构、公民控股的除外；在香港、澳门、台湾和中华人民共和国境外注册成立的企业、金融机构，如果其95%以上的股份在中华人民共和国境内的企业、机构控制之下，可由该境内的企业、机构投保；其他经批准的企业、社团、机构和自然人。

（1）保险标的项目范围

《投保指南》规定，可以享受保障的项目必须符合中国国家政策和经济、战略利益。

（2）保险的项目形式

《投保指南》规定，下列形式的境外投资，不论是否已经完成，可投保海外投资保险：直接投资，包括股权投资、股东贷款、股东担保等；金融机构贷款；其他经批准的投资形式。

（3）保障的投资者权益

海外投资保险承保投资者的投资及已赚取的收益因承保风险而遭受的损失。中国海外投资保险，保障投资者的海外投资免受征收、汇兑限制、战争和政府违约等事件造成损失。

（4）投保方式

如果投资者打算投保海外投资保险，最好在有关项目进行初期谈判的时候与中国出口信用保险公司联系，以便了解项目的大致情况，确定投资者是否可以享受海外投资保险的保障，并且帮助投资者控制风险。如需要中国出口信用保险公司出具《海外投资保险意向书》以办理贷款等事宜，投资者应填写一份《海外投资保险意向申请书》；投资条件确定之后，投资者应填写一份《海外投资保险投保申请书》。然后，中国出口信用保险公司将根据投资者提供的资料出具保险单。

2. 中长期出口信用保险

中长期出口信用保险旨在鼓励中国出口企业积极参与国际竞争，特别是高科技、高附加值的机电产品和成套设备等资本性货物的出口以及对外工程承包项目，支持银行等金融机构为出口贸易提供信贷融资。中长期出口信用保险通过承担保单列明的商业风险和政治风险，使被保险人得以有效规避以下风险：出口企业收回延期付款的风险；融资机构收回贷款本金和利息的风险。

（1）中长期出口信用保险的特点

出口信用保险公司以保本经营为原则，不以营利为目的；业务属于政策性业务，受国家财政支持。

（2）中长期出口信用保险的作用

可以转移收汇风险，避免巨额损失；提升信用等级，为出口商或进口商提供融资便利；灵活贸易支付方式，增加成交机会；拓宽信用调查和风险鉴别渠道，增强抗风险能力。

2008 年金融危机爆发以后，特别是“一带一路”倡议启动以来，为有效保障外贸出口企业和对外投资合作企业利益，降低企业风险，中国出口信用保险公司根据国务院的要求，逐步降低保费费率，增加保险产品种类，以适应中国企业开展国际竞争与合作的新需求。

三、中外对外投资保障体系的差异

前述各国对外投资保障体系对比发现，各国政府都非常重视海外投资的风险保障问题，形成了一套国际通行的海外投资保障惯例。然而，由于各国法制建设程度不同，对外投资发展的阶段也不同，因此中外对外投资合作的保障体系依然存在明显的差异。

第一，法律健全程度不同。在国与国之间，中外都是通过多、双边保护协议来保障本国对外投资的权益；但在国内层面，多数发达经济体不仅有国家 / 联邦层面的《对外投资法》，而且还有对外投资促进和保障机构的法案，确立这些机构的法律地位，使之责任上升到法律高度，确保对外投资保障的严肃性和权威性。相比之下，中国还没有像其他国家那样颁布实施《对外投资法》，甚至尚未形成《对外投资条例》，至于中国出口信用保险公司这样的政策性保障机构的地位，更是没有上升到法律层面，不仅影响对外投资合作权益的保护力度，而且对今后在多、双边层面的政策和制度磋商也会有被动隐患。

第二，保障措施力度差异。各国采取的对外投资合作保障措施方向比较一致，但由于各国保障体系建设的背景、历史和现实需要的差异，导致中外对外投资合作的保障措施力度差异较大。比如，政策性风险保险产品的品种、费率、覆盖国别市场的差异依然较大，赔付的比例也不尽相同；针对本国具有战略性意义的对外投资合作的保障措施，各国采取的措施也不一致。

第三，保障机构定位差异。发达经济体对外投资历史悠久，伴随这一漫长进程的对外投资保障体系建设也在不断变革，目前运行的对外投资保障体系是适应当代西方跨国公司竞争力的，但不适合转轨国家和发展中国家跨国企业的需求。因此，中国对外投资保障体系建设需要借鉴西方国家处于我们这个发展阶段时的做法，而不是现在的做法。因此，国家对政策性保障机构的定位要更加清晰，而不是在政策性机构和商业机构中模糊不清。只有这样才能让这些机构的发展定位、宗旨、目标都更加聚焦于国家的对外投资合作业务，在推动形成全面开放新格局中更能有所作为。

第五节　对外投资的其他政策比较

由于世界各国对外投资合作发展的阶段不同，国家的开放水平不同，产业和地区战略导向不同，因而支持海外投资合作的政策内涵就大不相同。除了前述的财政、税收和金融政策以外，各国还根据本国海外投资合作的需要，制定了其他一些相关政策。

一、英国寻求多角度推动对外投资

英国不仅拥有成熟的市场经济体制，而且对外投资合作的政策框架完整，目标明确，即促进英国货物和服务贸易发展。因此，英国政府从多角度寻求对外投资合作的自由化发展。

（一）寻求多边机制推动海外投资自由化

鉴于英国企业国际化进程已经遥遥领先于世界其他国家，因此英国除了原有的政策框架之外，更加注重在经济全球化不断深化的过程中，通过多边国际组织推动海外投资和贸易的自由化。

在双边投资保护协定之外，英国在 OECD 中力求为本国投资者提供一个稳定透明体系的多边投资协定，以敦促推进全球投资自由化，并在国际多边机构中，力争保持一个稳定的国际税收环境。英国政府寻求保护英国投资者不受仲裁和歧视性征税规定，并且劝阻一些国家不要对外资使用歧视的津贴和税收安排。

（二）鲜明的地区政策

第二次世界大战后初期，英国海外投资主要集中于英联邦国家，尽管几乎所有的英国殖民地先后独立，但英国凭借其在殖民地多年统治遗留下来的影响，仍有大量投资投向英国熟悉的前殖民地市场，到 60 年代末，英国的境外投资仍然有一半以上投在英联邦国家。1973 年英国加入欧共体后，海外投资的重点地区市场发生了变化，对英联邦国家的投资逐渐减少，对北美、西欧的投资比例明显提高。这主要是因为战后英国传统制造业在国民经济中的比例下降，无论从资源还是市场角度对发展中国家市场的依赖减少；同时，通过对欧美发达国家的直接投资，既可获得高新技术、促进现代服务业发展，又可以更加直接地占领世界最大的消费市场。

（三）贸易政策与海外投资政策高度契合

传统上，英国的海外投资是在大量对外贸易的基础上发展起来的，可以说其对外投资实质上是为对外贸易服务的。100 多年以来，英国政府关于海外投资的政策导向始终与对外贸易政策导向高度一致，所以英国政府管理海外投资并不像美国那样关注新的投资项目是否挤占了传统的贸易市场，而是将海外投资和贸易从最有效地利用海外资源的角度去考虑。英国从海外投资中赢利的趋势，改变了其国际收支账户的构成，海外投资不仅大幅度增加了英国的资本项目收入，并且还间接地促进了其对外贸易的净存量。从这个角度来说，英国政府并不介意海外投资对传统市场产生的出口替代，因为英国的实践表明，海外投资经常带来贸易的扩大，而不是削减。英国向波多黎各的出口就是一个例子，近几年英国与波多黎各贸易额飞涨，几乎完全是因为那里的英国农药和其他投资项目拉动的出口和进口增加，这些投资带动的出口占英国向波多黎各出口的约 80%。

二、美国内外联动的资源类对外投资政策

美国早在两次世界大战中就建立了高度开放的经济体系，因此其经济发展的各

项政策都与开放型的经济模式密不可分。在对外投资合作政策上，美国采取了内外联动的政策措施，推动本国企业向海外扩张。

由于美国迅速发展成为工业大国的同时成为能源消费大国，因此，美国政府和国会很自然地将资源战略上升到国家战略层面进行总体设计，并通过国内法进行保护和促进。美国法律在对一般性企业和国内产业进行限制垄断的同时，对资源行业和外向型行业则网开一面。《谢尔曼反托拉斯法》允许美国资源性行业实行行业垄断，培育资源性企业主体的规模，打造核心竞争优势。《经济合作法》《对外援助法》《共同安全法》等则扩大了本国跨国企业在海外矿产资源开发中的保护范围，通过签订各种双边、多边协议保护企业多种权利，免受歧视性待遇。

对资源性企业，美国政府除提供常见的融资支持、贷款保证和投资保险之外，还针对资源开发的不确定性，由政府出面，建立和维护全球矿产资源信息系统，利用地质勘查技术优势，向跨国企业提供信息服务；针对资源的不可再生性和国际竞争激烈程度，早在1913年在税则中就正式将资源耗竭补贴制度化，允许企业在税后净利润中扣除一定比例，用于寻找新资源；而在企业自身能力不能涉及的领域，政府还会采取非经济手段予以协助，有时甚至不惜为此动用军事力量，尤其在油气资源方面表现最为突出。几次发生在中东地区的战争和冲突，都与美国的资源战略密切相关。

三、法国内外联动的产业投资政策

法国政府通过产业调整计划，对海外投资进行产业引导和促进。工业结构的调整带动对外投资的增长，而对外投资的增长反过来也促进了国内产业结构的调整，形成了法国政府管理海外投资政策的重要特点，也是法国海外投资最重要的特点。

法国经过第二次世界大战后初期的经济恢复之后，在50年代到60年代出现了高速增长的黄金时代，经济实力超过英国，成为仅次于德国的欧洲第二强国，但是70年代以来，由于产业结构不合理导致经济增长放慢。法国政府为了改变经济发展中的不利形势，对国内的六大部门进行了不同程度的调整和技术改造，推动了对外直接投资的发展。

（一）开发海外能源的战略布局

国内能源需求增长推动了法国的对外直接投资，开发国外能源。为解决能源问题，防止世界其他国家控制其战略能源，使法国处于不利地位，法国政府加快了对国外能源开发的投资政策引导，在波兰、南非直接投资开发煤炭；在北非、中东和北海等地直接投资开发石油；在加蓬和尼日利亚直接投资开发铀矿，并将法国的核技术（仅次于美国）向世界其他地方推广，以提供技术和设施进行合作，赚取外汇。

（二）钢铁工业调整转移

进入 80 年代，根据法国铁矿石资源短缺的状况，为减少钢铁工业造成的高耗能、高污染，法国政府决定进行钢铁工业改造，将部分生产能力迁至国外。1984 年法国社会党政府通过了“新钢铁计划”，决定在 1985—1987 年彻底改组钢铁工业。一方面改造老化的机械设备，进行技术更新；另一方面关闭亏损严重的钢铁厂，将设施迁移至发展中国家，利用其廉价的劳动力，在国外生产钢铁，就地销售，扩大国外市场份额。

（三）汽车工业海外建厂

80 年代以来，法国汽车工业出现了产销不旺现象，原因是汽车成本高，难以同美日及德国的汽车竞争。为应对美国、日本和德国汽车公司的竞争和挑战，法国政府决定引导法国汽车工业在国外建立生产、销售基地。法国政府引导标致 - 雪铁龙 - 克莱斯勒汽车公司和雷诺汽车公司把部分投资资本转向国外，到美国、加拿大、巴西、远东及世界其他地方直接投资，就地产销汽车，增强了法国汽车企业的国际竞争能力。

（四）航空航天工业走出国门开展技术合作

80 年代以后，随着世界科学技术的发展，法国政府深感依靠自身的力量越来越难以承担巨额的航空航天科研费用。为了解决科研开发经费和加快航天航空科研成果的开发利用，法国政府在坚持独立自主原则的基础上，加快国际合作的步伐，将部分技术专利折成股本与西欧 10 个国家进行多边或双边合作，在西欧地区生产 30 多种航天航空产品，其中包括“空中客车”A300 型中程大型客机，“美洲豹”喷气式战斗机，“阿丽亚娜”运载火箭等产品，采用西欧多国联销方法扩大了其国际市场销路。

（五）电子工业两条腿走路

为推动电子工业的高速发展，缩小法国电子工业与其他发达国家的差距，1983

年法国政府采取了“两条腿走路”的办法。一方面加强国内电子技术科研开发与应用，通过了“振兴电子工业5年计划”，同意在1983—1987年拨款1 400亿法郎用于电子相关产业；另一方面，加紧在美国、日本直接投资，兼并其技术先进的弱小电子公司消化其先进的电子技术，进行引进利用，提高法国电子技术水平。80年代以来，法国在美、日的直接投资中，相当大的部分用于兼并其电子公司。法国政府采取“引进来”和“走出去”两条腿走路的策略，加快了引进国外先进技术的步伐，缩短了法国电子工业与美、日等国的技术差距。

（六）化学工业对外投资争夺海外市场

80年代以来，化学工业的国际竞争日益激烈，法国改变了在国内生产化工产品进行出口的传统经商战略，加紧在世界各地，特别是欧美等发达国家直接投资，建立生产、销售网络，提高其产品的竞争力，成功地与美国、日本以及德国企业争夺市场。

四、中国政府引导海外投资合作的其他政策

中国政府支持对外投资合作的政策措施，还包括对外劳务合作政策、对外承包工程政策、鼓励民营企业走出去的政策、对外投资合作人员出入境管理政策等。

（一）对外劳务合作政策

对外劳务合作是中国对外经济技术合作的重要组成部分，也是开展对外投资和对外工程承包业务必要的要素资源。中国政府鼓励符合条件并经商务部批准的企业开展对外劳务合作业务。

1. 对外劳务合作的管理体制

为了有组织地、系统地开展对外劳务合作，保障该项事业的持续、稳定、健康发展，经过近40年的实践，中国对外劳务合作形成了一套具有中国特色的、日臻完善的、高效的管理体制——“商务部宏观管理、各部门协调合作、地方政府属地管理、行业组织协调自律、驻外经商机构一线监管、与有关劳务输入国共同管理”的体系。

2. 对外劳务合作的管理政策

为开展对外劳务合作并使这项事业得到健康稳定发展，在过去近40年中，中国政府先后颁布实施了多项政策规定，并根据这项业务发展的需要，不断修订和完善

之。在此基础上，形成国家最高行政规章——国务院《对外劳务合作管理条例》(以下简称《劳务合作条例》)。《劳务合作条例》2012 年 5 月由中华人民共和国国务院令第 620 号颁布，自 2012 年 8 月 1 日起施行。

《劳务合作条例》包含 6 章 53 条，分别是总则、从事对外劳务合作的企业与劳务人员、与对外劳务合作有关的合同、政府的服务和管理、法律责任、附则。

该条例专章规定了政府的相关服务和管理职责。主要包括：建立对外劳务合作信息收集、通报制度，为对外劳务合作企业和劳务人员无偿提供信息服务；建立对外劳务合作风险监测和评估机制，指导对外劳务合作企业做好安全风险防范；加强对劳务人员培训的指导和监督并给予必要的财政支持；组织建立对外劳务合作服务平台，为对外劳务合作企业和劳务人员无偿提供服务；建立对外劳务合作不良信用记录和公告制度；制定对外劳务合作突发事件应急预案，妥善处置对外劳务合作突发事件等。

（二）对外承包工程政策

对外承包工程是集设备、材料、技术、资本和服务出口为一体的综合性国际经济合作方式，经过 40 年的发展，建筑服务成为中国服务贸易重要的顺差部门。中国对外承包工程事业从劳务分包、土建分包发展到施工总承包，再到 EPC 总承包、BOT 乃至 PPP，一路伴随企业成长、业务发展模式创新的，是中国政府的政策变革。2008 年 5 月，中华人民共和国国务院令第 527 号颁布《对外承包工程管理条例》(以下简称《承包工程条例》)，自 2008 年 9 月 1 日起施行。

《承包工程条例》内容有 5 章 35 条，包括总则、对外承包工程资格、对外承包工程活动、法律责任和附则，对承包工程的政府主管部门、企业获取业务资格、开展承包工程活动中应遵守的规则以及相关的法律责任等进行了规定。

2017 年 3 月，为充分调动企业积极性参与国际基础设施合作，国务院决定取消《承包工程条例》规定的“对外承包工程资格审批事项”，商务部办公厅、海关总署办公厅、国家质量监督检验检疫总局办公厅联合发布《关于做好对外承包工程资格审批取消后有关政策衔接工作的通知》，以理顺政策，减少政策调整给行业发展带来的影响。同时，商务部加快“互联网 + 政务服务”的进程，加强事中事后监管，规范行业发展的秩序，保障对外承包工程事业健康发展。

目前，设施联通成为“一带一路”建设的优先发展领域，为增强中国与相关国家互利共赢、共同发展奠定坚实的基础。

（三）加强境外中资企业机构与人员安全保护政策

近年来，由于国际政治局势发生变化，部分国家发生的反政府武装冲突、恐怖袭击和社会治安事件增加，威胁了中国企业对外投资合作相关人员的人身安全。对此，中国政府提出牢固树立以人为本、人民群众的生命财产安全高于一切的观念，按照预防为主、防范处置并重的要求，建立健全工作协调、应急处置和内部防范等机制，统一领导、分级负责、建章立制、依法办事，及时果断处置突发事件，最大程度地避免或减少危害境外中国公民和机构安全事件的发生，尽可能减少我公民生命财产损失，维护中国国家利益。

2005年9月，国务院办公厅转发商务部、外交部和国资委《关于加强境外中资企业机构与人员安全保护工作的意见》(以下简称《意见》)，分别对地方政府和国内投资主体企业提出具体要求。

对地方政府提出的要求:《意见》要求地方政府和各相关企业根据国务院《国家涉外突发事件应急预案》的相关规定，做好境外中资企业、机构与人员安全保护工作。具体政策措施包括:(1)加强安全教育和管理，强化安全意识;(2)严格履行对外经济合作业务管理规定，切实把好安全关;(3)完善信息收集和报送制度，建立安全风险预警机制;(4)建立和完善内部安全防范与应急处置机制;(5)充分利用现有工作机制，加强部门间的协作配合;(6)进一步发挥驻外使领馆的作用;(7)建立项目安全风险评估和安全成本核算制度，加强境外人员与机构的保险保障;(8)妥善处理与所在国家(地区)居民及团体的利益关系，积极开展本地化经营;(9)完善相关法律、法规，把境外中资企业、机构与人员安全保护工作纳入法制化轨道。

对企业提出的要求:《意见》对对外投资合作企业提出的要求包括:(1)建立境外项目安全风险评估制度。企业承接境外商业性项目，在做项目评估时，都应建立安全评估制度。根据所在国及地区的情况，将境外项目的安全状况区分为不同等级，安全风险应作为决策的重要依据。确定选择的项目，必须制定充分的安全保护措施，实施分类管理。对于政府援建项目，应由政府有关部门商承办企业对受援国安全环境进行评估。针对安全风险的不同情况，要求当地政府及警方做好相应的安全保卫工作。(2)妥善处理好与当地各方面的关系。针对可能涉及所在国就业和经济利益的项目，要慎重决策，防止陷入当地利益冲突。企业和人员要加强与当地有关部门、社会团体及其他方面的联系和沟通，注意对外宣传，注重社会公益事业，尽量避免或减少矛盾。（3）改变传统的企业经营管理模式。对于安全问题突出的国家和地区的项目，企业应充分发挥技术和管理优势，推进项目经营本地化，通过采取当地分包等方式在帮助解决当地就业的同时，降低人员风险。（4）保证必要的安全投入。在驻外员工工作、生活区域设置必要的安全保卫设施，如围墙、栅栏、电网、警报系统等，雇用确实有防护能力的当地保安，必要时聘请武装军警。在组织实施项目时确保安全保卫、通讯设备、交通车辆等必要的安全投入及时到位。（5）将安全成本纳入项目预算。境外中资企业与机构要对境外项目进行安全成本核算，将安全成本纳入项目预算。要逐步推行符合国际惯例的合同条款，将安全保障条款纳入安全问题突出的国家和地区项目协议或合同，把安全投入成本纳入境外承包项目预算中。（6）为外派人员购买境外人身意外伤害保险。各派出企业必须为外派人员购买境外人身意外伤害、职业暴露等保险，提高境外机构和人员的抗风险能力。

（四）境外企业文化建设政策

为鼓励和支持企业更好地适应实施“走出去”战略面临的新形势，内凝核心价值、外塑良好形象，在实施互利共赢开放战略和建设和谐世界中发挥更大作用，实现在境外的健康可持续发展，2012 年 4 月，商务部、中央外宣办、外交部、国家发展改革委、国资委、国家预防腐败局、全国工商联联合印发《中国境外企业文化建设若干意见》（以下简称“意见”），要求境外中资企业树立使命意识、坚持合法合规、强化道德规范、恪守诚信经营、履行社会责任、加强与当地融合、加强风险规避、严抓质量考核、创新经营特色。《意见》还就加强境外企业文化建设的实施和保障提出了具体措施。

（五）对外投资环境保护政策

为指导中国企业进一步规范对外投资合作活动中的环境保护行为，及时识别和防范环境风险，引导企业积极履行环境保护社会责任，树立中国企业良好对外形象，支持东道国的可持续发展，2013 年 2 月，商务部会同原环境保护部印发《对外投资合作环境保护指南》，倡导企业应当秉承环境友好、资源节约的理念，发展低碳、绿色经济，实施可持续发展战略，实现自身盈利和环境保护双赢；了解当地环境保护法规，申请环评许可；将环境保护纳入企业发展战略和生产经营计划，建立相应的环境保护规章制度，强化企业的环境、健康和生产安全管理；防控环境事故风险；积极履行环境保护责任，参与和支持当地的环境保护公益活动，宣传环境保护理念，树立企业良好环境形象，促进当地经济、环境和社区协调发展，在互利互惠基础上开展合作。

（六）加强对外经济合作领域信用体系建设

根据《国务院关于印发社会信用体系建设规划纲要（2014—2020 年）的通知》（国发〔2014〕21 号）和《国务院关于建立完善守信联合激励和失信联合惩戒制度加快推进社会诚信建设的指导意见》（国发〔2016〕33 号），为规范对外经济合作秩序，提高对外经济合作领域参与者的诚信意识，营造良好的对外经济合作大环境，2017 年 10 月，国家发展改革委、商务部等 28 个部门联合发布《关于加强对外经济合作领域信用体系建设的指导意见》，提出在对外经济合作领域，以对外投资、对外承包工程和对外劳务合作、对外贸易、对外金融合作为重点，加强对外经济合作信用体系建设。

一是对贯彻落实“一带一路”建设、国际产能合作，参与实施设施联通、贸易畅通、资金融通等合作的对外经济合作主体和相关责任人，如出现违反国内及合作国家和地区相关法律、法规以及违反国际公约、联合国决议，扰乱对外经济合作秩序且对推进“一带一路”建设造成严重不良影响、危害国家声誉利益等的行为，相关主管部门将失信主体、责任人和失信行为记入信用记录。

二是加快推进对外经济合作领域信用信息共享应用。依托全国信用信息共享平台和国家企业信用信息公示系统，逐步实现信用信息的归集、处理、公示和应用。

三是建立对外经济合作领域失信惩戒机制。各相关部门通过签署对外经济合作领域失信行为联合惩戒合作备忘录，对严重失信主体依法依规实施联合惩戒。鼓励各类社会机构和企业法人依据法律、法规和规章制度，采用市场化的手段，对失信企业在信贷担保、保险费率、招投标采购等方面采取限制性措施，强化失信联合惩戒的效果。推动实施失信联合惩戒，使守信者受益、失信者受限，增强负面惩戒的力度。

第五章 对外投资促进与社会服务体系比较

世界各国的对外投资政策包罗万象，包括管制性政策、支持性政策和保护性政策等。由于发展中国家对跨国公司殖民掠夺历史心有余悸，加之WTO对补贴和反补贴措施的规则限制，各国对外投资合作的支持性政策的实施往往不是以明目张胆、赤裸裸的补贴面目出现的，而是通过一定的方式和渠道转换为对海外投资的促进和服务。

第一节　对外投资促进的目标比较

对外直接投资，从形式上表现为资本的输出，有可能削弱投资母国经济实力，如造成外汇资本紧缺、形成产业空洞化、资本外逃、税收流失等。因此，中外政府对外投资支持性政策的出台和实施，无论如何都是服务于一定的政治和经济目标，或者为了巩固地区外交等政治战略目标，或者为了占有海外资源和市场等经济目标。只是不同国家在不同的历史时期目标有所不同，对这种目标的明确程度不同、表述方式不同而已。

一、对外投资促进目标的设定

从中外政府促进对外投资的政策目标可以发现，资源禀赋不同、经济发展阶段不同的国家、或者说同一个国家在不同的历史发展时期，政府设定的对外投资促进目标差异较大。

（一）英国促进对外投资的目标

对于英国而言，相对于其强大的国际竞争力，其狭小的国内市场是英国对外贸易和对外投资促进的直接动因。因而，英国政府促进对外投资的政策目标始终围绕着如何扩大国际市场这一根本目标，无论对外援助、税收政策、地区政策、对外谈判等，都服务于这个目标。

1. 开拓海外贸易市场

英国政府促进对外投资的最核心目标就是占领和扩张海外市场。为此，英国政府在制定支持企业海外投资的政策时，都会从市场占领和扩张的角度出发，引导企业集中开拓某一地区市场。从第二次世界大战后初期的英联邦国家市场，到欧共体成立以后转向西欧市场，再到被英国称之为“风险市场”的拉美、加勒比地区和亚洲国家。

2. 获取海外技术资源

近年来，经济全球化的竞争格局越来越侧重于新兴产业和特有技术的开发，为提高英国企业的国际竞争力，保持在新经济领域的竞争地位，英国政府鼓励英国企业集中力量进行其拥有一定基础的专业技术开发，并寻找适用这些技术的市场。

3. 东道国建立市场经济体制

英国政府向发展中国家提供援助项目和技术支持的重要目标，就是直接帮助发展中国家建立稳定的自由化市场体系并监督其运行，以保护英国投资者的利益。

4. 促进有效率的行业发展

英国政府对外投资的促进政策的行业目标，除获取海外技术资源以外，就是对造船、电力等行业有特殊规定。产业政策主要表现在对不同行业的担保期不同，一般行业为 10 年，电站 12 年，核电站 15 年。英国信贷担保局只扶持有效率的行业和企业，使之对英国经济做出更大的贡献。

（二）美国促进对外投资的目标

美国促进对外投资的政策目标十分鲜明，一是受其意识形态影响，把谋求地区政治战略放在首位，二是寻求对海外资源的长期控制。

1. 突出地区政治战略意图

第二次世界大战后美国对外投资合作的促进，比较突出地表现为服从其地区政治战略意图。从其海外投资合作的经济合作法、共同安全法、对外援助法等立法，到投资合作的促进机构设置，再到具体的政策内容上，无不刻上这样的烙印。从第二次世界大战后援助欧洲和日本的复兴计划，到《北美自由贸易协定》，再到非洲政策，都体现了美国政府实行地区控制、实现美国最大利益的政治意图。美国支持对外投资的基金就有百余个，基本上都是针对不同国别和地区的专项基金。就连美国进出口银行的对外担保计划，也是以巴西、中国和印度为主导目标的，以期弥补其他政策的缺失，达到政治上进行影响的目的。

2. 海外资源的长期控制

与西欧老牌资本输出国以及日本不同，美国在完成工业化之后，依然保持了其对全球制造业的控制力，而且继续成为全球资源消费的最大国家。所以，保持美国对海外战略性资源的控制力，已经成为美国国家安全的重要内容，也是美国政府促进海外投资政策的重要目标。

美国对外投资保险中，不仅实行专门的海外资源开发保障制度，还根据国际资源市场的竞争格局，采取相应的投资促进政策。近年来，虽然中东的石油产量和储量在全世界名列前茅，但该地区长期动乱，迫使美国政府在石油问题上尽量避免过于依赖中东，不得不加大力度拓展非洲市场。过去几年来，美国通过了《撒哈拉沙漠以南非洲的增长与机会法》，加大了对非洲国家的援助，美国进出口银行增加了对非洲的融资，海外私人投资公司更多地担保美国在非洲的投资，引导美国企业扩大对非洲市场的投资计划，改变了美国的海外资源供应格局。美国政府 2007 年公布的数字显示，在美国的原油进口量中，来自非洲和中东的原油各占其总进口的约 22%，但就其数量而言，非洲的石油日输美量要比中东多出 8 000 桶，达到 223 万桶，这也是 1979 年以来的最高水平。

3. 与国家宏观调控目标相一致

在西方国家，政府实行宏观经济调控的目标是：适度经济增长、国际收支平衡、扩大就业和税收增加。美国政府促进对外投资合作的政策目标与宏观调控的目标密切结合，成为其促进政策目标的重要特点。美国政府规定，减少美国国内就业人数的对外投资、影响美国国际收支平衡的对外投资以及采购发达国家商品的海外投资，都不在美国国家政策支持的范围之内。

（三）韩国促进对外投资的目标

韩国政府促进海外投资的政策目标与其每个时期的海外投资合作的战略导向高

度吻合，体现了一个后起的发展中国家资本输出国政府管理政策的竞争力。

1. 增加外汇收入

韩国曾经长期出现国际收支困难，所以从第二次世界大战后初期进入国际工程建设市场，到确立出口导向型的经济发展战略，以及后来以转移产能为目标的对外投资政策，都与增加外汇收入这一目标有密切的联系。

2. 获取海外资源

韩国在国际收支逆差、国家整体实力不强的 20 世纪五六十年代，就开始了资源类对外投资的征程，原因是韩国自然资源贫乏，而国内经济快速发展需要大量的能源。所以到目前为止，尽管韩国许多大型企业都已经把重化工业生产转移到了海外，但是自然资源开发，依然是其海外投资合作的重要产业目标。

3. 促进产业升级

韩国和日本一样，实施出口导向战略的后期便遭遇频繁的贸易摩擦，同时国内资源短缺加剧，劳动力工资上涨，环保压力增大。因此，通过对外投资对外转移产能成为对外投资合作的重要目标。20 世纪 70 年代后期到 80 年代是轻工业对外产业转移，90 年代至今主要是机械、化工等重化工业的产业转移。

（四）中国促进海外投资合作的目标

中国政府对海外投资合作的基本政策，总体上经历了从限制对外投资，到允许对外投资，再到支持对外投资的演变过程。尽管自 20 世纪 80 年代初期就组织企业开展对外工程承包和对外劳务合作，但是全方位支持对外投资合作的政策导向的确立，则还是以实施“走出去”战略为标志。

“走出去”战略提出的总体目标，就是应对经济全球化，更加主动地参与国际分工，更有效地用好两个市场、配置两种资源，提高国际竞争能力。只是在实施“走出去”战略的过程中，中国政府逐步把其战略目标具体化、清晰化。由于中国尚没有制定对外投资合作法，迄今为止，中国政府促进对外投资合作的目标还只能从中央全会文件、国务院和相关部委的行政规章中进行归纳。

1. 服务于新时期对外开放战略

党的十七大报告指出，新时期对外开放战略目标是建立和完善内外联动、安全高效、互利共赢的开放型经济体系。因此要把“引进来”和“走出去”更好地结合起来，以形成经济全球化条件下参与国际经济合作和竞争新优势。

党的十八大报告指出，适应经济全球化新形势，必须实行更加积极主动的开放战略，完善互利共赢、多元平衡、安全高效的开放型经济体系。要加快转变对外经济发展方式，推动开放朝着优化结构、拓展深度、提高效益方向转变。创新开放模式，坚持出口和进口并重，提高利用外资综合优势和总体效益，加快走出去步伐，统筹双边、多边、区域次区域开放合作，提高抵御国际经济风险能力。

党的十九大报告指出，推动形成全面开放新格局。要以“一带一路”建设为重点，坚持引进来和走出去并重，遵循共商共建共享原则，加强创新能力开放合作，形成陆海内外联动、东西双向互济的开放格局。创新对外投资方式，促进国际产能合作，形成面向全球的贸易、投融资、生产、服务网络，加快培育国际经济合作和竞争新优势。

2. 整合国际国内生产要素

中国政府促进对外投资合作的主要目标曾经是开拓海外市场，1999 年开始以支持境外加工贸易为标志转向支持国内富余产能向海外转移。以党的十七大文件提出的“创新对外投资和合作方式，支持企业在研发、生产、销售等方面开展国际化经营”为标志，中国政府促进对外投资合作的目标，已经转向整合国际国内生产要素，开展全产业链的跨国经营。党的十九大报告指出，要促进国际产能合作，形成面向全球的贸易、投融资、生产、服务网络，就是要形成内外联动的跨国产业体系，整合国际国内生产要素，促进中国供给侧结构性改革和东道国产业升级，实现共同发展。

3. 培育跨国公司和品牌

党的十七大报告首次提出，要“加快培育中国的跨国公司和国际知名品牌”。这使得以往关于促进企业跨国经营的政策更加明确、直接，充分体现了中国政府对于经济全球化本质的深刻认识，对于跨国公司和品牌是国际分工与竞争核心手段的正确判断。然而，这些政策目标目前尚不能集中、明确、直接地落实到对外投资促进的政策载体上。

进入新时代，中国特色社会主义现代化强国建设和构建人类命运共同体，需要更加精准有效地促进对外投资合作。商务部正在全面履行对外投资主管部门职责，转变管理方式，强化服务保障，加强风险防范，形成科学规范、运转有效的管理和服务体系，促进对外投资合作事业健康稳定发展。

二、对外投资促进目标的差异

综上所述，世界各国政府促进对外投资合作的目标设定有很大区别，经济发展阶段不同、资源禀赋的差异、地区战略利益格局以及对促进主体目标不同，导致了各国政府促进对外投资合作政策目标的差异。

（一）总体目标差异

世界主要资本输出国促进对外投资的总体目标一般都与本国总体经济发展战略相一致，而且目标明确、直接、透明。对于出口导向型经济体而言，支持企业占领海外市场是基本的促进目标；而对于资源短缺的国家，支持企业开发海外资源则是长远的战略目标。由于一个国家在不同的经济发展阶段对海外投资合作的需求也是不同的，所以像新加坡、日本、美国等都在经济发展的各个时期制定了本国促进海外投资的阶段性目标，如新加坡支持企业对中国投资，以实现21世纪搭上中国经济高速增长列车的经济发展战略目标。

较之欧美日发达国家、韩国及新加坡这样较发达的发展中国家，中国促进对外投资合作政策的形成历史不长，对外投资政策体系尚在探索建立之中，加之中国国内消费市场广袤，产业和地区发展不平衡，可以从内部形成产业分工的“塔形结构”，各地区之间需要一定程度的产业转移。所以，中国政府促进对外投资合作的总体政策与其他国家有所不同。中国更加强调整体上提高参与全球化的能力，强调与东道国的互利共赢和共同发展，要求企业遵守东道国的法律、法规、宗教习俗，构建和谐的当地关系。这种促进目标过于抽象，指向不明，有待通过专门的对外投资法律予以明确。

（二）产业目标差异

在对外投资合作的产业政策目标上，其他国家更加直接地设定了海外资源开发、出口导向的市场战略目标，而且各个时期的产业政策目标有明显的不同。英国、美国、日本、韩国等，在工业化发展的不同阶段，都制定了促进成熟产业对外投资的产业战略，从轻纺工业，到家电产业，再到重化工业、机械工业。

中国在20世纪80年代初就基本确定了对外工程承包、劳务合作的产业导向，因而该项事业的促进政策发挥了积极的作用，事业发展迅速。在对外投资方面，中国在世纪之交推行轻纺、家电工业境外加工贸易政策，是首次明确产业导向。2004

年7月商务部会同外交部发布《对外投资国别产业导向目录》，明确国家对符合导向目录，并经核准持有对外投资批准证书的企业，优先享受国家在资金、外汇、税收、海关、出入境等方面的优惠政策。2006年经国务院批准商务部发起境外经贸合作区建设工程，事实上是这种产业政策目标的进一步强化。而在资源开发方面，始终没有像美国、日本、韩国那样设定明确的产业导向，更没有制定专门的、系统性的资源开发促进政策，仅有的境外资源开发前期费用支持不仅不够普遍，而且力度很小。农业等其他产业领域的促进政策并不系统，林业对外投资促进政策更多地体现在中俄森林合作上面。2006年7月，国家发展改革委、商务部、外交部、财政部、海关总署、国家税务总局、国家外汇管理局联合发布《境外投资产业指导政策》，提出鼓励类和禁止类的对外投资类别，并在附录中首次发布《境外投资产业指导目录》。2008年金融危机爆发后，随着国际国内形势的发展，商务部又更新了《对外投资国别产业导向目录》。2015年，国务院发布《关于推进国际产能和装备制造合作的指导意见》，提出将钢铁、有色、建材、铁路、电力、化工、轻纺、汽车、通信、工程机械、航空航天、船舶和海洋工程作为重点行业，通过提供包括政策性金融、开发性金融、商业性金融和优惠贷款等多种金融支持，系统支持企业“走出去”。企业的境外资产可以抵押获得境内贷款，这是一个重大政策突破。境外中资企业可以自主决定在境外通过发行人民币债券、外币债券，或是通过境外金融机构进行融资。丝路基金、中非基金、东盟基金、中拉基金、中阿基金等多种基金都将通过股权投资的方式支持推进国际产能合作。2017年秋，党的十九大报告首次提出服务业对外投资，形成面向全球的贸易、投融资、生产和服务网络，指明了促进对外投资的新方向。

（三）地区目标差异

无论英国、法国、美国，还是日本和韩国，对外投资合作促进政策的地区市场目标都很明确，甚至由于地缘政治原因、市场利益格局原因、产业分工原因等，在历史上的不同时期制定了不同的对外投资合作促进的国别市场目标。英国和法国受殖民主义历史因素的影响，这种政策倾向更加明显。而美国则是因为地区战略和市场利益驱使，在历史上分别制定了欧洲和日本目标、拉美目标、中东和亚洲目标以及近年来的非洲目标。

中国政府促进对外投资合作的地区政策目标一直不够明确，似乎更加满足于“市场多元化”，只是近年来加大了对非洲地区投资合作的促进政策力度。

（四）主体目标差异

世界各国政府促进对外投资合作的主体目标千差万别，总体上与其在国内市场的主体发展政策基本一致。早期的法国、现在的新加坡和中国都是以促进国有大型企业为主，日本和韩国政府则一直在促进本国大型企业的对外投资合作，但是近年来，随着就业压力成为各国政府施政的首要目标，西方国家政府又开始注重促进中小企业的对外投资合作。

第二节　对外投资促进的渠道和方式比较

受各国对外投资促进政策目标、国内政治体制建设等因素的影响，各主要对外投资国家政府促进对外投资合作的渠道和方式也是大不相同的。不同的促进渠道和方式拥有不同的优势，对于整体上贯彻本国政府的促进政策、有效处理敏感问题、实现政府的促进目标，效果也不尽相同。

一、对外投资合作的促进渠道

多数国家的促进渠道是多元的，政府主管部门直接从事一部分对外投资的促进事务，同时还设立各种官方、半官方的促进机构，甚至还通过私人公司，承担对外投资促进的任务。同时，政府鼓励并引导社会服务机构向对外投资企业提供市场化服务，形成公共服务和社会服务并存的促进体系。

（一）英国对外投资的促进渠道

英国政府促进海外投资合作的渠道包括政府机构、政府外设的官方促进机构、产业或行业协会、专业服务机构等。

1. 英国政府机构直接促进

英国政府主管部门直接从事部分对外投资合作的促进事务，主要包括国际发展部对外提供经济技术援助项目；贸工部也通过直接财政补贴的方式，向国内企业承揽的能带动英国大规模出口的国外大型工程项目提供金额可观的市场考察补贴赠款，包括新兴市场补贴等。

2. 官方促进机构的作用

英国对外投资和出口贸易的政策目标基本一致，或者说对外投资本身就是对外贸易的延伸，所以通过联邦财政拨款设立的官方机构协助企业开拓国际市场，是英国对外贸易和投资促进的重要内容。负责对外贸易和投资促进的机构主要是英国国际贸易总局（BTI）。

BTI于1999年5月成立，由原海外贸易委员会及外交部负责贸易促进的部门合并而成，人员来自英国贸工部和外交部，接受贸工大臣和外交大臣的共同领导，其宗旨是促进出口和双向投资。BTI综合了原地区发展局、小企业服务局和商业联系网的所有贸易职能，并将全国性的贸易和投资促进机构、政府间的协调机构、英国各地区贸易和投资发展机构和驻外使馆的贸易促进工作合为一体，通过其专业人员为英国企业提供出口信息和咨询服务，协助企业开展出口业务，同时促进双向投资。

BTI分为两部分，一部分负责出口促进，对外称“英国贸易伙伴服务局”（Trade Partners UK），另一部分负责双向，对外称“英国投资局”（Invest UK）。BTI下设三个部门：从事国际事务的部门，包括负责管理亚太地区市场的部门，与英国驻外使领事馆联系密切；分行业从事贸易和投资的部门；促进小公司出口和投资的部门。BTI下设45个企业联系中心，多在英格兰。企业联系中心类似中介机构，功能不仅局限于贸易。

BTI的投资和贸易促进：与英国驻外使领馆携手收集国际市场信息，建立网站，向企业提供市场信息和咨询服务；研究国际市场，分析特定行业进入国际市场的潜力和策略；直接资助企业的市场拓展活动，包括帮助企业到海外办展促销，在英驻当地使领馆的协助下每年组织市场考察团组出访，并支付部分企业人员考察国际市场费用。为帮助英国企业在世界范围内扩大宣传，并为企业提供有关商业机会方面的信息，最终使大企业获取商业合同，BTI还向英国企业提供部分金融支持，主要是从“海外投资基金”中拿出投标费用45%~50%的费用，包括前期考察、可行性研究等项目前期费用。使用海外项目资金的条件是每个项目需带动5 000万英镑的承包工程、劳务、机电产品出口。BTI每年支持大约25个投资项目，包括铁路、港口、天然气和石油等。

小企业服务局（SBS）的载体功能：SBS是英国贸易和投资促进的一个官方辅助性机构，也是为中小企业开拓市场提供服务的一个载体。目的是帮助和扶持小企业的发展。该局隶属贸工部，业务涉及各个政府部门，并主要通过“商业联系网”在各地区的机构为企业提供咨询、信息及各种服务。SBS 的主要任务是鼓励企业创业，促进出口，鼓励创新和利用新技术，帮助企业融资，改善企业间的交易方式，使企业提高效率。

SBS 的促进方式分三种：利用电话应答为小企业提供基本信息；利用自建网站发布政府提供的信息种类、政府相关政策规定等；通过地区性企业联系网络为小企业提供服务。SBS 在英格兰地区设有 45 个企业联系中心，负责为小企业提供咨询的专家可以面对面地为企业服务，告诫小企业吸收外部意见和信息，提出对小企业的经济、技术和金融方面存在的问题，提供融资服务、同行业竞争情况等服务。

小企业服务局代表政府为小企业提供各种信息，告诉小企业哪些项目可以投资，帮助小企业设计投资方向。此外，SBS 可以代表小企业游说财政部等政府部门，对小企业税赋予以减免。

3. 政策性金融机构的促进

英国出口信贷担保局是英国最重要的政策性信贷担保机构，属贸工部管辖。作为一个官方出口信用机构，ECGD 在保险市场中的地位举足轻重。如果没有 ECGD 担保，英国企业资本货物出口的中长期融资及对海外投资都不可能进行。

ECGD 工作目标是：帮助英国商品和出口商打开市场，并通过促进海外投资协助本国投资者获益，最终促进英国经济发展。其服务对象包括英国所有资本货物和资本服务出口商。

ECGD 业务分为三大类：海外投资保险、再保险及资本货物和项目担保。根据 1991 年《出口投资担保法》，议会授权 ECGD 可为出口商出口资本货物和服务提供付款保险，也可为银行提供的出口长期融资进行担保。此外，ECGD 还可为英国企业的海外投资进行某些险种的保险，也可为银行贷款进行保险。海外投资保险对英国银行海外融资提供保险，包括政治风险及战争风险。投资保险期限可达 15 年。保费按市场标准。

4. 产业和行业协会的促进

英国工商业联合会（CBI）在沟通政府与企业界有关海外投资和贸易信息、要求及政策方面发挥着重要的作用。各种专业性的行业组织在 CBI 与政府所营造的中介组织空间中开展促进与推广活动。

英中贸易协会（CBBC）就是一个专门从事推动英国企业开展对华贸易与投资活动的中介组织。

5. 专业机构的服务性促进

在英国，还有许多信息咨询机构、财务和法律事务所，向英国企业海外投资合作提供商业性的服务，对促进英国企业的海外投资和贸易发展发挥积极的作用。

（二）美国对外投资合作的促进渠道

美国政府对外投资合作的促进渠道很多，包括多个政府部门的直接促进、官方机构的促进、政策性金融机构的促进、行业协会的促进以及私人部门的促进。

1. 美国政府部门的促进

美国国务院、商务部、国际开发署以及其他的专业部门都在一定程度上直接行使对外投资合作的促进职能。美国国务院派驻海外机构——使馆经济处，直接在海外为美国企业的海外投资项目进行游说和支持；美国国际开发署向重要的目标市场提供经济技术援助；商务部下设的国际贸易管理局等专门机构，为企业提供海外投资合作的信息咨询；美国农业部等专业部门则从行业角度支持美国企业在海外的投资合作。

2. 美国官方独立机构的促进

美国官方海外投资合作促进机构主要包括：贸易开发署（TDA）、小企业管理局等。TDA 为发展中国家的经济发展项目提供可行性研究及规划服务资助。这些资金大部分给了发展中国家政府及私人投资者，他们用这些钱来资助建立与美国公司的商业联系。小企业管理局向美国的小企业提供直接贷款、贷款担保、管理咨询及救灾等方面帮助。

3. 政策性金融机构的促进

美国海外私人投资公司和进出口银行是促进海外投资的政策性金融机构，也是美国政府独立机构。海外私人投资公司向在发展中国家投资的美国公司提供直接贷款、担保贷款以及政治风险担保。美国进出口银行利用政府的财政资金为外国客户购买美国商品提供低于市场利率的贴息贷款，并为出口企业及海外投资企业提供出口信贷。

美国的行业协会对海外投资的促进也颇有进取。中国企业比较熟悉的美中商会就是其中一个代表，为美国海外投资企业提供政策信息、市场信息、与东道国各界建立联系等。

此外，美国还有大量的私人企业、咨询公司、律师事务所、会计师事务所等，按照市场规律为美国企业海外投资合作提供各种服务。

（三）日本促进对外投资的做法

日本对外投资促进体系比较完善，投资促进渠道和措施包括：

1. 半官方机构为境外投资企业提供全面服务

作为经济产业省所属的半官方服务管理机构，日本贸易振兴会（JETRO）不仅在日本国内参与企业开展海外业务可行性研究，而且通过海外事务所积极与当地企业建立联系网，收集、甄别合作伙伴信息，向日本企业提供海外投资建议，协助企业解决境外投资面临的各种困难和问题。此外，财务省所属的国际协力银行、外务省所属国际协力机构，也分别在各自领域落实相关政策，提供企业海外投资过程中涉及的前期调查、人才培养、投融资等全方位服务。

2. 日本主要经济团体发挥重要支持与协调作用

日本经济团体联合会、经济同友会和日本商工会议所是日本最有影响力的三个经济团体，其通过雄厚的资源和资金，为各会员企业开展境外投资提供各种支持。同时，三大经济团体也严格要求相关企业自律守法，避免在境外发生恶性竞争。

3. 驻在国日本企业商会积极促进对外投资项目

由日本驻外使领馆、JETRO驻外事务所等支持设立的驻在国日资企业商会，通过举办研讨会、说明会等方式，加强企业间交流；定期出版杂志、驻在国年度经济与日本企业白皮书，为会员企业提供业务信息；代表会员企业与驻在国政府开展磋商，促进解决投资经营中存在的普遍问题和困难。

（四）德国对外投资促进渠道

德国联邦外贸与投资署（GTAI）、海外商会和驻外使领馆，是落实德国联邦经济和能源部制定的对外投资政策、具体实施“对外经济促进”政策的三大支柱。

1. 德国联邦外贸与投资署

联邦外贸与投资署以有限责任公司形式设立，隶属于德国联邦经济和能源部，是德国官方经济促进机构，在全球50多个国家和地区设立了分支机构，兼具贸易促进、投资促进、吸引外资等多重功能。

2. 德国海外商会

德国工商大会（DIHK）是70多个德国地区性工商会（IHK）的联合机构。根据德国有关法律规定，所有德国境内企业（除手工业者、自由职业者及农业加工业外）均必须加入德国工商会。该会是360万德国企业的利益代言人，承担了大量服务企业的职能。德国工商大会在全球90个国家设有130多个海外商会（AHK）及代表处，为企业跨国经营提供信息、咨询、培训等专业服务（多为收费项目），其海外机构也得到政府的资金扶持（如购买服务等）。

3. 驻外使领馆的作用

德国在全球拥有220多个使领馆，在对外交往中负责维护本国经济利益。

除上述机构外，德国各行业协会、德国中心以及各地方政府也是推动德国企业国际化的辅助力量。

德国对外投资社会服务包含了官方和半官方乃至市场化的信息及咨询服务、会计服务、网络平台服务和海外企业商会服务等。

4. 信息服务网络

从权威渠道及时获取有用信息是企业做出正确投资决策、规避风险并取得成功的重要基础。德国官方机构及民间商协会相互配合、相互补充，构建了全方位的信息及咨询服务网络，并积极维护本国企业海外利益。

（1）政府部门发布法规和政策信息

德国各级经济主管部门负责对外经济事务，在部门官方网站发布国内相关政策信息。全球220个驻外使领馆调研并掌握驻在国经济、税收、投资法律、法规等政策方面的信息。企业在对外投资遇到困难时，驻外使领馆是主要被求助对象之一。

（2）联邦外贸与投资署经营专门网站

受联邦经济部委托，联邦外贸与投资署经营“德国对外经济门户网站”——iXPOS，网站中汇集了来自70多个机构和组织有助于企业对外投资的信息。同时通过网站发布、出版信息手册和杂志及邮件推送等方式，为德国企业提供国外市场信息，包括目的国经济形势、行业趋势、法律和海关规定、项目招标信息、企业合作意向等。

（3）德国海外商会提供广泛服务

德国海外商会提供的服务范围包括：驻在国市场及产品分析、商务咨询、公司研究、展览代理、项目咨询及跟踪、法律和关税咨询、职业教育和培训、商业伙伴介绍等。自 2006 年起德国海外商会打造了 DEinternational 服务平台，为德国企业，特别是中小企业开展跨国经营提供专业的市场服务，企业可根据自身需求选择国家、行业及服务内容。

（4）德国经济之家搭建对接平台

德国经济之家搭建的对接平台也称“德国中心”，主要设在重点新兴市场国家，汇集了联邦、各州政府和德经济促进机构的力量，为中小企业开拓海外市场提供优惠的办公服务，通过组织研讨会、论坛等为德国企业与当地企业建立联系搭建平台。

（五）韩国对外投资促进渠道

韩国促进对外投资合作的渠道包括政府部门、官方机构、政策性金融机构和行业协会等。

1. 韩国政府部门的投资促进

韩国政府直接从事部分对外投资合作促进事务，这些事务包括财政部长直接运用和管理对外投资合作基金。在财政拨款不足情况下，筹措促进对外投资合作的资金；对符合总统令的海外投资合作项目，从对外经济合作基金中提供财政补贴；对符合总统令的海外投资合作事业提供信贷和担保。

韩国政府在对外投资合作促进中的另一项事务就是协调企业在海外投资合作中的竞争与合作。例如，主管部长官在处理同一个海外资源开发项目者有二人以上互相竞争的情形下，可以对该竞争关系进行必要的调解。主管部长官在调解中，可以令有该竞争关系者提出必要的资料或听取有关机构的意见。为使海外资源开发项目的进行合理化和增强本国企业的国际竞争力，主管部长官认为有必要，可以劝说二人以上对同一个海外资源开发项目进行投资合作。在海外建设等其他领域，韩国政府主管部门长官依然拥有协调内部竞争的权利和义务。

2. 官方机构的促进

韩国政府通过大韩贸易投资振兴公社、韩国贸易协会、全国经济人联合会、大韩商工会议所、海外农业资源开发协会、中小企业振兴公团等投资促进机构，向企业提供海外投资环境和市场信息，为其赴海外考察、投资提供支持。

大韩贸易投资振兴公社（ KOTRA ）是受韩国产业通商资源部委托直接负责企业对外投资的官方促进机构。KOTRA 原是大韩贸易促进委员会的缩写，创建于

1962年6月21日，是通过海外市场调研、开拓、促进海内外进出口振兴韩国贸易的非营利性政府机构，是韩国对外贸易投资的促进机构。其宗旨是促进韩国与世界各国之间的经贸往来与投资合作。为了更利于韩国各企业在海外的投资和引进先进国家的投资，于1995年大韩贸易振兴公社更名为大韩贸易投资振兴公社。

大韩贸易投资振兴公社由98个海外韩国贸易馆和12个国内地方贸易馆组成，通过进出口贸易、海外市场信息收集和提供、参加国际展览、开展海外宣传、投资振兴等多方面综合性工作，以增进韩国中小企业对国际市场的开拓，加快向世界化迈进的步伐。KOTRA具体促进内容：举办海外投资说明会等，提供海外投资信息服务；通过电话、在线、面谈等提供免费投资咨询；支持海外实地考察，补助有关费用、协助收集海外项目信息、海外投资环境调查；支持海外并购；扶持境外企业，协同相关部门在境外设立韩国投资企业支援中心、海外共同物流中心、海外知识产权中心、中小企业海外培训等，为在外投资企业提供服务；知识产权保护，协同相关部门为企业提供相关资金支持、诉讼保险援助、产业技术保护支援；海外劳务相关支持，协同雇佣劳动部提供海外用工、研修、培训等相关支持；法律支持，协同相关部门为企业各类法律问题提供咨询、讲解和协助等。

3. 专业委员会

韩国政府还根据对外投资合作促进目标的需要，组建专业委员会承担具体的对外投资促进事务。20世纪80年代末，为了增进韩国同中国山东和辽东半岛及沿海城市的合作，形成一个黄海经济区，韩国政府制定了西海岸发展计划，成立了西海岸发展促进委员会，投入250亿美元促进韩国企业在中国的投资合作业务。另外，韩国同沙特、伊朗、印度尼西亚、澳大利亚等国成立了双边经济合作委员会，定期磋商各项经济合作事宜。

此外，还有多个机构也在为企业对外投资提供各种服务和支持，如：关税厅设有海外通关支援中心，为企业海外通关提供支持；中小企业振兴公团在中小企业对外投资方面提供支持，并在境外设有出口企业孵化器；韩国贸易协会、大韩商工会议所等提供专门的投资咨询服务；海外建设协会为企业开展海外工程承包、成套设备等提供信息咨询与扶持；韩国矿物资源公社为企业开展海外资源开发提供支持；海外农业资源开发协会为企业开展海外农产品、食品投资提供支持等。

（六）新加坡对外投资促进渠道

对外投资对新加坡经济社会发展具有重大的战略意义，因此新加坡政府和社会各界非常重视对外投资对本国经济的推动作用。近年来，新加坡对外投资增长迅速，对外投资存量年均增长率在 12% 左右。截至 2016 年年末，新加坡累计对外直接投资 7 646.8 亿美元，同比增长 8.8%。

新加坡政府没有专门的对外投资管理审批机构，也没有划定政府鼓励或限制对外投资的项目种类，企业对外投资活动全部由企业自主决策，按投资目的国法律经营。但新加坡政府为鼓励对外投资，专门成立了对外投资服务机构——新加坡国际企业发展局（International Enterprise Singapore，以下简称“企发局”），为本地企业国际化提供全方位的服务。企发局通过竞争力（competency）、商业网络（connections）、融资服务（capital）的“3C”框架来协助企业提升竞争力，并找到合适的商业伙伴。

目前，企发局在全世界设有 35 个海外中心，负责帮助新加坡企业拓展国际市场，下设 6 个主要的商务部门，协助企业开拓业务：

（1）工业部（Industry Sector），主要负责环境及基础设施、科技、生活性产业、交通物流、电商等领域企业的业务拓展。

（2）国际业务部（International Operations），与企发局全球代表处、海外中心合作，为企业寻找海外投资相关的商业信息，并帮助企业了解当地规则和商业环境。

（3）贸易促进部（Trade Promotion），主要负责农产品、石化产品、金属矿产等行业企业的贸易促进工作。

（4）政策规划和发展部（Policy Design & Development），重点在于为更好地“走出去”做好准备。培养企业在财务管理、设计营销、人才引进等方面实力，以应对国际化挑战。

（5）企业服务和交流部（Broad-based Service & Communications），主要负责为企业寻找商业伙伴，组织企业间交流活动，运用媒体为企业进行推介等工作。

（6）组织机构部（Coporate Functions），主要负责提供规划、财务、信息咨询等方面的服务。

2018 年 4 月企发局将与新加坡另一政府机构新加坡标准、生产力与创新局（SPRING Singapore）合并，组建新加坡企业发展局（Enterprise Singapore），新企发局将整合两局的业务专长和国际网络，提供一站式服务，为新加坡企业在转型升级以及拓展海外业务等方面提供协助，同时继续推广国际贸易发展，提供更完善的服务。主要服务内容包括：

（1）市场知识（market knowledge）。企发局为企业提供一系列数据库，包括投资指南、贸易数据、企发局观察（企发局在线刊物）等，为企业开辟新的海外市场提供帮助。

（2）市场准入（market entry）。企发局为企业提供个性化的市场调研、寻找商业机会、协助商业配对，从而促进企业出口货物和服务以及进入新的海外市场。

（3）学习和关系网（learning and networking）。企发局会为企业举办各种类型的研讨会，帮助企业了解最新的市场趋势并帮助企业和各领域专家搭建沟通平台。

（4）电子政务服务（e-service）。通过特定账号，企业可以查询新加坡签订的21个自贸协定等相关信息。

（5）人才支持。企发局提供多种奖学金、培训计划以及实习机会，发掘国际化人才并构建人才库，帮助企业培养技艺精湛、拥有创新力和生产力的劳动者。

（6）推动自由贸易协定签署和运用。自1993年签署首个自贸协定——东盟自贸协定以来，新加坡迄今共签署了21份双边和区域自贸协定，涉及中国在内的32个主要贸易伙伴，是世界上商签自贸协定最多的国家之一。在东盟内部，新加坡积极推动包括贸易、投资自由在内的区域经济一体化进程。此外，新加坡政府还利用各种途径和方式在国内宣传自贸区，使企业意识到自贸区带来的海外贸易、投资机遇，并提供一对一咨询服务，更好地服务企业跨国经营。

（七）中国对外投资合作的促进渠道

党中央、国务院及国家发展改革委、财政部、商务部、外交部、公安部、建设部、劳动部、人民银行、税务总局、海关总署等国务院组成部门，是国家促进对外投资政策的制定者。地方政府近年来也根据国家政策导向制定一些促进海外投资合作的政策。在对外投资合作的促进方面，主要工作已经基本实现了由政府部门亲自操作过渡到以官方政策性机构为主的转变。

1. 政府公共服务

早期中国各级政府主管部门曾经是对外投资促进的直接行为人，承担了包括组织海外推介、市场考察、项目对接及培训等事务性工作。随着中国加入世界贸易组织和体制改革的深化，政府职能转变加快，各级政府逐步退出了对外投资促进的具体事务，而是专心制定政策，并提供必要的公共服务。实施“走出去”战略以来，商务部根据中国企业跨国经营的实际需要，通过政府购买服务的方式陆续推出了《中国对外直接投资统计公报》《中国对外投资合作发展报告》《对外投资合作国别产业导向目录》《对外投资合作国别（地区）指南》《跨国经营管理人才培训教材系列丛书》等公共服务产品，有针对性地对地方政府和跨国经营企业提供公共服务和指导。“一带一路”倡议提出以后，商务部进一步整合公共服务资源，打造“走出去公共服务平台”，为企业提供更加全面权威的公共产品。

2. 官方促进机构

2001年8月，在原外经贸部支持下，中国国际投资促进中心成立；2003年3月，新组建的商务部正式成立了投资促进事务局（简称“投促局”）并于2005年10月在投促局内增设对外投资合作部。投促局的业务内容随之由单向招商引资拓展为包括吸收外资和对外投资的双向投资促进，这标志着全国性的官方投资促进机构出现，也标志着投资促进工作的决策部门与执行部门开始分离。对外工程承包和劳务合作的促进工作则由中国对外承包工程商会承担。这些机构在组织市场考察、采集发布国际投资合作市场信息、帮助企业了解世界各国投资环境、举办大型国际投资论坛和投资洽谈、进行人才培训等方面，发挥了积极的促进作用。

3. 政策性金融机构

政策性金融机构是中国促进对外投资合作的主要渠道，担负着执行国家相关金融和财政政策的职责，主要有中国进出口银行、中国出口信用保险公司、国家开发银行、中非合作基金、中国东盟投资合作基金、丝路基金等。一些政策性金融业务也委托中国银行这样拥有国际网络的商业银行承担。

4. 其他社会组织和机构

实施“走出去”战略以来，除了不断完善公共服务以外，各级政府非常重视对外投资合作的社会服务体系建设，积极发展与对外投资相关的各类中介机构和社会组织，引导有条件的机构和社会组织向跨国经营企业提供法律服务、信息服务，培训服务、会计服务，支持行业协会和商会发挥自律和协调等功能，为企业开展境外投资创造便利条件，以便增强企业对外投资决策的科学性，减少盲目性，有效防范风险。

（八）不同促进渠道的优势和不足

根据世界各国对外投资合作促进渠道及其职责分析，不同的促进渠道拥有各自的优势和不足。

1. 政府直接促进的利弊

政府直接促进对外投资合作的优势，主要体现在促进工作能够更加直接体现政府的促进政策目标，政府直接操作促进政策还会使对外投资合作企业直接感受政府的政策，减少对政策的误解。但是政府直接促进也有不利之处，就是政府的直接促进比较敏感，容易引起东道国以及相关第三方政府和企业的质疑，甚至可能引发WTO 多边诉讼。

2. 官方机构促进的利弊

从各国对外投资促进的实际情况分析，官方设立的对外投资促进机构这一渠道被广泛使用，而且在许多国家尽管存在多种促进渠道，但官方促进机构成为最大的促进渠道。官方促进机构之所以受到普遍重视和欢迎，有几个原因：第一，官方促进机构虽然不在政府序列之中，但都是政府的下属机构，基本上保持了政府机构的性质，在行政领导关系上往往直接隶属于主管对外投资合作的部门，对政策的理解度、执行度都比较高；第二，官方促进机构在形式上不是政府部门，可以对本国企业的对外投资合作业务提供各种资助，不会引发敏感的补贴和反补贴诉讼问题；第三，官方促进机构集聚了一批专业人才，对企业对外投资合作能够提供更加专业性的服务；第四，官方促进机构在对外联络中拥有一定的优势，它可以以官方、半官方的身份对外开展合作，甚至签署双边投资促进合作协议，加强双向投资的促进合作；第五，对国内企业而言，官方机构依然是政府的组成部分，拥有一定的行政管理职能，有一定的权威性和感召力。

但是，不同国家的官方机构性质依然存在差异。美国的官方机构——贸易发展署、小企业管理局本身就是政府部门，只是被称为独立机构。英国投资促进局的性质和美国几乎一样，甚至连英国地方政府所属的国际商务局也是政府机构。中国的投资促进局属于事业单位，不仅成立较晚，而且其主要职能是促进外国企业来华投资，对外投资合作促进所占业务量也很小。

3. 政策性金融机构的促进

世界主要资本输出国政府普遍都设立了政策性金融机构，拨付大规模财政资金给政策性金融机构，通过他们专业性的风险评估，协助政府支持对外投资合作，防范海外投资合作风险，对促进海外投资合作发挥了其他机构所不可替代的作用。

有所差异的是不同国家的政策性金融机构性质和定位不同，拥有政策性金融机构的数量和规模差异也比较大。例如，日本长期贸易保险课是日本通商产业省的一个司局级单位，负责海外投资、海外建设以及大型设备出口保险；同时日本银行、日本输出入银行、海外经济协力基金、海外贸易开发协会都是政策性金融机构，在对外投资合作促进方面都承担促进的职责，而且这些机构都是全额财政拨款机构，运营中一旦出现亏损都可以从国家财政获得资本金补充，从而使日本政府支持海外投资合作的金融和财政政策最有竞争性，日本企业因此增添了更大的国际竞争力。

反观中国，实质上只有中国进出口银行和中国出口信用保险公司两家专业性政策性金融机构，国家开发银行支持对外投资合作业务的资金规模较大，但占其业务总量的比重并不是很高。而且由于国务院对中国进出口银行和出口信用保险公司的定位是政策性机构商业性运作，在资本金规模很小的情况下，要求两家机构自负盈亏。据称这种定位的依据是源于对法国外贸保险公司（COFACE）的借鉴，殊不知中国与法国的经济发展阶段、对外贸易和海外投资合作的发展阶段、企业国际竞争力都不可同日而语，中国应该借鉴的不是今天的法国外贸保险公司的定位，而应是半个世纪以前的 COFACE 的定位。

4. 行业协会的促进

无论西欧国家还是日、美、韩国，都在成熟的市场经济体系中建立了覆盖面大、权威性高、服务能力强的行业组织，它们在行业发展和促进对外投资合作中也发挥了积极的作用。这些国家还针对企业国际化的需要，设立了诸如日本贸易振兴会、韩国贸易振兴会、英中贸易协会、美中贸易商会等行业组织，它们的总部及其分布于世界主要市场的海外分支机构，可以身临其境为会员企业提供市场行情、政策信息等服务。

中国目前专门行使对外投资合作职能的行业协会主要是中国对外承包工程商会，为中国对外工程承包企业和对外劳务合作企业提供支持，规范行业自律。其他行业协会都不是专业支持对外投资合作的行业组织。进入 21 世纪，中国政府引导企业在海外建立中国企业商会，目前已经在美国、南非、德国等 50 多个主要国家建立了中国企业商会。但是由于商会建成历史很短，其资金来源、运作机制、提供服务的方式等尚在探索之中。

5. 社会服务体系建设

对外投资是企业国际化的高级形态，需要以市场为导向、经济效益为核心，面向国际市场，面对激烈的国际竞争。因此，支持企业跨国经营的绝不仅仅是政府和官方促进机构，更需要市场化的社会服务体系作为支撑。社会服务体系通常指与对外投资业务相关的市场化社会化的信息、咨询、法律、会计、培训等服务机构形成的支撑体系。在许多国家，这类服务是由行业协会提供的，也有一些是政府采购或半官方机构提供的，因此人们往往将这类服务机构称为中介服务。

欧美国家在长期对外投资过程中，形成了能够为本国企业跨国经营提供专业性服务的商业性机构，包括以普华永道、德勤、安永、毕马威、邓白氏、安可为代表的国际著名会计师事务所、律师事务所、资信调查公司和公关公司。他们不仅为本国企业的国际化发挥了防火墙和助推器的作用，而且其自身已经发展成业务遍布全球的跨国公司。

中国支持“走出去”的社会服务体系建设发展较快，一些行业协会、智库、高校、律师事务所、会计师事务所等纷纷开展了相关的社会服务，但是与欧美国家相比，中国目前依然缺少像“国际四大”那样权威的为企业“走出去”提供商业化服务的专业咨询机构，成为制约中国对外投资合作发展的“短腿”。

二、对外投资合作促进的方式比较

各主要资本输出国的对外投资促进方式可谓五花八门、多种多样。由于对外投资合作与对外贸易、对外援助密切相关，因此许多促进方式同时也包括了对外援助和对外贸易的促进方式。各国对外投资合作的促进方式总体上可以归纳为：面向东道国的促进方式，面向本国企业的促进，面向广泛市场的促进。

（一）面向东道国的促进方式

对外投资母国政府为了促进本国企业更加便利、有效地开拓目标（一般为发展中国家）市场，获得战略性资源，往往采取面向东道国市场的投资合作促进方式。

1. 提供援助创造投资机会

这种方式包括对东道国的援助赠款，对东道国的优惠贷款，对东道国的买方信贷，为东道国培养人才，援助东道国进行矿产资源勘探、基础设施建设等，以求在政治上增强双边友好关系，为企业的商业性投资合作营造良好的氛围。部分国家甚至直接要求东道国政府以资源、矿权等作为偿还债务的支付手段，有些国家政府则要求以东道国的矿产权益作为债务担保。

采取这种对外投资合作促进方式的，多为东道国存在投资国需要的战略性矿产资源，如油气资源开发、金属 / 非金属矿藏；或者东道国存在对投资国企业重大商业利益的投资机会，如可以带动投资国大规模设备、服务出口的大型基础设施建设项目、大型工业项目等。西方国家普遍使用这种方式促进本国企业对外投资，而且取得了显著成效。

2. 外交磋商创造便利

一些发达国家之间，或者发达国家对于转轨国家及较大的发展中国家，当本国企业需要开拓对方国家市场的时候，发达国家政府往往展开外交攻势，通过经济外交为本国企业争取市场准入机会，至少要求东道国政府为本国企业提供必要的投资合作便利。近年来，外国政要出访时，不仅率领较大规模的商业代表团进行经济外交，甚至直接向东道国政府提出具体的投资项目，要求东道国政府提供便利。美欧国家政府常常在本国企业对外进行大规模商业并购遇到东道国政策限制时，通过外交渠道进行交涉，为本国企业争取机会。

（二）面向本国企业的促进方式

由于海外投资合作可以带动本国设备和产品出口，获得海外自然资源和智力资源，增强本国企业的国际竞争力，因此，面向本国企业的投资促进方式，是所有资本输出国政府采取的普遍方式，即便是那些所谓对海外投资采取中性政策的国家政府也不例外。

目前，面向本国企业的投资促进方式主要包括卖方信贷、财政补贴、税收优惠、对本国企业的低息贷款、信贷担保、政治风险保险、信息服务、人才培训等。如日本国际协力银行（JBIC）每年对海外直接投资的当前和未来发展趋势加以预测，提供一些有价值的信息，引导、帮助 FDI 活动，提供技术援助。日本制定了“海外技术者研修制度”，对日本企业的海外员工进行培训。

有些国家政府针对本国企业的促进方式还包括对跨国经营企业的法律和技术援助。英国、澳大利亚及新西兰政府通常向制定的咨询机构提供补贴，国内企业在需要帮助的时候可以以低于市场价格的费用得到这些咨询机构的支持。日本和韩国政府对于本国企业在海外从事大型资源开发、跨国并购、BOT项目等技术难度较大的业务时，都会通过不同的渠道提供此类援助。例如，提供技术和法律咨询、组织专家组到现场进行技术指导。

（三）面向广泛市场的促进方式

对外投资合作促进在很多情况下需要宣传本国企业，为其塑造更好的形象，以推动本国企业的国际化经营。因此，一些资本输出国政府还常常通过适当分渠道对外宣传本国企业，包括组织本国企业参加国际展会、参加国际招投标、进行市场考察。

许多国家政府对参与本国企业发起的海外项目银团贷款的国际国内银行，提供信贷保证。

此外，还有许多国家的咨询机构、政策性金融机构等，向本国政府提供中长期战略咨询，以便对政府制定支持海外投资合作的政策提供决策参考。

三、对外投资社会服务体系的中外差异

在发达经济体和比较发达的发展中国家，在对外投资发展的历史进程中，为对外投资服务的社会服务组织、法人机构也在政府引导下迅速发展，市场化的社会服务体系迅速形成。这些服务机构不仅为本国企业跨国投资提供服务，而且还为世界各国的跨国企业服务，并最终发展成为世界级的跨国咨询服务公司。

进入21世纪，国际投资环境发生许多变化，跨国经营中的不确定因素增加。跨国经营企业对各国投资环境、法律政策动向、各类风险等的咨询需求日益增多，特别是对法务、财务、税务和安全问题的解决方案需求更加迫切，培育能够支持本国企业国际化的社会服务机构成为一国对外投资政策体系和促进体系的一个不可或缺的组成部分。

过去十年来，中国对外投资合作的发展规模和速度惊人，一些新的对外投资合作方式不断涌现，原有的官方和半官方投资促进渠道已经不能满足对外投资合作事业发展的需要，迫切要求建立完善的对外投资社会服务体系，吸收更加广泛的社会资源、按照市场化原则为相关企业服务。近年来，在商务部等部门的引导下，一些商会协会、企事业单位、大专院校、外商投资企业以及个人，都纷纷开展对外投资

促进的有偿服务，标志着对外投资合作促进体系的基本建立。然而，促进对外投资合作的社会服务体系尚不完善，国内投行、商业银行、保险公司、基金管理公司从事对外投资合作促进业务的还是凤毛麟角，能够为中国企业海外投资和跨国并购提供咨询服务的律师事务所、会计师事务所和咨询顾问公司，更是稀缺资源，致使许多中小企业因为成本原因无力聘请国际知名咨询机构（比如“四大”），又得不到国内咨询公司的支持，投资决策难度和风险同时增大。

为了解决这个基础性的体系缺失，中国政府应该将对外投资社会服务体系建设提到议事日程上来，通过减免税收、组织服务项目对接、发展行业组织等方式，加强社会服务体系建设，打造一批能够切实支撑中国跨国公司成长的咨询顾问队伍。

第六章 对外投资政策的发展方向

根据对中外政府各项对外投资政策措施的比较，我们可以发现，老牌资本输出国和后起的对外投资国家的对外投资政策体系有着许许多多的异同点，在战略导向、政策内涵、政策手段以及实施运行等各个方面都存在许多相同点，又存在很大的差异，但是都受其国家战略导向的影响，为其发展战略服务。因此，一个富有竞争力的对外投资合作政策体系，必然是一个目标明确、系统性强、协调一致、运行高效的政策体系。

第一节　对外投资政策的阶段性特征

世界各国对外投资合作的发展战略和实践表明，对外投资合作是对外投资母国经济发展的重大战略措施，是实现国家经济发展整体目标的重要手段和渠道。而在本国经济发展的不同阶段，需要对外投资合作发挥不同的作用，因而在不同经济发展阶段、不同时期，本国政府所制定的对外投资合作政策必然具有显著的阶段性特征。

一、美国对外投资政策的阶段性特征

适应美国经济在不同时期对对外投资合作的不同需求，在美国政府不同时期对外投资总体战略指导下，美国对外直接投资政策也带有显著的阶段性特点。

（一）两次世界大战期间的政策特点：大规模战争贷款

20世纪初期，在第二次工业革命推动下，美国工业化进程十分迅速，劳动生产率大幅提高，对外部市场的依赖逐步显现，而美国的竞争对手英国、法国和德国先后两次卷入世界大战，为美国超越欧洲提供了良机。于是在第一次世界大战之后和在第二次世界大战期间，美国政府向英、法出口大量军火，并分别提供数十亿美元的贷款。战争结束后说服英国和其他欧洲国家以实物输出和出售公司的形式支付它们的武器债务和其他军事开支，因而形成了美国对欧洲国家的巨额债权，成为最大的资本输出国。美国从对外战争融资开始了其对外投资大国的历史。

（二）第二次世界大战后初期的政策特点：援助替代直接投资

第二次世界大战结束以后，美国通过马歇尔计划和《对外援助法》，大规模对战后重建国家提供贷款和援助，形成了新一轮的国家资本输出。以1946年对希腊内战的援助、1947年的《马歇尔计划》以及1949年杜鲁门的"第四点计划"为主要标志，体现了美国在世界格局发生巨大变化时代的"西半球战略"。其中，援助欧洲重建的《马歇尔计划》体现了美国以援助开拓市场的战略思维。美国的官方文件直言不讳地称，马歇尔计划的两个基本作用是：帮助遭受战争破坏的欧洲国家重建；遏止共产主义在欧洲的扩张。还有一个间接的目的，就是服务于西欧的一体化建设和帮助美国产品占领西欧市场。美国产品和影响在欧洲的存在，是美国西半球战略的组成部分。

1949年杜鲁门的"第四点计划"是美国对外援助的一个里程碑。"第四点计划"的目的是为发展中国家提供财政转移和知识技术，是对农业、健康、教育、缓解饥饿领域的专项援助，是"用我们的科学进步和工业发展的实惠，促进不发达地区的改善与发展"。[①] 这标志着美国第一次针对发展问题，提出了长期性的政策和策略，同时也是第一次区别经济援助与军事援助，尽管在当时发展援助和军事援助还是服务于同一个战略目标。

1951年，美国通过《共同安全法》，将经济援助和军事援助重新结合起来，加强了对印度、巴基斯坦和伊朗的援助。1952年美国通过双边援助大量转移资金，作为过去小规模技术交流的补充。

但是在20世纪60年代后，由于国际收支逆差加剧，美国政府一度限制私人资

① 1949年1月20日，杜鲁门的国情咨文。

本的外流：1963年征收利息平衡税，1965年对资本外流采取自动限制办法，1972年颁布实施《对外贸易与对外投资法》等。

（三）20世纪80年代的政策特点：重视中小企业

自20世纪80年代开始，美国对外投资的自由化程度进一步提高，政府也日益重视中小企业在对外直接投资上的作用。如为了改善国际收支，美国政府开始鼓励中小制造商和服务商对外直接投资以进入海外市场。此间美国政府采取的措施包括：建立小企业发展中心，对高科技小企业提供资金援助及实行小企业技术转让计划等。

在援外政策上，除了明确的政治取向以外，美国政府还强调了外援政策要建立通向“工业和国防战略原料的不间断的通道”，坚持要求对有些受援国政府进行“建设性的融入”，为美国的国家利益服务重新成为外援重心。在20世纪80年代，美国的许多援外机构都将促进地方和外国的私营部门当作衡量发展合作成功与否的关键条件。在美国（里根）政府的外援体系中甚至专门建立了私营企业办公室，促进私人企业发展，帮助美国企业在海外投资。在这方面，美国的外援集中于传统的优势领域，如营养、农业、能源、健康和人力资源。美国国际开发署支持培训中心、研究机构、合作社、大量政府组织和其他组织从事这些工作。

（四）进入21世纪的政策特点：确保“美国领先”

面对全球化的浪潮和新兴经济的崛起，如何保持美国在全球的领先地位，提升核心竞争力，是美国政府迎接新世纪做出的重要战略选择，也为21世纪美国政府的政策导向做好理论和舆论准备。

美国竞争力委员会1999年3月11日发表的《美国繁荣面临的新挑战》的报告提出，“如果美国现行的国家政策和投资选择依然故我，美国会丧失其作为世界头号创新强国的地位”。因此，美国政府应对全球化挑战的答案就是：内外联动，通过对内和对外政策的互动，保持美国在全球化竞争中的霸主地位。克林顿在1999年总统经济报告中提出：“创新对美国经济的长期业绩十分重要，任何干扰创新的政府政策，无论其多么合理也要付出代价。所以，政府在竞争政策、环境管理和电力改造等领域要保证不仅不干扰创新，而且做到培育有益的技术变革，并使自己与该变革相适应，促使美国政府对本国企业的对外投资活动在全球化和新经济的平台上更加迅猛发展。”

美国政府通过反垄断等限制国内产业过度集中的措施，促使美国企业更大程度地开拓海外市场。1999 年美国实行《金融服务现代化法》后，短时间内就使美国跨国银行、保险公司和证券公司在全球范围内通过兼并、对外直接投资等手段成为世界排名前列的公司。这一方面使美国跨国公司的筹资成本降低，另一方面也使企业在金融市场上进行直接融资的成本降低，极大地促进了美国的对外直接投资活动。另外，美国政府通过的新《电信法》等行业法规，也在一定程度上促进了美国的对外直接投资活动。以美国电话电报公司为例，虽然 1997 年对西南贝尔公司的合并被美国司法部否决，但其对外直接投资的活动却十分迅猛。该公司在已对美洲的加拿大、墨西哥、委内瑞拉，欧洲的英国、荷兰、瑞典、西班牙、乌克兰，亚洲的印度、中国台湾、日本等国家或地区通过直接投资设立合资企业外，其与英国电信公司 (BT) 的合资企业又将进入韩国市场，同时还与 BT 及日本电信公司进行资本合作，对海外市场直接投资。

进入 21 世纪，美国政府对“反托拉斯法”实施重心有所转变，从单纯关注企业兼并规模大小转变为兼顾企业兼并对技术创新带来的影响。在不威胁市场竞争的前提下，政府并不反对通过兼并等方式来加强美国企业的国际竞争力。

2008 年金融危机之后，欧盟的经济实力整体受到削弱，中国、俄罗斯、印度、巴西、南非为代表的金砖国家以及其他新兴经济体整体崛起，特别是伴随新一代信息技术的快速发展和广泛应用，美国政府对被超越再次感到担忧，不断强化经济领域的战略制衡。为消除来自其他国家的“威胁”，保证美国的所谓“国家安全”，即全球领先地位，特朗普政府一方面敦促美资企业回流，限制这些跨国企业在避税天堂投资；另一方面不惜对中国、欧洲、日韩等主要经济伙伴发起贸易摩擦，甚至对来自中国企业的投资进行限制，企图在战略上遏制中国、欧盟等其他国家发展。这一做法遭到中国、欧盟、日韩等各方的群体反制。

二、日本对外投资政策的阶段性特点

第二次世界大战后日本对外投资政策的演变，是围绕日本经济不同的发展阶段进行的政策调整，经历了从企业的经营实力、比较利益出发，结合区位选择，由资源密集型产业为主向劳动密集型产业为主再向重化工业产业为主转变。纵观战后日本对外直接投资的历史，就是“边际产业”向海外扩张的历史。“边际产业”有两层含义：对投资国来说，它位于投资国比较优势顺序的底部；而对东道国来说，它位

于比较优势顺序的顶端。在对外投资管理政策方面，则经历了从管制到放松，进而到自由化的过程。

（一）初起阶段的政策特点：保障资源供应，降低工资成本

第二次世界大战后的50年代到60年代，日本经济进入全面复兴时期。由于经济高速增长和工业化的发展，日本国内持续高涨的投资需求造成资本供应不足，政府不得不控制资本外流，限制企业对外投资。当时日本对外投资单项金额5万美元以上者，就需要报批。

此间，日本每年对外投资额仅1亿美元左右。但是为了保障工业化进程和经济快速增长，在国内建设资金缺乏的情况下，日本政府依然十分注重资源型对外投资，使资源开发成为日本对外投资的首要产业选择，重点是对亚洲的资源开发和中东的石油资源进行投资。

随着经济的迅速恢复和持续发展，从20世纪60年代中期开始，日本国内工资水平有大幅度上升，战后初期由于廉价劳动力而发展起来的食品、饮料、烟草、服装、皮革制品等劳动密集型产业逐渐丧失优势。于是日本政府松动了对外投资的管制政策，出现了日本战后第一次对外投资自由化，即从1969年10月1日起，有关30万美元以下的投资项目，采用原则上委托日本银行审查核准的方式。30万美元以上的项目以及不属于自由化对象行业的，仍然保留个别审查方式。这种政策引导企业把此类劳动密集型产业转移到新加坡、韩国、中国台湾、中国香港等亚洲国家和地区，以获取该地区丰富而低廉的劳动力资源。

（二）稳定发展阶段的政策特点：重化产业转移，寻求边际效益

日本轻化工业的发展不仅为重化工业的发展提供了良好的资本基础，而且20世纪60年代轻化工业的对外转移又为重化工业提供了发展空间，使日本的重化工业得以迅速发展，到60年代中期，重化工业产品成为日本的主要出口商品。到60年代后期，日本工业产值超过德国，成为西方世界仅次于美国的第二大工业强国，重化工业的发展已达到顶点。但是，日本资源匮乏的国情及重化工业高投入、高消耗、污染又严重的特点，决定了其作为世界重化工业主要生产国和出口国地位难以为继。尤其是在遭受20世纪70年代初石油危机的巨大冲击后，资本密集的重化工业在日本的发展已显出劣势。因此，1970年9月至1972年6月，日本三次放松对外投资的审批管制，形成新一轮自由化，对日银的自动认可委托限度提高到100万美元，

之后不久就完全取消了这种金额限制，随之又取消了对日本企业对外不动产和证券投资的限制。由此展开战后日本的第二次产业对外转移。化学、钢铁等重化工业为了继续生存，不得不向海外转移。这一时期，日本重化工业的对外直接投资获得长足发展。而日本国内的制造业逐渐由重化工业向知识、技术密集型产业发展，产业结构再次大幅度调整。

（三）大规模扩张时期的政策特点：以退为攻，海外“抄底”

20 世纪 80 年代，日本微电子技术取得重大进展，并迅速应用到家电、汽车、机床等产业，使这些产品出现了全自动化、小型化、轻型化、多样化的发展趋势，产品成本随之大幅度下降，对欧美产品的竞争力迅速提高，尤其是对美出口急剧上升，日本对美国的贸易盈余剧增，美日之间的贸易摩擦日益严重。在美国政府强烈要求下，日本政府被迫签署同意日元升级的“广场协议”。受国内产业升级和“广场协议”带来日元升值的影响，日本对外投资规模急剧扩大。从 1986 年开始，日本每年的对外直接投资额都以百亿美元计，1986 年日本对外直接投资为 223 亿美元，1987 年为 333 亿美元，1988 年为 470 亿美元，1989 年高达 675 亿美元，且自 1989 年至 1991 年连续三年日本都是世界上最大的对外直接投资国。

日元持续大幅升值适逢美国经济出现衰退，日本产品出口受阻，而日元大幅度升值使等量日元可购买到比以前更多的海外资产，日本海外投资的自由化和便利化促成了日本以退为攻、海外抄底政策的形成，即一方面接受日元升值，另一方面支持日本企业收购美国资产，从而引发了“日企收购美国”浪潮，使日本第三产业的海外投资有较快增长。据日本政府统计，1973 年年末，商业分销类投资占日本对外投资额的 35.5%，到 1982 年这一比重升至 41.3%。到 20 世纪 80 年代中后期，日本对商业、金融、保险、不动产等第三产业的投资由同期的 27.5% 扩大到 32.2%。尤其是对不动产的投资，在 1986 年至 1991 年间，直接投资累计为 522 亿美元，占同期日本对外直接投资总额的 19.4%。

（四）调整波动阶段的政策：寻求海外技术，追随创新经济

20 世纪 90 年代以来，由于泡沫经济崩溃，日本经济陷入停滞状态，对外直接投资出现衰退。进入 21 世纪，因经济复苏艰难及全球性的国际直接投资波动，日本的对外投资也进入调整时期。这一时期日本对外直接投资的流量虽然减少，但在产业选择上，却呈现出全方位、多层面的对外投资格局。日本政府的政策重心是扩大

对欧美国家积极进行技术获取型对外直接投资，大量吸收欧美的科技成果，并根据国情和市场需求进行创新，提高对外投资的质量。重点发展对电气工业、汽车工业、化学工业、钢铁工业、有色金属工业的对外投资，金融、保险、商业、房地产的对外投资也得到相应发展。

（五）基本稳定阶段的政策：在海外形成更强的“日本”

进入 21 世纪，日本国内经济虽然没有发生更严重的衰退，但基本上起色不大，动力不足。在 2008 年全球金融危机中日本经济也没有幸免，受到较大冲击。近几年，日本经济开始回暖。经过 20 世纪“失去的二十年”的衰退之后，尽管在新世纪里实现了企稳回暖，但日本的综合国力似乎并未发生根本性的逆转，而是依然保持在世界主要经济体的阵营中。是什么因素促成了日本经济的衰而不败呢？有学者研究发现，那是因为在海外还有一个更加强大的“日本”，即日本跨国公司在全球市场整合资源、稳健发展，形成了巨大的国民生产总值（GNP）。所以，日本的国内生产总值（GDP）已然不能代表日本经济的真实实力。毫无疑问，此间日本政府实行持续稳健的支持对外投资政策发挥了积极作用。

1. 与全球协同的产业政策导向

在产业政策导向上，突出核心产业，强化国际优势。鉴于日本已经成为现代化的工业国家，日本政府支持企业向海外高端制造和服务业投资，整合世界资源，控制全球市场。因此，日本政府支持自动制造技术的国际化，侧重于机器人开发，促使日本制造业逐步完成全球布局，牢牢占据产业链高端。

日本发布《日本 21 世纪产业社会的基本设想》，指出 21 世纪的产业社会将有如下三个划时代的变化：一是在国际经济社会中，各国相互依存程度日益加深，过去以美国唯马首是瞻的经济发展，将逐渐转由各主要工业国家通过协调与合作来带动，从而建立起新的国际经济秩序。二是包含技术革新与资讯化的第三次产业革命将逐渐兴起，产业社会亦将孕育出新的产业体系。三是社会意识将朝着重视精神与文化的方向发展，而人口高龄化和女性就业人口增加的后果，也将使生活和文化迈向一个崭新的境界。基于这样的判断，日本产业结构的方向目标是“国际协调和创造相结合”，包括出口扩张、海外直接投资以及技术转让，推动国际产业分工，提高经济发展过程中国际协调的程度；在推动基础性研究的同时，促进不同产业间知识的交流，以开拓新的技术发展领域。因此，日本产业政策的方向如下。

（1）采取一系列措施，如提高工资，减少工时，满足消费者多样化的需要，加强住宅投资，充实社会公共设施等刺激国内需求的政策，以消除日本对外贸易的巨幅顺差，使日本国内的产业政策与国际经济社会协调。

（2）推动国际性产业政策的协调。为此，要推动有利于建立稳定的汇率制度，根据该汇率制度进行总体性的产业政策协调；推动有利于产业结构的国际性研究计划；加强各国对石油市场动向和能源政策的预见交流。

（3）积极推进国际产业分工。策略为：进一步开放国内市场，调整物价激励进口需求；扩大海外直接投资；吸引外国对日本的直接投资；推动技术交流，使日本成为国际技术供需、交换中心。

（4）积极协助和参与建立新的国际经济秩序，提供国际公共财产。

（5）开拓新发展领域，保持产业社会活力。措施有：促进基础科学研究，重视发展尖端技术、促进大型的国际公司研究计划，加强与外国的研究交流；积极推动技术供、需两者之间的合作关系；强化日本的软件开发能力，建立资料库，促进资讯化；增强产业界、学术界与政府三者之间的合作关系，积极培育人才。

（6）建立新的生活文化基础。鼓励兴建高质量的住宅，扩大公共投资，建立多样化、弹性的就业雇佣关系；确保产业发展与消费者利益相协调。

（7）推动产业结构转换的政策。为保证产业活动的稳定发展，除由市场机能来推动调整日本的产业结构外，对那些经营基础脆弱的中小型企业，要有强有力的辅导政策。采取相应的措施，促进日本产业结构朝着国际协调化与创造性知识相结合的方向发展。

在日本人看来，只有在关键产业领域拥有尖端科技专利，才能对世界经济有一定程度的“威慑力”，这就不难理解为什么世界上 1/3 的机床由日本制造。今天日本产业政策实施的结果已经显现：人工智能兴起，全球著名机器人公司基本都在美国与日本，日本长期专注于高端制造、精密仪器产业，其机器人领先地位也依赖于这两个领域形成的优势。当今在市场份额最高的五大工业机器人制造商中，三家制造商来自日本，发那科（Fanuc）位居三家日本公司之首。

2. 从区域市场走向全球市场

随着协同国际的产业政策推进，日本对外投资的目标市场也从区域市场走向全球市场，形成以日本为中心、内外联动、协同发展中国家成本优势和发达国家技术优势的全球产业体系。据日本官方统计，2012 年当年日本海外法人总计为 18 599 家，工作人员 499 万人，日本所有产业海外销售额达到 183.2 万亿日元。日本财务省公布的 2011 年年底海外资产负债余额显示，日本企业、政府和个人持有海外净资产 253.01 万亿日元（3.16 万亿美元），同比增长 0.6%。日本经济产业省发布数据显示，到 2014 年末，日本海外法人 19 887 家，制造业为 9 201 家。海外企业在境外营业额 272.156 103 兆亿日元，非制造业为 142.443 106 兆亿日元，非制造业占比达到 52.34%，说明日本经济结构发生了本质变化，海外已经不是传统制造业为主体。

此外，随着日本经济结构转型，制造业在对外投资中的占比也越来越少，高端服务业的投资正在兴起，日本动漫、餐饮等都在走向高端，通过稳定的日元汇率、工匠精神、信誉和品质，保障着日本跨国公司很高的收益率。

三、韩国对外投资政策的阶段性特征

韩国对外投资合作政策的发展进程，是韩国国民经济发展不同阶段对国外市场和资源需求变化的过程，是后起的发展中国家开展对外投资合作政策模式的一个典范。由于资源禀赋、国内市场规模以及产业发展模式雷同，韩国在承接了日本制造业的产业转移基础上，借鉴了日本海外投资的经验，形成了韩国不同阶段的对外投资政策特点。韩国对本国企业到海外投资合作的政策从 20 世纪 60 年代的限制、审批制到现在的自动化、申报（备案）制，发生了很大转变。

（一）兴起阶段的政策特点：工程承包先行，资源投资必保

20 世纪 60 年代中期，由于国内建设资金紧张，外汇奇缺，韩国政府批准企业对外开展工程承包和劳务输出，成为战后韩国对外经济合作的政策起点。1965 年，韩国现代建筑公司首次在泰国承包了高速公路修建工程（合同额 520 万美元），此后，又承包了美军在越南的部分工程，年营业额约 1 亿美元。70 年代初期，韩国政府通过颁布实施《海外建设促进法》引导企业进入中东市场，凭借廉价劳动力及土木建筑的技术特长，承包工程规模迅速扩大。1981 年韩国海外建筑承包额达 136.8 亿美元（其中在中东的承包额为 126.7 亿美元），成为继美国之后世界第二大承包海外建筑的国家。

韩国因国内资源匮乏，而工业化发展必须要求相应的资源供给。60 年代末至 80 年代初期，韩国在国内建设资金尤其是外汇资金十分紧缺的情况下，走上了为确保

资源供应而对外投资的政策导向阶段。此间，由于国际收支赤字，外汇不足，韩国对外投资的管理政策倾向严格控制，所以对外投资发展缓慢，1968 年至 1980 年的 12 年里，对外投资 363 项，对外投资总额 1.69 亿美元。此间，韩国政府制定了对外投资的相关政策法规，包括 1968 年为韩国企业投资印尼木材开发项目而制定的第一套对外投资管理规定。1978 年，韩国政府为防范资本外逃而收紧了对外投资政策，加强了对海外投资活动的监管。

（二）稳定发展阶段的政策特点：为占领市场放松管制

韩国于 20 世纪 70 年代确立了出口导向型的总体经济发展国策。因此，扩大出口成为对外经济政策的核心。自 80 年代中期开始，韩国国际收支出现盈余，为扩大发展海外投资提供了必要的物质条件，因此，当对外贸易摩擦加剧、韩元升值、工资成本上升、生产效益下降和竞争力降低等问题相继出现的时候，韩国对外投资政策发生了重大变化：其一，启动了对外投资自由化进程，政府开始放松对海外投资的管制；其二，政府海外投资的产业目标是支持以占领和扩大国际市场份额为目的的海外投资，对外投资进入稳定发展阶段。

80 年代中期，曾经作为韩国传统对外工程承包和劳务合作市场的中东地区发生变化，石油价格骤降，石油美元剧减，曾经如火如荼的中东建筑市场严重萎缩。同时，韩国国内工程成本大幅上涨，输出劳务优势丧失，而且面临紧张的汉城奥运会筹备压力。因此，韩国政府悄然改变了以往支持对外工程承包和劳务合作的政策，转而开始倾向中性的对外工程承包和劳务政策。

（三）快速发展阶段的政策特点：为提高竞争力全面自由化

20 世纪 90 年代，为提高韩国的综合国力和企业的国际竞争力，韩国政府和企业充分认识到，低价位、高品质的出口产品并非出口导向战略的全部，尚无法确保销售网络的稳定性，尚不足以赢得韩国企业的国际竞争力。因此，为应对全球化和新经济的竞争，提高市场地位，韩国政府积极引导企业树立品牌形象、推广品牌知名度、增加自主品牌的使用频率，购买国外著名商标和品牌。为适应企业跨国并购等大规模对外投资的需要，韩国政府颁布实施《扩大海外投资自由化方案》，从 1996 年起实施海外投资自动许可制，全面开放法人和个人赴海外投资，包括对不动产、高尔夫球场兴建等。1 000 万美元以下的海外投资项目占对外投资总额的 95% 以上，不再受政府审批的限制；1 000 万至 5 000 万美元之间的投资项目需要通知政府相关部门；5 000 万美元以上的投资项目要从韩国银行获得批准。《扩大海外投资自由化方案》的实施，标志着韩国基本建立起完全自由化的对外投资体制。所以，20 世纪 90 年代以来，是韩国海外投资完全自由化的阶段，也是韩国对外投资增长最快的时期。

（四）21 世纪最新政策特点：更加关注防范风险

在韩国对外投资发展快速增长时期，韩国遭遇了亚洲金融危机，对外投资和韩国经济的其他领域一样受到重创。韩国政府深刻认识到，海外投资的稳定健康发展对稳定韩国金融状况具有重要意义。进入 21 世纪，韩国政府开始着手建立海外投资的监管制度，加大对本国跨国公司及其海外子公司运行状况的监测，敦促所有对外投资企业进行自查。

进入 21 世纪后，韩国走出亚洲金融危机阴影，继续鼓励国内企业和个人从事海外投资，同时动用部分外汇储备放款给海外投资企业，以提高外汇储备的利用效率，防范金融风险，繁荣韩国海外投资活动。具体方案是：韩国央行通过货币互换的方式将 50 亿美元的外汇储备提供给国内商业银行，即中央银行将其外汇储备与商业银行手中的韩元资金交换，银行按照伦敦同业拆借利率，每 6 个月一次向中央银行上缴利息，央行则按照债券的利率向商业银行支付利息。

韩国政府从 2003 年提出在“十大未来发展动力产业”政策、制订个人机器人技术开发计划开始，继而在 2008 年出台《智能机器人开发与普及促进法》，到 2009 年的“第一次智能机器人基本计划”以及“新增长动力规划及发展战略”。2008 年国际金融危机以后，韩国政府积极寻求新的经济发展模式，并于 2008 年 8 月提出“低碳绿色增长国家发展计划”。2009 年 2 月，韩国成立绿色增长委员会，公布了《绿色 IT 国家战略》以及《绿色增长国家战略及五年计划》，提出 2020 年跻身全球七大“绿色大国”、2050 年成为全球五大“绿色强国”的战略目标。2010 年 1 月 13 日，韩国政府颁布《绿色增长基本法》草案，旨在以绿色增长助推经济发展。

2008 年金融危机至今，韩国对产业政策进行全面深刻的反省和全方位的产业结构改革，全面改革大企业，制定政策推动中小企业发展，作为韩国外向型经济发展的重要拉动力，相关的政策也发生了阶段性变化。第一，进一步促进制造业对外转移，以国内的科技创新、工业设计支撑企业到海外加工制造，降低成本，使用外部自然资源，占领国际市场，比如新能源汽车产业在中国等主要消费市场的投资迅速增加。第二，大力发展文化、物流等服务领域的对外投资，提高韩国文化影响力。第三，在汇率和外汇储备保持基本稳定的基础上，进一步放松对对外投资的事前管理，更加强调事中事后的管理和服务。

四、新加坡对外投资政策的阶段性特征

新加坡国土面积很小，劳动力缺乏，自然资源匮乏，寻求海外发展空间，一直是新加坡经济政策的着力点。

（一）初起阶段：立法为先

新加坡在20世纪70年代初期经济开始腾飞以后，政府就一直把鼓励企业对外直接投资作为进一步发展的重要手段。70年代，新加坡政府提出了“外层经济”的概念，即推进本国企业的跨国经营。为了打造外层经济，新加坡政府按照高度法制化的国家治理模式，建立了海外投资调控和管理的法律制度，保障了海外投资事业的顺利发展。

（二）构建战略系统：设立机构、明确目标、扫除障碍

新加坡政府在经济发展局内部设立了一个专门的国际直接投资部，负责海外投资的财政和非财政方面的支持，为新加坡的企业寻找海外的投资机会。1986年，在《新加坡经济新目标》文件中，新加坡政府特别强调要抓住海外机遇，积极鼓励本国公司对外直接投资。90年代，新加坡政府又专门成立了国际企业发展战略事务局，通过分析海外投资的潜力，来帮助本国企业制定切合实际的发展战略，为成为成功的跨国公司做准备。政府还成立了海外企业促进委员会，该委员会的任务主要是发现那些新加坡企业跨国经营中遇到的障碍并研究解决这些障碍的可行性方案，向政府提出政策性的建议，从而使跨国经营的企业得到更大的支持和帮助。

从1992年开始，新加坡政府对外投资政策的市场导向是亚洲地区。通过制订2000年区域经济一体化计划，鼓励当地企业向国外投资。

（三）实现自由化：没有审批的管理制度

大多数发展中国家对于海外投资的审批制度是十分严格的，而新加坡却非常宽松。绝大多数的海外投资项目并不需要政府的审批，除非存在两种情况：一是投资的行业本身按照法律规定就应该受到管制，如银行在海外建立分支机构就必须要得

到金融管理局的批准；二是为了获得政府的财政或非财政的支持，就需要向有关部门进行申报审批。

进入21世纪，新加坡企业对外投资活动是自由的。针对企业的境外投资活动，新加坡政府没有设立管理审批的机构。没有对外投资的鼓励或限制的项目种类，也没有划定政府审批项目的范围。企业的对外投资金额、对外投资的项目等，一切全由企业和投资东道国的法律、法规决定。

五、中国对外投资政策的阶段性特征

改革开放40年来，中国对外投资合作也经历了40年的探索和发展，已进入快速发展时期。此间，对外投资合作经历了探索起步、平稳发展、快速增长三个大的发展阶段。伴随这三个发展阶段的，除了对外投资合作规模的扩大、跨国经营企业的成长之外，对外投资合作政策的演变及其显示出了的阶段性特征，也很值得关注。

（一）探索起步阶段的政策特点：量力而行，严格限制

1978年中共中央十一届三中全会做出了实行改革开放的重大战略决策，为开展对外投资合作奠定了政策基础。从1978年到1992年，中国对外投资合作进入探索起步阶段，对外投资合作的政策特点是严格限制企业对外投资合作的资格、严格审查对外投资合作项目及其资金来源。

1979年8月，中国国务院下发《关于经济改革的十五项措施》，其中第十三项措施明确指出“允许出国办企业”。这是中国政府第一次把开展对外投资、出国办企业纳入国家经济政策范畴。1978年年末，根据国内外形势的发展需要，党中央、国务院决定批准组建中国建筑工程公司，开展对外工程承包和劳务合作业务，成为改革开放以后中国政府第一项对外经济合作政策。

尽管中国政府对外投资合作的政策很快得到贯彻落实，1979年中建总公司等企业率先进入中东工程承包市场，1980年北京友谊商业服务公司同日本东京丸一商事株式会社在日本东京开办的“京和股份有限公司”成立，但是这个时期的对外投资合作政策是与国家对外开放的总体战略和国情相适应的，即建立在试点基础上的探索和尝试，国家实行中央高度集中的统一管理，在政策导向上实行严格管制。自1983年开始，国务院授权原外经贸部为中国境外投资企业审批和管理部门。1984年5月和1985年7月，原外经贸部先后发布《关于在国外和港澳地区举办非贸易性合

资经营企业审批权限和原则的通知》和《关于在境外开办非贸易性企业的审批程序和管理办法的试行规定》，1989 年 3 月，国家外汇管理局发布《境外投资外汇管理办法》，都严格规定了对外投资合作企业的主体资格、项目审查和外汇管理制度。所以，尽管此间中国政府也曾先后出台了一些支持对外工程承包和对外投资的政策措施，甚至设立了“对外经济合作基金”，支持企业开拓国际市场，但从主导方向上，国家对对外投资合作实行严格限制的立场和政策导向没有改变。

（二）平稳发展阶段的政策特点：积极谨慎，重视审批

进入 20 世纪 90 年代，以邓小平南方谈话为推动力，中国的对外开放进入了一个新的发展阶段，对外投资合作业务平稳增长，国家有关对外投资合作的宏观政策则呈现出积极谨慎的阶段性特点，政策的重心是加强对外投资监管。这一时期，参与对外投资、对外工程承包和对外劳务合作宏观管理的政府部门增多，各部门对对外投资合作的认识和态度不一，采取的政策措施也有很大差距，甚至有的政策导向相互掣肘。

1991 年年初，国务院转发了原国家计委《关于加强海外投资项目管理意见》，确定了国家计委在对外投资项目审批中的职责；原外经贸部负责境外投资企业审批和归口管理，负责对境外投资方针政策的制定和统一管理；其他部委及省一级外经贸厅 (委) 为其境外企业主办单位的政府主管部门。原外经贸部授权驻外使 (领) 馆经商处 (室) 对中方在其所在国开办的各类企业实行统一协调管理。同年 8 月，原国家计委下发《关于编制、审批境外投资项目的项目建议书和可行性研究报告的规定》，明确了海外投资项目审批的细则，从投资规模和审批程序上严格限制中国企业海外投资的自主权，并明确政府对企业境外投资项目可行性的审批权。

1993 年原外经贸部根据对外投资业务发展需要，着手起草《境外企业管理条例》，以进一步强化境外企业管理；1997 年又颁布了《境外贸易公司、代表处管理办法》。同年国家外汇管理局颁布《境外外汇账户管理规定》。这些文件都从不同侧面凸显了该时期的对外投资合作政策以“加强监管”为核心的特点。

在对外工程承包和劳务合作领域，原外经贸部继续作为业务主管部门负责业务发展的方针政策和监管，建设部和劳动部则从各自行业主管的角度参与协调。由此，中国对外投资合作的管理体制基本形成。

20 世纪 90 年代中期开始，中国经济实现了由卖方市场向买方市场的转变，结

构性的市场饱和问题愈益突出。而 1997 年爆发的亚洲金融危机给中国乃至世界经济带来严重冲击，表明单靠外贸出口不能从根本上解决问题。对此，中国政府认真分析了经济全球化的发展趋势，对中国参与全球化分工与合作的模式进行了战略思考。

1997 年 12 月，时任中共中央总书记江泽民会见全国外资工作会议代表时提出了要积极引导和组织国内企业走出去、利用国际市场和国外资源的重要战略思想，指出："引进来"和"走出去"，是我们对外开放基本国策两个紧密联系、相互促进的方面，缺一不可；不仅要积极吸引外国企业到中国投资办厂，也要积极引导和组织国内有实力的企业走出去，到国外去投资办厂，利用当地的市场和资源；视野要放开一些，既要看到欧美市场，也要看到广大发展中国家的市场；在努力扩大商品出口的同时，必须下大气力研究和部署如何"走出去"搞经济技术合作。1999 年 2 月国务院办公厅转发原外经贸部、原国家经贸委和财政部《关于鼓励企业开展境外带料加工装配业务的意见》，从指导思想和基本原则、工作重点、有关鼓励政策、项目审批程序、组织实施等五个方面提出了支持中国企业以境外加工贸易方式"走出去"的政策措施。随后，国务院各有关部门又分别制定了配套性政策。境外加工贸易政策的出台，使一大批轻工、家电、纺织、服装企业走出国门开展跨国经营，也预示着中国对外投资合作政策的方向调整。

（三）快速增长阶段的政策特点：放松管制，规范管理，完善服务

进入 21 世纪，随着经济全球化的深入发展和中国对外开放水平的提高，尤其是中国综合国力和企业跨国经营需求增强，中国对外投资步入快车道。此间，以实施"走出去"战略为标志，中国对外投资合作进入快速增长阶段。以 2008 年全球金融危机为契机，中国企业加大跨国并购整合力度，带动对外投资高速增长；以遏制部分企业"非理性投资"为手段，推动对外投资合作健康发展。

1."走出去"战略首次公开，监管政策转向

2000 年 10 月，中共中央第十五届五中全会在《中共中央关于制定国民经济和社会发展第十个五年计划的建议》中首次公开提出实施"走出去"战略，努力在利用国内外两种资源、两个市场方面有新的突破。鼓励能够发挥中国比较优势的对外投资，扩大经济技术合作的领域、途径和方式，支持有竞争力的企业跨国经营，到境外开展加工贸易或开发资源，并在信贷、保险等方面给予帮助。抓紧制定和规范国内企业到境外投资的监管制度，加强中国在境外企业的管理和投资业务的协调。

继续发展对外承包工程和劳务合作，在竞争中形成一批具有实力的对外承包工程企业。2001 年召开的中共十六大报告进一步指出，实施“走出去”战略是对外开放新阶段的重大举措。实施“走出去”战略的途径、方式和目标，是鼓励和支持有比较优势的各种所有制企业对外投资，带动商品和劳务出口，形成一批有实力的跨国企业和著名品牌。

“走出去”战略的提出，标志着中国对外投资合作政策发生了根本的转变，即从以限制为主转变为以支持和鼓励为主，从政府作为投资决策的主体转变为企业作为投资决策的主体。

2. 简化审批放松管制，强调投资便利化

为贯彻、落实“走出去”战略，2004 年 7 月国务院颁布了《关于投资体制改革的决定》，指出企业在投资活动中享有主体地位，企业的投资决策权应该由企业自己行使。政府一律不再实行审批制，将区别情况实行核准制和备案制。同年 10 月，国家发展改革委和商务部分别按职责发布《境外投资项目核准暂行管理办法》和《关于境外投资开办企业核准事项的规定》，取消对境外投资的审批，以核准取而代之，明确了政府在企业境外投资问题上主要发挥引导、服务和支持作用。2009 年 9 月，商务部发布《境外投资管理办法》（2009 年第 5 号令），明确了禁止对外投资的五种情形，对限额以下的对外投资并购核准权限下放到省级商务主管部门，并明确了各工作流程的受理时间。该办法首次对政府的管理和服务进行了明确，并将发布《对外投资合作国别（地区）指南》作为一项公共服务纳入行政规章的范畴。2014 年 9 月，为进一步推进对外投资自由化和便利化，商务部发布新版《境外投资管理办法》（2014 年第 3 号令），解除了对在境外设立特殊目的公司的禁令，规定了禁止对外投资的负面清单，限制对外投资的核准范围，除此之外的对外投资广泛推行备案制，取消了备案的限额，大幅缩短受理时间。同年，国家发展改革委也发布了《境外投资项目核准和备案管理办法》，进一步降低了下放核准权限的限额，对符合条件的投资项目实行备案。两部委实施的境外投资管理新政，极大地提高了企业对外投资的自主权和便利度。

适应对外投资合作事业的发展需要，2005 年 5 月国家外汇管理局发布《国家外汇管理局关于扩大境外投资外汇管理改革试点有关问题的通知》，增加境外投资的用汇额度，并扩大试点地区外汇局的审查权限。2006 年 4 月，国家外汇管理局明确，进一步简化境外投资外汇管理手续，取消全国境外投资用汇规模限制，满足企业购汇进行境外投资的需要。此后的十几年时间里，国家外汇管理部门持续完善对外投资合作外汇管理体系，释放政策红利，给跨国经营企业提供更加自由宽松的用汇政策。

3. 高度重视规范管理，防范风险备受关注

随着对外投资合作规模的扩大、前置性审批的逐渐放松，中国政府对于对外投资合作行为的规范和后监管，成为新时期政策的重要内容。2006 年 10 月，国务院通过《关于鼓励和规范中国企业对外投资合作的意见》，强调要：坚持相互尊重，平等互利，优势互补，合作共赢；加强政策引导，统筹协调，规范秩序，合理布局，防止无序竞争，维护国家利益；完善决策机制，落实企业境外投资自主权，科学论证，审慎决策，防范投资和经营风险；加强境外国有资产监管，健全评价考核监督体系，建立项目安全风险评估和成本核算制度，实现资产保值增值；遵守当地法律、法规，坚持工程项目承包公开公正透明，重信守诺，履行必要的社会责任，保障当地员工合法权益，注重环境资源保护，关心和支持当地社会民生事业；提高境外工程承包建设水平，提高产品质量和效益，不断增强企业的综合竞争力；加强安全教育，健全安全生产责任制，保障境外中资企业、机构的人员和财产安全；加快人才培养，注重培养适应国际化经营的优秀人才，提高企业跨国经营管理能力；营造友好的舆论环境，宣传中国走和平发展道路的政策主张，维护中国的良好形象和企业的良好声誉。国务院《关于鼓励和规范中国企业对外投资合作的意见》，成为当前中国政府规范管理对外投资合作的最高行政规章。

2008 年以后，商务部会同国务院相关部门颁布实施多项规范企业对外投资合作行为的文件，引导企业对外投资要守法经营，既要遵守联合国制裁决议，也要遵守中国和投资东道国的法律、法规。

2016 年下半年开始，部分中资企业跨行业大额对外投资造成严重经营亏损，而这些投资多为国内银行贷款融资。针对这些对中国经济社会发展的直接作用不大、关联度不强的境外投资项目，2017 年 8 月，经国务院同意，国家发展改革委、商务部、人民银行、外交部联合发布《关于进一步引导和规范境外投资方向的指导意见》。《意见》指出，当前国际国内环境正在发生深刻变化，中国企业开展境外投资既存在较好机遇，也面临诸多风险和挑战。因此，要以供给侧结构性改革为主线，以“一带一路”建设为统领，深化境外投资体制机制改革，进一步引导和规范企业境外投资方向，更好地适应国民经济与社会发展需要，促进企业合理有序开展境外投资活动，防范和应对境外投资风险，推动境外投资持续健康发展，实现与投资目的国互利共赢、共同发展。《意见》重新定义了鼓励类、限制类和禁止类对外投资的范围，国家主管部门将采取分类指导、完善管理机制、提高服务水平和强化安全保障等举措，实现对境外投资的正确引导和科学规范。

4. 加强公共服务

为了加快实施“走出去”战略，做好境外投资经营的后续管理服务工作，保护投资者的合法权益，创造良好外部环境，促进境外投资发展，随着政府职能的转变，商务部等主管部门加强了对对外投资合作业务的引导和信息服务。2004 年 7 月、2005 年 10 月和 2007 年 2 月，商务部和外交部联合发布《对外投资国别产业导向目录》(一、二、三)，鼓励和引导中国企业有针对性地开展对外投资合作业务。2006 年 6 月，商务部发布《关于实行国别投资经营障碍报告制度》的通知，规定由中国驻外使馆、商会 / 协会负责如实编写发布东道国存在的一些给企业经营带来成本负担的非经营性障碍和风险。自 2009 年开始，商务部已经连续十年组织编制《对外投资合作国别（地区）指南》，为企业提供及时、权威的国别（地区）投资环境信息，以减少企业对市场的误判和决策盲目性，提高风险识别能力，提高经济和社会效益。商务部还组织国内分管商务工作的省市负责同志、商务主管部门以及对外投资合作骨干企业高管，进行对外投资合作政策和业务培训，并开发《跨国经营管理人才培训教材系列丛书 》(2009 年第一版)。2015 年，在商务部网站原“合作指南”栏目基础上，建设“走出去”公共服务平台，整合多方资源为企业跨国经营提供一站式服务。这一系列政策措施的推出，显示中国政府对外投资合作政策的重大调整，即以市场为导向、企业为主体、经济效益为核心，政府主要职责是对境外投资进行引导、规范和服务。

第二节　影响对外投资政策体系的因素

对外投资既是生产力的对外扩张，又是主权国家对外关系的延伸，尤其在经济全球化的背景下，对外投资是一国主动参与全球化生产体系的重要方式，不仅关系到本国的经济成长力，而且直接影响到其在世界经济中的地位，甚至影响其经济安全。因此，无论发达国家还是发展中国家资本输出国政府，都采取适当的政策措施对本国的对外投资合作进行有效支持、监管和保护。然而，由于历史因素、地理位置因素、经济产业因素等，导致各国对外投资政策体系存在差距也是显而易见的，而在寻找这些差距的过程中，探究造成这些差距背后的深刻原因可能更有意义，有助于我们更好地总结各国对外投资政策体系形成和发展的规律，不断在发展中完善中国对外投资合作政策体系，提高政策的竞争力。

一、发展阶段因素

运用历史唯物主义的观点分析各国海外投资发展的实践，不难发现，世界主要资本输出国政府之所以制定和实施了不同的对外投资合作政策体系，首要影响因素是各国所处的经济发展阶段不同，对海外投资合作的需求不同，因而就形成了与之相适应的政策体系。没有进入工业化的国家，基本上没有对外投资的需求，也就没有对外投资合作的政策。刚刚进入工业化阶段的国家少有对外投资，外汇紧缺，政策导向就会以严格管制为主。进入工业化中期的国家，开始出现国内市场结构性饱和、资源短缺、外贸出口增加，海外投资进入快速发展阶段，对外投资的政策导向开始出现管制松动，甚至出现对部分产业优先的局部鼓励政策。而进入工业化后期的国家，由于全面的产业升级和向外转移的需要，不仅取消了海外投资的管制性政策，而且因为国家需要在产业上加强对工业的控制，所以形成全面鼓励海外投资的、完善的政策体系。

我们从法国、日本、韩国以及新加坡等国家海外投资合作政策演变的轨迹，更能够证明这一点，即处于不同的经济发展阶段的同一个国家，对外投资合作的政策导向、政策框架乃至政策力度也有很大差异。所以，对于中国政府而言，由于国民经济和社会快速发展，加之国际环境发生重大变化，必须适时调整对外投资合作的政策，才能应对全球化及其进程中发生的机遇和挑战，才能够抓住机遇，提升综合国力，形成新的更大的国际竞争力。

二、市场腹地因素

影响世界各国对外投资合作政策体系差异的第二个主要因素，是世界各国的经济腹地大小。许多经济腹地狭小的国家，市场规模有限，不能满足工业化形成的巨大生产能力的需要。为了维持国民经济的长期增长，只好采取出口导向性战略。在对外部市场产生依赖程度不断加深的时候，特别是国内市场劳动力短缺、工资上涨等情况下，通过海外投资设厂在当地生产当地销售，可以更加直接地占领市场。至于一些国内经济腹地较大的国家，如法国、美国，由于产业结构原因依然会出现国内市场结构性饱和状况，促成其某些产业的海外转移。

中国自 20 世纪 90 年代后期开始出现结构性市场饱和以后，对外部市场的依赖不断加深。开拓国际市场成为绝大多数企业海外投资的首要动机，从纺织服装、到家电和电子，如今又发展到机械工业和装备制造产业。因此，中国政府和行业组织应该制定更加详细的对外投资产业战略，引导企业的国际化进程。

三、资源禀赋因素

一般情况下，由于世界各国自然资源和劳动力等资源禀赋差异，在国内经济发展到一定程度的时候，就会出现因为资源短缺而迫切需要对外投资的情况。无论英国、法国、美国、日本，还是韩国和新加坡，都走过了这样一条道路。与之相伴随的，是这些国家海外投资政策导向和促进体系的变化。上述国家中，美国并非资源严重短缺的国家，但是相对于中东、非洲石油大国，其海外投资开发油气资源的动力依然强大，但是当美国页岩气开发利用技术取得突破并进入产业化阶段之后，资源类的海外投资显著收缩。而油气资源丰富的俄罗斯则不同，在重化工业实现长期发展的过程中，依然可以大规模对外出口油气资源。

劳动力资源的禀赋差异，也是促使部分国家对外投资的重要原因。那些国内劳动力短缺的国家也会为了寻求廉价富裕的劳动力资源而对外投资。中国进入工业化中期，已经对外部资源产生越来越强烈的需求。预期未来一个相当长的时期，中国将继续扩大对海外资源开发的投资，政策导向也将向这一领域倾斜。

四、经济基础因素

各个国家原有的经济基础对其海外投资政策体系的形成和发展也会发生重大影

响。这种经济基础主要体现为政府促进对外投资合作的援外、财政、税收、金融和保险政策力度上。经济基础较强的国家，越是促进政策框架完整，支持的力度强大，本国企业对外投资的后顾之忧就越小，竞争力就越强。

对外投资母国本币国际化程度、汇率走向，也在一定程度上反映着该国的经济基础实力，影响着本国企业的国际化进程。无论如何，一个稳定坚挺的汇率，会更有助于企业对外投资并购，一个国际化程度高的本币将减少甚至消除汇率风险和汇兑成本，降低金融财务成本，提高跨国企业竞争力。

五、文化背景因素

不同文化背景的国家政府，对外投资政策体系的表现方式和促进体系的运作方式也不尽相同。法制化国家支持对外投资合作的政策都以法律的形式确定下来，公开透明，相对稳定。实行市场经济体制的国家，除了法制健全以外，还会采用商业化的方式促进对外投资，包括部分半官方机构和私人机构参与对外投资促进事务，取得了较好的社会效果。

此外，对外投资母国的国家文化影响力，也在一定程度上影响本国企业跨国经营的成败。一个广受欢迎的民族和企业，输出的绝不仅仅是资本、技术和服务，还有其文化影响力。

六、国际环境因素

国际环境因素会从两个方面对一国对外投资合作政策体系产生影响。一方面，由于经济全球化加深，导致分工体系和生产体系的进一步发展，致使各国通过双向投资的方式参与国际分工合作。另一方面，国际贸易保护主义抬头，贸易摩擦加剧，致使出口大国不得不通过扩大对外投资而规避贸易壁垒。日本、韩国、中国的海外投资都与此密切相关。

2008 年全球金融危机爆发以后，美国作为世界最大经济体采取的经济政策和对外政策，都在很大程度上改变着国际环境。一方面，美国放弃多边贸易体系转向区域合作和单边主义，导致跨国公司全球战略向区域市场收缩，进而引发国际直接投资大幅下降。另一方面，美国大行贸易保护主义，以威胁其国家安全为由拒绝包括中国在内的外资并购，提高进口商品关税，都在一定程度上阻碍了跨国公司赴美投资，不得已转向其他市场。

七、国家战略因素

对外投资在本质上是市场化的商业行为，无论国有企业还是私有企业，走出国门开展跨国经营是为了获得更大的市场空间、整合更优的国际资源、赢得更高的经济利益。但我们必须认识到，无论发达国家还是发展中国家，也无论何种经济制度的国家，其企业的经营行为都会在一定程度上受本国经济战略、外交战略的影响，美欧是这样，东亚国家也不例外。20 世纪 70 年代，一些美国企业就是伴随着中美建交的历史步伐，走进中国市场的。目前，中国倡导的“一带一路”国际合作得到国际社会的广泛认同和积极回应，成为这些国家搭乘中国经济顺风车的良机，因此既鼓舞了大量中资企业到“一带一路”沿线国家开展投资合作，也吸引了许多国家的企业共同参与。

此外，科技革命的发展也在一定程度上影响着对外投资的进程。当人类进入智能制造时代的时候，劳动力成本对境外投资的驱动力必然减弱，因为人工成本在机器人和 3D 打印机面前已经无足轻重。

第三节　对外投资政策体系的竞争力

归纳世界主要资本输出国对外投资合作政策内涵，可以得出这样的结论：世界现存的对外投资合作政策体系包含以下几个方面的基本要素：一是服务于国家整体发展战略的、明确的对外投资战略导向；二是一个包括对外投资合作监管政策、促进政策、保护政策在内的政策框架；三是一套包括政府主管部门、官方促进机构、社会服务机构在内的高效的对外投资合作促进运行系统。

一、对外投资政策体系的异同

从构成各国对外投资合作的三大要素分析中外政府对外投资合作政策体系的竞争力，以便看出中国对外投资合作政策体系之不足。

（一）战略导向的竞争力

从一般意义上说，很难判断一项经济政策的战略导向是否具有竞争力，只有将其放置在若干个同类政策的比较之中才能够分出伯仲。从世界各国对外投资政策的战略导向比较中我们可以发现，对外投资政策的战略导向应该具有鲜明性、权威性、阶段性。

1. 鲜明性是基本要求

一个国家的对外投资合作政策总体上应该具备清晰、明确的战略导向，如市场导向、资源导向、技术导向等，否则，如果战略导向模糊，对外投资合作的政策制定和具体执行都会迷失方向。而且，鲜明的战略导向会对市场发出强烈的信号，引导企业的对外投资合作方向。

无论发达国家还是像韩国和新加坡这样的发展中国家，无论其是否具备全方位对外投资合作的条件，都会根据本国国情制定明确的对外投资合作政策的战略导向。

2. 权威性是本质要求

一个国家对外投资政策的战略导向，从本质上是一个国家对外经济关系的部分体现，是一国经济总体发展战略的组成部分。只有这样，对外投资合作政策的战略导向才能够具有权威性，才能成为引领全国上下为之共同努力的目标。所以，一个具有权威性的对外投资合作战略导向，不是政府主管部门和地方政府提出来的，而应是中央政府提出来的，是国家中长期发展战略的一部分。否则，对外投资合作的战略就会与国家中长期发展战略脱节，对国家总体发展难以发挥应有的作用，也就很难在政府各相关部门、学术界和产业界达成共识，且在具体的政策制定上会发生掣肘。

3. 阶段性是必然要求

一个国家的对外投资合作战略导向不可能一蹴而就，更不可能长期不变，而必须要适应国家在不同时期总体发展战略的要求，根据国家不同时期政治、经济和社会发展的总体目标的需要，进行制定和调整。尤其是发展中国家，其经济和社会发展的阶段性特征很明显，且在经济和社会快速发展的过程中，其对外部市场和资源的需求具有明显的阶段性特征。发展中国家对外投资战略导向的演变一般遵循这样的规律：市场导向—资源导向—综合要素导向。

（二）政策框架的竞争力

在明确的战略导向统领之下，各国政府建立起符合战略需要的对外投资合作政策框架。通常情况下，政策框架的一级结构会比较雷同，但政策框架的二级结构则会出现一些差异，至于政策内涵的差异就更大了。

1. 政策框架的系统性

各国对外投资合作政策的一级框架基本上都包括对外投资合作的监管政策、促进政策和保护政策。在二级政策框架上，对外投资合作的监管政策框架通常包括审批（备案）政策、外汇管理政策、海外资产管理政策、税收政策；对外投资促进政策框架包括援外政策、财政补贴政策、税收减免政策、信贷优惠政策、风险保障政策、信息人才等综合支持政策；对外投资保护政策框架则包括了本国法律保障、双边投资保护协定、区域性协定（如自由贸易协定）以及多边机制。但是从英、法、美、日、韩、新加坡等国家对外投资政策的二级框架结构看，援外政策和审批政策并非所有国家都有，例如新加坡既没有援外政策，也没有审批政策，但是除了中国没有专门的海外投资法律以外，其他国家都颁布实施了专门的海外投资法、对外经济合作法等，既明确了战略导向，又保障了促进和保护的合法性。

事实上，二级政策框架的结构异同并非至关重要，关键是整个政策框架的系统性要强。一个缺乏系统性的海外投资合作政策是不完整的政策，不能称其为政策体系的政策，也自然是没有竞争力的政策。西方国家、韩国和新加坡尽管政策框架略有不同，但是各项对外投资合作的政策都具有高度的系统性和一致性，能够从不同的侧面为一个共同的目标服务，至少也是对阶段性目标服务。

2. 政策内涵的协调性

各国对外投资合作的政策由于目标一致、系统性强，因而使得各项具体的政策内涵比较协调，所以不会因为监管机构较多或者促进机构较多而出现政策措施重复的情况，更没有发生各项政策相互掣肘的情况。中国有关对外投资合作的政策内涵协调性是与其他国家有较大差距。例如，在监管政策上，各有关部门制定和掌握政策的尺度不一，名曰“还投资决策权于企业”，国家简政放权，但事实上，对于大型项目的投资决策依然需要政府部门的长时间审批。在国家外汇储备巨大、影响宏观经济的情况下，对外投资合作用汇达到一定数额时依然需要上报政府相关部门甚至国务院审批。在支持对外投资合作的产业政策上，更是政出多门，力量分散。

（三）运行机制的竞争力

一个完善的对外投资合作政策体系，离不开高效运行的管理和促进机制。这样的运行机制主要表现为：一个分工和职责明确的组织机构系统，一个相互支持的工作协调制度，一套公开透明的操作规程。

1. 组织机构体系的完整性

各国监管和促进对外投资合作事务的组织机构数量和规模差异较大，分工职责也不尽相同。但是一个突出的特点就是指挥系统完整，各部门分工明确，职责上没有交叉和重叠，进而形成凝聚各方力量的管理体制。而且，更为重要的一点是，这些政府机构（甚至包括官方促进机构）的职能基本上都是依法确定的，且职责十分详尽，不会因为政府换届或者人事变更而轻易被调整。中国对外投资的管理部门较多，分工不清，职责重叠，在很大程度上影响了政策制定和执行的效率，更制约了对外投资合作业务的发展，企业的对外投资方案不知需要报哪个部门审批，不得已时往往同时报送两个部门，造成时间和成本上的浪费。

此外，在英国、日本等国家，对外投资合作的促进机构还形成了多元化、多重层次的架构，政府促进机构、半官方促进机构以及民间促进机构并存，形成了一个富有竞争力的促进机构矩阵。相比之下，中国对外投资促进机构设立较晚，数量少，对外投资合作促进的组织机构体系比较单薄，竞争力不够。

2. 工作协调机制的有效性

在法律的框架之内，各国政府对外投资监管的促进机构之间形成了密切配合的工作协调机制。通常会组建对外投资合作委员会，由一个主要负责的政府部门长官牵头，其余辅助部门起配合作用，按照规定的权限设定需要共同协调的内容和例会时间表。相比之下，中国尽管建立了“走出去”部际协调机制，但协调力度不够，在“一带一路”建设中这个机制更加弱化。

3. 操作规程的公开透明性

各国对外投资合作的监管和促进政策，虽然是由国家法律规定的，但是这些法律条文都比较详尽，基本上都可以落实成为各相关机构的办事程序，而且对外公开，透明度高，因而减少了公众的困惑。中国对外投资合作监管和促进的各个环节的透明度和规范性正逐年提高，经办人员的主观因素作用越来越小。但一些对外投资合作促进机构的性质、工作定位和促进工作范围甚至还没有明确，促进的效率和作用还非常有限。

二、中国对外投资合作政策体系的差距

通过前面五章的分析可以发现，发达国家和比较发达的发展中国家对外投资合作的政策体系竞争力较强，因而促进了本国对外投资合作整体水平的提高，对本国经济发展发挥了巨大作用。相比较而言，近年来，中国对外投资合作的政策体系的竞争力有显著提升，但还存在一些差距。

（一）对外投资合作的宏观管理政策差距

政府如何管理对外投资？引导、促进、保护和监管以何为重？美、英、日、韩、德、法等国家海外投资政策各有特点，且各时期政策的着重点有所不同，但总体政策框架比较稳定，许多已经形成国际通行做法。再看中国对外投资合作的宏观管理政策，无论在战略导向的明确性、政策框架的系统性、政策内容的协调性、监管措施的权威性和促进措施的有效性等方面，与自身相比有显著进步，与西方国家、韩国、新加坡等尚存在一定的差距。

1. 战略导向欠缺实效性

党的十九大确定了新时代中国特色社会主义思想、基本方略、奋斗目标、战略步骤以及相关举措，其中，建设现代化经济体系，推动形成全面开放新格局，是实现“两个一百年”战略目标的重要推动力。党的十九大报告指出，推动形成全面开放新格局，要以“一带一路”建设为重点，坚持引进来和走出去并重，遵循共商共建共享原则，加强创新能力开放合作，形成陆海内外联动、东西双向互济的开放格局。其中，对对外投资合作提出的具体要求是要创新对外投资方式，促进国际产能合作，形成面向全球的贸易、投融资、生产、服务网络，加快培育国际经济合作和竞争新优势。这为新时期对外投资合作发展指明了方向。但是这些战略方向的实现，还需要国家主管部门颁布具体的实施意见，否则对外投资合作的具体目标市场战略、产业主攻方向依然模糊。不够明确的、缺乏实效性的战略导向，势必影响国家需要重点发展的产业布局、地区市场以及经营主体的发展发育，进而制约国家总体经济战略的实施。

2. 政策框架需要增强系统性

从中国政府海外投资合作的政策框架上看，各项政策都已经存在，监管政策、

财政政策、税收政策、外汇政策、金融政策样样齐全，政策框架总体完整，构成政策体系的要素基本具备。但与其他国家相比，这个政策框架的系统性依然存在不足，主要表现为各项政策之间不够衔接，指向错位，部分政策功能缺失，有的政策好看不好用，难以达到聚势成力。

3. 政策内容缺少协调性

从中国目前执行的各项海外投资合作政策内容上看，一些政策措施协调性不足，甚至相互掣肘。由于对外投资合作的战略导向不够明确，跨部门的对外投资合作协调机制作用不突出，政策出自多个部门，各项政策之间的协调性较差，在一定程度上影响了政策的导向性和作用效果。一个监管部门简化的审批程序被另一个部门严格监管起来；这个部门鼓励发展的业务，在另一个部门的审批中受到限制。这种情况导致投资主体企业不知所措，审批成本很高，甚至贻误了企业在海外投资合作的商机。

4. 监管措施不具权威性

由于中国没有制定对外投资法，也没有颁布实施《对外投资管理条例》，政府监管的权威性没有得到法律的支持和保护，企业因而不需为违反政府的监管规定而承担法律责任。这在一定程度上影响了国家鼓励和规范对外投资合作政策的实施，也影响政府宏观调控、促进和保护对外投资政策的效果。

5. 促进措施缺乏针对性

中国对外投资合作的促进政策体系虽已建立，但是有些业务尚无针对性的促进政策措施，已有的部分政策力度有限，且促进的目标不够集中，使得政策效果不够显著。例如，2017 年中国对外承包工程业务营业额超过 1 680 亿美元、新签合同额超过 2 650 亿美元，但投标保函风险基金规模偏小，不能满足业务需要。至于中国出口信用保险公司的资本金规模及其能够覆盖的保险业务、中国进出口银行能够提供的贷款和担保规模，都难以有效支持中国企业的海外投资合作业务快速发展的需要，距离像日本或者韩国那样实施海外经济合作的金融和保险支持力度甚远，远远不能对推进“一带一路”建设形成有效的支持。

（二）对外投资合作政策的法制化差距

中国目前尚未制定专门的海外投资立法，有关海外投资的法律规范主要散见于国务院及各部委颁布的若干规定和条例之中。有些关于海外投资合作规范性文件，并没有上升到行政法规和法律的高度，立法层次低，形式散乱，缺乏系统性。这样的法制化进程，在一定程度上影响了中国对外投资的保护和规范，制约了业务的发展。

（三）对外投资合作的管理体制差距

目前中国对外投资的主要责任部门有多个，国家发展改革委、商务部、外汇管理局、外交部等都是对外投资合作的主要部门，都管备案审批，但审批的导向目标、具体内容、标准尺度都不一致，而且往往因为部门利益争执不下，影响了企业的业务开展。“走出去”部际协调机制没有发挥应有的作用。这种管理体制与其他国家海外投资管理体制形成鲜明对比，中国在对外投资合作政府决策效率上缺乏竞争力。

（四）对外投资合作促进体系的差距

在整个对外投资合作的政策体系当中，与欧、美、日、韩等国家相比，中国在对外投资合作的促进体系建设方面差距最为突出。第一，中国的促进机构数量很少，官方机构和政策性促进机构寥寥无几，而日本有八个官方机构，英国、法国、韩国的机构也比中国多。第二，促进体系的层次太少，仅有中央政府一个层面的对外投资合作相关促进机构设置，地方政府很少设立促进机构，而中国不仅国土疆域广阔，且经济重心在地方层面，相对于全国范围的经济布局而言，中央政府层面的促进机构显得鞭长莫及，尽管中国进出口银行和中国出口信用保险公司在地方设立了几个分支机构，但数量和规模都远远不足。最为突出的是，没有隶属于地方政府的政策性机构，不能满足各地特色经济走向海外。在这方面，英国、德国、加拿大的地方政府投资促进机构在促进海外投资方面，竞争实力远远超越中国。第三，中国缺少民间的、按市场规律运行的商业性促进机构，社会服务体系没有真正建立起来，使得中国企业在对外投资合作中难以得到必要的支持和服务，仅有少数大型企业在大型项目的投资决策中用得起普华永道、安永和德勤等国际著名咨询机构，广大的中国企业极其缺乏咨询机构的服务。

长期以来，研究国际直接投资的政策着眼点通常都放在东道国政策的竞争力方面，很少有人关注资本输出国相关政策的竞争力问题。总体分析，对外投资促进政策、促进渠道和促进方式的差异，代表了不同国家政府促进对外投资合作政策导向，也显示出不同政策体系的竞争力。如果本国政府的投资促进政策没有国际竞争力，其直接后果就是本国企业在国际竞争中，一开始就不能和其他国家企业站在同一起跑线上，可谓“先天不足”。日本政府之所以在第二次世界大战后建立起比欧美国家更加完备的对外投资合作促进政策体系，恰恰因为日本政府自认为是国际直接投资市场的后来者，需要在政策上赶超欧美，才能为日本企业的国际化保驾护航。因此，目前日本是发达国家中促进跨国公司海外投资最为积极的国家之一，至少有八个机构参与对外直接投资的促进活动，而且大多与发展援助结合在一起，但又相互分工明确，效率极高。

第四节　全球跨国投资政策调整的前景预测

当前，全球跨国投资低迷，前景不容乐观。投资政策趋势喜忧参半，新一代产业政策遍及全球。①随着全球经济复苏、科技创新加快和国内形势的变化，各国政府对海外投资的政策还会继续进行调整，以便抓住机遇，防范风险，应对挑战，为提高国际竞争力发挥更大的作用。影响跨国投资的政策来自两个方面，一方面是投资东道国的政策，另一方面是对外投资母国的政策。

一、投资东道国政策调整方向

2018 年 6 月，联合国贸发会议发布《世界投资报告 2018》(以下简称《投资报告》)，对 2017 年全球跨国直接投资的趋势和前景进行判断，并对全球吸收跨国投资政策调整方向进行了分析阐述。

第一，绝大多数政策倾向于继续吸收外国投资。《投资报告》指出，许多国家继续致力于吸引外资。贸发会议的观察发现，2017 年有 65 个国家采取了 126 项投资政策措施，其中 84% 的新措施有利于投资者。有些国家放宽了包括运输、能源和制造业等多个行业的准入条件，市场更加开放；有些国家采取了简化行政程序、提供投资激励和建立新的经济特区等新的投资促进及便利化措施。

第二，越来越多的国家对外国投资采取了更为审慎的立场。2017 年有关国家新出台的投资限制措施或对外资加强监管，主要反映了对国家安全以及对外国投资者

① 联合国贸发会议投资企业司司长、《世界投资报告》主编詹晓宁博士在联合国《世界投资报告 2018》全球发布会上的演讲。

对土地和自然资源的所有权的担忧。一些国家加强了对外国并购的审查，特别是对战略资产及高技术企业并购的严格审查；一些国家正在考虑进一步强化投资审查程序。

第三，全球投资协定的制定出现了一个转折点。2017 年新签国际投资协定的数量只有 18 个，是 1983 年以来最低的。同时，被终止的协定数量有史以来第一次超过了新签协定的数量。相比之下，在非洲和亚洲大型区域投资协定的谈判保持良好势头。值得关注的是，国际投资协定改革正在全球各个地区进行。2012 年以来，有 150 多个国家采取措施制定新一代国际投资协定。一些国家重新审查了他们的协定网络，并参照联合国贸发会议提出的国际投资体制改革方案修订了投资协定范本；一些国家也开始更新老一代投资保护协定，越来越多的国家对旧的协定条文进行解释，或使用新的协定取代旧的协定。

第四，新增的投资者与国家争端解决（ISDS）仲裁案数量居高不下。2017 年，至少新增了 65 个基于投资协定的投资者—国家争端案件，使已知案件总数达到 855 桩。截至 2017 年年底，在已裁决的案件中，投资者胜诉的约占 60%，反映出东道国涉嫌主权滥用的情形在增加。

二、与投资相关的产业政策调整

与跨国投资相关的新一代产业政策调整也在加剧。联合国贸发会议的全球产业政策调查显示，在过去十年中，有 101 个国家出台了正式的产业发展战略，这些国家的经济总量占全球 GDP 的 90% 以上，其中 80% 以上是过去五年中制定的新一代产业政策。现代产业政策呈现日益多样化和复杂化的趋势。它们超越了传统的产业发展及结构转型，更着眼于解决新的问题，并追求多种目标，如全球价值链的切入与升级，发展知识型经济，建立与可持续发展目标相关的产业，以及新工业革命（NIR）的竞争定位等。

第一，产业政策与投资政策目标一致。联合国贸发会议将各国的产业政策调整总体分为三种模式：产业创建战略模式、产业追赶战略模式及基于新工业革命的战略模式。约有 40% 的产业发展战略包含针对特定产业进行扶持的纵向政策；1/3 的产业政策侧重于横向提升产业总体竞争力，以追赶全球先进生产率水平；还有 1/4 的产业政策将重点定位于新工业革命。大约有 90% 的现代产业政策需要充分利用跨国投资政策配套，主要为投资激励措施和绩效要求、各类经济特区政策、投资促进和便利化举措，以及投资审查机制等。上述三种模式的产业政策都使用类似的投资政策工具，但其重点和强度各不相同。因此，现代产业政策是投资政策演变的重要推动力。自 2010 年以来，超过 80% 的新出台投资政策措施都旨在促进工业体系的发展，包括制造业、与之相关的服务性行业以及工业基础设施开发，其中约一半的新政策措施明确用于产业政策目的。

第二，激励措施仍然是产业政策最常用的工具。联合国贸发会议调查显示，适用于制造业的大约 2/3 的激励措施锁定多个或特定行业，横向的激励措施则往往锁定特定的投资活动，例如研发（R & D）或对产业发展做出的其他贡献。作为激励措施的条件，业绩要求也被广泛用于扩大跨国公司对产业发展的贡献，而且大部分激励措施体现在降低跨国公司成本方面。

第三，经济特区继续增多并呈现多样化趋势。在许多国家，纯出口加工区向增值区过渡的趋势仍在继续，新型经济特区仍在出现。吸引特定产业以及将多个经济特区联系起来的战略，在一些实施产业创建战略及赶超战略的国家支持了产业发展并帮助这些国家的企业进入全球价值链，但经济特区成为“经济飞地”的风险依然存在。高新区或工业园区也成为新工业革命驱动的产业政策的关键工具 。

第四，现代产业政策促进了投资便利化。以往，投资便利化一直在投资政策框架中居于次要地位。现在，许多发展中国家已经将投资便利化作为产业发展战略重要的横向措施之一。特别值得注意的是有针对性的投资促进变得越来越重要。联合国贸发会议调查显示，2017 年全球 2/3 的投资促进机构的工作受到该国产业政策的指导，并据此确定优先促进的部门；3/4 的机构有专门促进产业技术升级的计划。

第五，安全审查增多。除了高度敏感的行业外，制造业对外资股权占比的限制越来越少，但在一些基础设施、高科技领域以及金融服务等行业的限制仍然普遍。特朗普总统于 2018 年 6 月公布了美国针对外国投资并购的敏感行业限制名单。过去十年中，许多国家取消或放宽了对外资的股权限制，但在外资准入方面，对外资的审查程序却在显著增加，尤其在发达经济体，采取对外资安全审查措施变得更为普遍，尤其是针对中国投资的歧视性措施有增无减。

三、发达国家对外投资政策调整的前景

在世界经济普遍复苏、高科技革命发展迅速、贸易保护主义强势回归的背景下，

发达国家对全球化表现出不同的立场，进而影响了发达经济体对外投资政策的调整方向。

第一，对本国企业对外投资持中性政策为主。为了保证本国经济的国际领先地位，美国除了对有利于美国拓展海外市场投资继续鼓励以外，对一般性的对外投资采取中立政策，既不鼓励也不限制。这种中立政策将影响英国及其他发达国家的政策走向。

第二，寻求通过双边谈判新签投资协定打开重点国家市场，获得更多市场准入机会和准入前国民待遇。近年来，美国抛弃多边贸易体系，退出 PPT，旨在通过高压式双边谈判迫使对方大幅开放市场，为美国企业创造海外市场拓展机会。美国的这种政策姿态，不仅制约了多边投资协定谈判的进展，也容易使双边协定谈判陷入僵局。

第三，知识产权保护提到极高地位。发达经济体掌握了世界专利技术和专有技术的绝大部分份额，因此，为了保护投资者的利益和本国在全球关键技术领域的领先地位，美国为首的发达经济体政府对于与贸易、投资相关的知识产权保护倍加重视，不仅在双边层面成为纠纷的焦点，甚至还将与投资相关的知识产权保护等问题带到国际多边机制上讨论，以约束发展中国家在技术转让方面的诉求。同时，美国还进一步加强了对本国技术出口的管制。

第四，不断强化合规要求。近年来，合规管理成为美国等西方国家政府加强对跨国公司管理的重要战略导向。合规，就是守法。更为重要的一点是，合规不仅针对跨国金融机构，而且涉及所有行业领域；不仅针对投资行为，而且包含了贸易、技术进出口等所有的国际业务行为；不仅包括行业管理的标准合规，而且包含商业贿赂、环境保护等综合性的要求。毫无疑问，美国以其复杂而完备的法律体系，已经构建起管控全球化竞争的合规体系，将成为许多跨国公司难过的门槛。

第五，经受扩张还是收缩的困扰。受长期的经济疲软和英国脱欧的影响，日本和英国等老牌资本输出国面临着新的抉择，即国内经济发展与经济全球化过程中，本国企业在多大范围上参与跨国经营对国内经济更为有利的问题。金融资本是重要的经济资源，目前国际资本严重短缺，融资成本加大，出现了全球努力改善投资环境、竞相吸收外国直接投资的局面。无论发达国家，还是发展中国家，都成为国际直接投资的竞争者。在这种情况下，对于资本输出国来说，面临着鼓励海外投资还是留住本国资本，进而吸收外资的两难问题。着眼于国际市场，必须继续鼓励本国企业到国际市场竞争，促进出口；而另一方面，国内经济发展也需要巨额资金。特别是英国、日本甚至美国，这种矛盾更加突出。

第六，加强信息服务。鉴于世界投资环境变数增加，美国、英国、法国等发达经济体政府强化为对外投资企业提供信息情报等服务，主要通过驻外使馆所设的经济、商业情报中心、政府机构促进机构等进行，定期发行新闻通讯和专题报道等，提供投资情报，同时帮助企业交流海外投资经验，协助进行投资分析、把握投资机会以及提供咨询等服务。

可见，发达国家对外投资政策的取向，受其国内经济发展状况的影响，受制于国内资金需求的程度。在这种相互制衡的关系当中，英国和日本除了对投资目的国加强市场准入谈判、保护本国企业利益以外，基本上不再出台新的鼓励对外投资的政策措施，政府及相关民间机构的工作着眼点由对外投资促进和保护，转向吸收外国投资，但同时并不限制国内企业的境外投资，并更加注重保护海外投资的政策，通过双边谈判，寻求投资保护。

四、新兴经济体对外投资政策调整前景

过去十年间，以中国为代表的“金砖国家”不仅对世界经济增长的贡献度超过50%，而且在对外投资方面也贡献颇多。除了中国成为世界第二大对外投资国和净资本输出国的显著发展外，韩国、巴西、印度和俄罗斯，也是新兴市场国家对外投资增长最快的来源地，其对外投资政策处于调整活跃期。这些国家政策调整的方向和前景，更值得中国关注和借鉴。

第一，政策调整频率增加，对外投资政策服务于国内发展。发展中国家整体经济实力得到增强，但依然面临诸多内外不稳定因素，因此对外投资政策调整的方向在很大程度上受国家宏观经济稳定性、外汇储备和汇率风险可控性、对海外市场和自然资源需求的刚性等因素影响。这些因素中发生任何条件变化，发展中国家都会在对外投资方面进行临时的政策调整，或放松管制，或收紧外汇使用。预期未来这种调整的频度会进一步增加，其中支持性政策重点用于本国经济发展有需求的领域，限制性政策主要为了规避外部市场风险。

第二，政策创新空间增大，对外投资为经济发展增添后劲。发展中国家对外投

资的主要目标市场往往也在发展中国家，通常面临双重的汇率波动压力，因此投资母国政府为了平抑或减缓本币升值压力，需要探索政策创新，比如建立海外投资基金，募集资金全部投资海外，重点引导企业向国际能源、矿业以及零售等行业，主要目的是利用国外资源，为本国制造业的发展建设稳健的海外原材料供应基地和销售渠道。有些发展中国家还在海外投资金融、基础设施、研发基地等，为国内经济发展增添后劲。

第三，实施大企业战略，鼓励国有企业对外投资。发展中国家和转轨国家在海外投资的企业大多是国有企业和前国有企业。这些公司生产实力雄厚，拥有开展跨国经营的市场优势、人才优势和资金优势，还将长期得到国家支持。

第四，促进体系日臻完善，重点提升软实力。总体而言，新兴经济体是国际投资市场的后来者，促进体系还在快速构建之中。一方面，促进政策的框架体系会学习发达国家的做法，以国际惯例为范本，但也会根据本国的国情开拓投资促进新思路，支持企业国际化的软实力提升。比如，针对本国企业国际化战略目标不够清晰、抗风险能力不足、投资决策失误多的现实，促进政策会更多用于企业海外投资信息评估，帮助企业制订海外投资战略和计划，帮助企业在海外进行项目对接，并帮助企业在东道国落脚。同时加大开发人力资源力度，加强企业品牌影响力提升，减少文化壁垒，加强与东道国的人员和文化交流等。

五、中国对外投资合作政策调整的方向和前景

党的十九大报告和《中华人民共和国国民经济和社会发展第十三个五年规划纲要》，对新时期对外投资合作提出新要求，也指明政策调整的新方向。

（一）以“一带一路”建设为重点

党的十九大报告提出，推动形成全面开放新格局，要以“一带一路”建设为重点。这不仅指出了对外投资合作的市场布局方向，而且明确了“共商共建共享”的国际合作原则，打造“政治互信、经济融合、文化包容的利益共同体、命运共同体和责任共同体”的合作目标，以“政策沟通、设施联通、贸易畅通、资金融通、民心相通”为主要内容。国家“十三五”规划提出，要以国际产能合作为主要产业，推动中蒙俄、中国—中亚—西亚、中国—中南半岛、新亚欧大陆桥、中巴、孟中印缅等国际经济合作走廊建设，推进与周边国家基础设施互联互通，共同构建连接

亚洲各次区域以及亚欧非之间的基础设施网络。加强能源资源和产业链合作，提高就地加工转化率。支持中欧等国际集装箱运输和邮政班列发展。建设上合组织国际物流园和中哈物流合作基地。积极推进“21世纪海上丝绸之路”战略支点建设，参与沿线重要港口建设与经营，推动共建临港产业集聚区，畅通海上贸易通道。推进公铁水及航空多式联运，构建国际物流大通道，加强重要通道、口岸基础设施建设。

（二）法制化推动宏观管理体制

适应国际竞争合作形势发展的需要，按照全面依法治国和深化管理体制改革的总要求，对外投资合作的法制化需求已经迫在眉睫。预期《对外投资管理条例》将有望在本届政府任期内颁布实施，在此基础上逐步推动《对外投资法》的立法进程。通过法制化进程，确立投资主体的自主权，明确相关部门的分工职责，确立投资促进机构的法律地位等。增强对外投资的监管政策、促进政策和保护政策的系统性和协调性，减少各项政策之间的摩擦力，促进对外投资的新发展。在此基础上，对外投资合作宏观管理将进一步朝着自由化、便利化方向发展，真正体现市场在配置资源中发挥决定性作用的根本机理。

在推动法制化的进程中，中国政府将要求境外中资企业加强合规管理，守法经营，遵守联合国协议、中国法律和东道国法律，降低合规风险，树立良好的企业形象。

（三）内外联动的支持导向

对外投资合作成为中国参与全球化进程的重要手段是一项长期而艰巨的任务。对外投资政策与国家经济社会发展目标相一致，要根据国家总体发展战略的需要，在不同时期采取不同的主导性政策，或限制，或鼓励，或禁止，或自由。政府主要通过产业和地区政策引导企业的行为，增强政策措施的系统性、长期性、稳定性、协调性和必要的灵活性。在对外投资合作的产业导向上采取差别性政策，改变现行的“普惠式”支持性政策，突出对重点产业和重点地区的支持。对一般性的投资，充分体现市场导向、企业自主、备案管理，实行中性政策，既不鼓励也不限制，只提供服务和保护。对国民经济社会发展长期需要的对外投资予以重点鼓励、支持和保护。对限制类的对外投资继续采取核准制度，被核准后也不提供政策支持。禁止类的对外投资依然采用负面清单制度。

（四）对外投资合作方式创新

多年来，中国政府持续倡导企业创新对外投资合作方式。鉴于中国拥有 13.6 亿人口的国内市场，且中国经济处于从粗放型的高速度发展向高质量中高速发展的转型升级阶段，中国跨国公司成长将会走出一条与众不同的道路，即走出去是为了更好地引进来，国际化不是放弃本国市场，而是要更好地为国内市场服务。因此，未来一个时期，中国政府支持企业创新对外投资方式的政策方向应该包括但不限于以下几点：一是更多企业在有能力开展绿地投资基础上，积极探索运用股权投资和跨国并购等新的对外投资方式，积极扩大海外投资合作，高水平整合国际资源，用好国内国外两个市场。二是高质量建好境外经贸合作区，引领新一轮的国际产业转移，推进优势产业国际合作，构建内外联动的跨国产业体系。三是企业在研发、贸易、投融资、生产、销售等方面开展国际化经营，形成面向全球的服务网络，加快培育世界一流的跨国公司和国际知名品牌。国家在促进政策上对于企业创新对外投资合作方式将提供更加有效的公共服务，在财政税收、信贷担保、政策性保险、融资方式和外汇管理等方面提供更多支持。

（五）防范对外投资合作外部风险

当前，尽管世界经济全面进入复苏通道，但国际政治经济和安全领域不确定不稳定因素迅速增加，尤其是美国特朗普政府奉行贸易保护主义和单边主义，对包括中国在内的大规模进口商品增加关税，限制高科技领域的外国投资，引发大范围贸易摩擦，世界经济秩序陷入混乱。加上传统风险和非传统风险的增加，对外投资合作的风险防范成为成败攸关的大事。因此，中国政府将在现有政策框架基础上，进一步研究制定对外投资风险防范的新举措，降低风险损失，保障海外投资合作事业的健康发展。为防范国际市场各类政治、经济风险隐患，特别是社会治安、恐怖主义、地区冲突、战争和金融风险，将进一步健全风险预警和快速反应机制，构筑包括立法、外交、金融、安保等措施在内的风险防范体系。根据新时期中国对外直接投资管理体制改革的进程，依法加强对境外投资企业的事中和事后监管和服务，及时应对各种风险。

在金融政策上，加大政治风险和经济风险保障的力度；借鉴国外经验，建立风险基金，引导企业增强风险管理和控制意识；通过税前抵扣等方法弥补经营风险造成的损失，支持企业健康发展。

在外交政策上，通过参加和落实国际协定，保护中国企业和公民的权益，规避对外直接投资的风险；强化双边经济外交关系，在谋求共同利益的前提下推动自由贸易协定和投资保护协定的签署和落实；在产业导向上，不涉足违背国际协定和东道国利益的领域，避免引起双边纠纷。

加大对外直接投资事后监管的力度，防范资本外逃。进一步完善对外投资统计制度，增加有关对外投资发展趋势的信息透明度，为相关政府部门进行适时监控提供依据；要正视中国企业利用离岸中心的投资，实现合理避税。

（六）完善对外投资合作服务体系

促进对外投资合作，一方面要扩大官方促进机构的职能，强化政策性机构承担风险的能力，包括增加资本金、补充亏损制度，而且在现阶段中国跨国经营企业整体实力较弱的情况下，不宜过早强调政策性机构的自负盈亏，那样就削弱了政策的竞争力，甚至淡化了政策性机构的政策色彩，偏离了政策的宗旨。另一方面，要增加半官方和民间促进机构的种类和数量，实现促进措施的商业化运作，增强社会机构对“一带一路”建设和“走出去”战略的参与度。

要适应“一带一路”国际合作推进的需要，不断改善对外投资合作的促进工作，完善社会服务体系。通过实施具体的投资促进计划，在更高层次上促进对外投资和其他各项跨国经营活动，重点是信息服务体系、人才支持体系、法务税务财务等商务支撑体系，以及关键技术援助体系。

（七）打造以大型企业为核心的航母舰队

总结后发型国家对外投资的成功经验，它们无一例外地采取了“大企业核心”战略。一方面，给予大型企业集团充分的政策倾斜，从产业政策、金融政策、外交政策等各方面扶持大企业的国际化进程；另一方面，赋予大型企业航空母舰的历史使命，由大企业作为“一带一路”建设尤其是国际产能合作的领头羊，在境外经贸合作园区等平台建设中带领中小企业组成企业集群，进行产业转移，开拓海外市场。

（八）推动多边投资规则早日形成

目前，世界范围内还没有建立一个完整、公平、具有约束力的投资规则，现有的 2 946 项双边投资协定 (BIT) 和 358 项包含投资条款的区域协定构成了全球投资的基本治理体系，其突出问题是各种规制在国家、双边、区域、多边层面相互交织，呈现碎片化、不一致的特征，严重阻碍了国际投资的发展。2016 年 20 国集团杭州峰会通过了《G20 全球投资指导原则》，这是世界首份关于投资政策制定的多边纲领性文件，确立了全球投资规则的总体框架。其主要内容包括：提出全球投资协定的根本宗旨是促进开放，反对保护，服务于可持续发展目标；东道国政策制定过程要透明、非歧视、可预期；投资者权利和义务平衡，保障企业权益与发展，同时履行社会责任；东道国保护与管理平衡，既保护投资，又要保持公共利益的监管权力。但是，该指导原则只是一个自愿性、非约束力的框架，还不能对国际投资发挥实质性的促进、保护和约束作用，只有推动和引领新的国际投资规则体系建设，才能为全球 FDI 的增长和可持续发展做出贡献。

把国际投资纳入国际多边贸易体系中是历史的必然，也是现实的需要。回顾多边贸易体系形成和发展的历史可以看到，国际多边贸易体系的发展经历了两个重要的里程碑，一是《关贸总协定》的诞生，这是人类集体的智慧结晶，是防止经济利益纷争导致世界大战悲剧重演的约束机制，通过《关贸总协定》有效约束了各国开放市场，降低关税，减少壁垒，促进了全球货物贸易的快速发展、战后世界经济的复苏和工业化进程。二是 1986 年开始的乌拉圭回合的多边谈判达成《服务贸易总协定》，促进了国际服务贸易的开放发展，顺应了全球经济从制造业向服务业倾斜的趋势，满足了发达经济体服务业生产力跨越国界的贸易需求，推动了国际服务贸易的发展。当前，多边贸易体系发展的第三个里程碑已经具备条件，就是把跨国投资纳入多边贸易体系，达成《国际投资总协定》。因为跨国投资已经成为全球化的重要推动者，也是重要的表现形式。《财富》世界 500 强的销售收入占全球 GDP 的 40% 以上，全球跨国公司的海外分支机构控制了全球 GDP 的 1/10，全球贸易的 2/3 由跨国公司控制，而其中的一半与全球投资和国际生产体系有关。所以跨国投资是关系到全球经济下一步发展的重点，因此多边贸易体系发展的第三个里程碑时点已经到来，就是把跨国投资纳入多边体系里，这样 WTO 会迎来一个新的发展里程碑，也会对世界经济发展产生新一轮的推动作用。

（九）对外投资合作高质量发展

贯彻落实国家“十三五”规划关于“支持企业扩大对外投资，深度融入全球产业链、价值链、物流链”的要求，着力提高企业跨国经营的质量水平，推动对外投资合作实现高质量发展。一是引导企业科学进行投资决策，减少盲目性，拒绝短期行为；二是提高跨国企业集团的战略管理能力，通过海内外分支机构的战略协同，更有效地提高经济社会效益；三是鼓励企业向高附加值产业链升级，拓展高附加值业务，重点进行海外研发和智力资源整合；四是支持企业打造产品、服务和企业品牌，提高品牌影响力。

展望未来，经济全球化尽管会遭遇曲折，但大势不可逆。国际直接投资也将在风云变幻的世界经济体系中跌宕前行，但无论如何都不可阻挡。中国政府倡导的"一带一路"国际合作和人类命运共同体理念，需要跨国投资，更需要中国成长一批世界水平的跨国公司。

参考文献

[1] 习近平《决胜全面建成小康社会　夺取新时代中国特色社会主义伟大胜利——在中国共产党第十九次全国代表大会上的报告》.

[2] 国家发展改革委、外交部、商务部《推动共建丝绸之路经济带和21世纪海上丝绸之路的愿景与行动》.

[3] 中国国务院《中国制造2025》.

[4] 中国国务院《对外承包工程管理条例》.

[5] 中国国务院《对外劳务合作管理条例》.

[6] 中国国务院《国务院关于推进国际产能和装备制造合作的指导意见》.

[7] 联合国贸发会议《世界投资报告》(2007—2018).

[8] 世界贸易组织《全球贸易发展报告》(2008—2017).

[9] WTO国际服务贸易数据库.

[10] 联合国贸发组织(UNCTAD)数据库.

[11] 联合国商品贸易统计数据库.

[12] 世界银行数据库.

[13] 联合国粮农组织报告(2016).

[14] 国际劳工组织《全球就业趋势报告》(2017).

[15] 联合国粮农组织数据库. http://www.fao.org/statistics/databases.

[16] 商务部《中国对外投资合作发展报告》(2013—2017).

[17] 商务部《中国对外直接投资统计公报》(2003—2017).

[18] 商务部《对外承包工程、劳务合作和设计咨询》统计.

[19] 中国国家统计局《中华人民共和国国民经济和社会发展统计公报》(2007—2017).

[20] 中国农业农村部《中国农业统计年鉴》.

[21] 中国农业农村部《中国农业发展报告》(2017).

[22] 中国自然资源部《中国矿产资源报告》(2017).

[23] 中国国家统计局《中国统计年鉴》(2017).

[24] 中国海关总署《中国海关统计年鉴》(2017).

[25] 中国国家外汇管理局《国际收支平衡表》(2017).

[26] 中国企业联合会《中国企业发展报告》(2017).

[27] 美国《财富》杂志(2002—2018).

[28] 欧盟数据库 . http://ec.europa.eu/eurostat/data/database.

[29] 英国国家统计局数据库 . https://www.ons.gov.uk/.

[30] 韩国输出入银行直接投资数据库 . www.koreaexim.go.kr.

[31] 美国国家经济分析局数据库 . https://www.bea.gov/.

[32] 日本贸易振兴机构 . https://www.jetro.go.jp/.

[33] 德意志银行 .https://www.bundesbank.de.

[34] 2017 年度《世界品牌 500 强》.

[35] 詹晓宁《全球投资最新趋势和前景》，在联合国《世界投资报告 2018》全球发布会上的演讲 .

[36] 美国《工程新闻记录》(2008—2017).

[37] 世界品牌实验室《世界品牌 500 强》(2017).

[38] 国土资源部信息中心 . 世界矿产资源年评(2017)[M]. 北京：地质出版社 .

[39] 中国商务年鉴编辑委员会 . 中国商务年鉴 (2007—2017) [Z]. 北京：中国商务出版社 .

[40] 克拉潘 . 现代英国经济史 [M]. 姚曾廙 . 译 . 北京：商务印书馆，1997.

[41] 日本通商产业省通商产业政策史编纂委员 . 日本通商产业政策史 : 第 10 卷 [M]. 王红军，等，译 . 北京：中国青年出版社，1995:485.

[42] 国土资源部信息中心 . 世界矿产资源年评(2007—2008)[M]. 北京：地质出版社，2009.

[43] 钟山 . 开放的中国与世界共赢 [N]. 人民日报，2018-07-02.

[44] 钟山 . 新时代推动形成全面开放新格局 [J]. 求是，2018(01).

[45] 邢厚媛．中国投资助推非洲工业化进程 [N]. 人民日报，2011-08-03.
[46] 邢厚媛，李志鹏．走出去营造新优势 [M]. 北京：中国商务出版社，2011.
[47] 邢厚媛．国际产能合作并非输出落后产能 [J]. 求是，2016（12）.
[48] 解梦超．新境外投资所得税抵免政策助力企业“走出去”[J]. 国际商务财会，2018（01）.
[49] 邢厚媛．全面开放新格局路径与动力 [J]. 瞭望，2017（44）.
[50] 邢厚媛．加快“走出去”打造世界级跨国公司 [N]，国际商报，2012-11-19.
[51] 邢厚媛．以五大发展理念引领“一带一路”建设的思考 [J]. 国际经济合作，2016（06）.
[52] 卢进勇，闫实强．中国对外投资促进与服务体系建设 [J]. 国际贸易，2012(01).
[53] 邢厚媛．创新对外投资方式重在构建服务新网络 [N]. 国际商报，2017-12-29.
[54] 邢厚媛．推进国际产能合作，以新动能构建新格局 [N]. 经济参考报，2016-01-04.
[55] 李志鹏，闫实强．对外投资渐趋理性 [J]. 中国外汇，2017(17).
[56] 闫实强．构筑企业对外投资的“防火墙”[J]. 中国外汇，2017（23）.

后　记

为适应推动形成全面开放新格局，特别是“一带一路”建设的新要求，商务部委托中国服务外包研究中心对2009年版“跨国经营管理人才培训教材系列丛书”（共7本）进行修订增补。2018年新修订增补后的“跨国经营管理人才培训教材系列丛书”共10本，其中，《中国对外投资合作法规和政策汇编》《中外对外投资合作政策比较》《中外企业国际化战略与管理比较》《中外跨国公司融资理念与方式比较》《中外企业跨国并购与整合比较》《中外企业跨国经营风险管理比较》《中外企业跨文化管理与企业社会责任比较》是对2009年版教材的修订，《中外境外经贸合作园区建设比较》《中外基础设施国际合作模式比较》《中外企业跨国经营案例比较》是新增补的教材。2009年版原创团队对此书的贡献，是我们此次修订的基础，让我们有机会站在巨人的肩膀上担当新使命。

在本套教材编写过程中，我们得到中国驻越南大使馆经商参处、中国驻柬埔寨大使馆经商参处、中国驻白俄罗斯大使馆经商参处、中国驻匈牙利大使馆经商参处、中国国际投资促进中心（欧洲）的大力支持，上海市、广东省、深圳市等地方商务主管部门也提供了帮助。中国进出口银行、中国建筑工程总公司、中国长江三峡集团、中国交建集团、TCL集团、华为技术公司、腾讯公司、中兴通讯股份、富士康科技集团、中国人民保险集团股份有限公司、中国电力技术装备有限公司、中国建设银行、中拉合作基金、深圳市大疆创新科技公司、中白工业园区开发公司、白俄罗斯中资企业商会、北京住总集团白俄罗斯建设公司、华为（白俄罗斯）公司、中欧商贸物流园、宝思德化学公司、中国银行（匈牙利）公司、威斯卡特工业（匈牙利）公司、波鸿集团、华为匈牙利公司、海康威视（匈牙利）公司、彩讯（匈牙利）公司、上海建工集团、中启海外集团、中国中免集团、中国路桥有限公司、东南亚电信、华为柬埔寨公司、中铁六局越南高速公路项目部、农业银行越南分行、越南光伏公司、博爱医疗公司、中国越南（深圳—海防）经济贸易合作区等单位接受了我们的调研访谈。一些中外跨国经营企业的做法，被我们作为典型案例进行剖析，供读者借鉴。在此一并表示由衷的感谢！

本套教材的主创团队群英荟萃，既有我国对外投资合作研究领域的权威专家，也有一批年轻有为的学者。除署名作者外，胡锁锦、杨修敏、李岸、周新建、果凯、苏予、曹文、陈明霞、王沛、朱斌、张亮、杨森、郭智广、梁桂宁、杜奇睿、程晓青、王潜、冯鹏程、施浪、张东芳、刘小溪、袁悦、杨楚笛、吴昀珂、赵泽宇、沈梦溪、李小永、辛灵、何明明、李良雄、张航、李思静、张晨烨、曹佩华、汪莹、曹勤雯、薛晨、徐丽丽（排名不分先后）等同志也以不同方式参与了我们的编写工作。由于对外投资合作事业规模迅速扩大，市场分布广泛，企业主体众多，业务模式多样，加之我们的能力欠缺，本套教材依然无法囊括读者期待看到的所有内容，留待今后修订增补。

最后，特别感谢中国商务出版社的郭周明社长和全体参与此套教材修订增补的团队，他们在较短的时间内高质量地完成了教材的编辑修订工作，为教材顺利出版做出了极大努力。在此表示由衷的感谢！

编著者

2018 年 10 月 15 日